民商法
经典文库

总主编 赵万一

学术研究系列

民法典：史与思

周清林 著

Civil and Commercial Law Classics

法律出版社 LAW PRESS·CHINA
——北京——

图书在版编目(CIP)数据

民法典：史与思／周清林著. --北京：法律出版社，2020(2022.1 重印)
(民商法经典文库)
ISBN 978-7-5197-5137-1

Ⅰ. ①民… Ⅱ. ①周… Ⅲ. ①民法-法典-研究-中国 Ⅳ. ①D923.04

中国版本图书馆 CIP 数据核字(2020)第 265661 号

民法典：史与思
MINFADIAN：SHI YU SI

周清林 著

策划编辑 沈小英
责任编辑 陈 妮 黄 筝
装帧设计 马 帅

出版发行 法律出版社
编辑统筹 法治与经济出版分社
责任校对 王晓萍
责任印制 吕亚莉
经 销 新华书店

开本 710 毫米×1000 毫米 1/16
印张 15.75 **字数** 276 千
版本 2020 年 12 月第 1 版
印次 2022 年 1 月第 2 次印刷
印刷 固安华明印业有限公司

地址：北京市丰台区莲花池西里 7 号(100073)
网址：www.lawpress.com.cn
投稿邮箱：info@lawpress.com.cn
举报盗版邮箱：jbwq@lawpress.com.cn
销售电话：010-83938349
客服电话：010-83938350
咨询电话：010-63939796

书号：ISBN 978-7-5197-5137-1　　**定价**：88.00 元
凡购买本社图书，如有印装错误，我社负责退换。电话：010-83938349

总主编简介

赵万一

西南政法大学民商法学院教授、博士研究生导师，《现代法学》主编。曾任西南政法大学民商法学院院长。兼任中国法学会商法学研究会副会长、中国法学会民法学研究会学术委员会副主任。先后被西北政法大学、福州大学、西南大学、福建师范大学、山东经济学院等多所大学聘为兼职教授；上海大学、福建师范大学兼职博士研究生导师；英国《法律与管理国际杂志》（ML-The International Journal of Law and Management）编委。

曾出版《民法的伦理分析》《民法概要》《商法基本问题研究》《证券法的理论与实务》《中国竞争保护法律制度研究》等个人专著多部，主编《商法学》《证券法学》等教材数十部。先后在《中国社会科学》《中国法学》《法学研究》《人民日报》《光明日报》等报刊发表论文150余篇，有数十篇文章分别被《新华文摘》、《中国社会科学文摘》、中国人民大学书报资料中心《复印报刊资料》转载。其《民法的伦理分析》一书曾分别于2005年和2017年在我国台湾地区五南图书出版股份有限公司和日本经济法律出版社出版，多篇论文在日本、韩国等国发表。

总序：民商法学研究的时代使命

时至今日，虽然理论界对民商法在中国特色社会主义法律体系中的角色定位并未形成完全一致看法，但对其在促进社会权利意识的觉醒、创造力的激发乃至社会经济的振导方面所发挥的巨大作用，几乎没有人能够否认。一方面，缘于其调整内容的广博性、调整方式的人本性、调整范围的全覆盖性和规制目的的正义性；另一方面，则得益于其所承载的“固根本、稳预期、利长远”的历史使命的厚重性和在强调促进社会经济发展的同时注重人与自然和谐发展的先进立法理念。通过研读世界主要国家的法律发展史，我们不难发现，具有时代引领意义的重要民商法律制度的制定，通常是伴随一个国家社会制度的重构、社会政策的改变和社会观念的变革应运而生的。因此，民商法律制度的设计通常并不仅仅表现为单纯的制度进化和规则演变，更反映了社会经济政治制度环境的优化和社会意识的嬗变。我国也不例外。发轫于20世纪70年代末的经济体制改革，不但将现代中国社会深深打上了法治烙印，而且极大激发了法律对社会关系特别是社会经济关系的调整冲动，从而将上层建筑对经济基础的促进作用发挥到极致。时至今日，伴随计划经济向市场经济的成功转型而不断拓展其作用深度和广度的民商事立法，无论是对中国民众国民性格的塑造、行为模式的固化，还是对整个社会经济运行驱动力的重新构造,都产生了越来越显著的影响。以平等和自治为核心的民商法律制度不但成为国家调整社会关系特别是社会经济关系的最重要法律手段,而且成为社会主体行为选择的首要凭依因素;以公平和效益为主旨的民商法律思维已深深嵌入人们的思维逻辑链条中,成为人们臧否立法和司法活动的主要标尺;以良善、诚信、忠实为先导的民法文化不但发挥启佑民智之功效,而且已逐步内化为一种社会习惯和社会生活方式。作为民商法制度根基的平等原则并未得到有效贯彻,进而在主体立法上采取差别性待遇的做法还比较普遍。在民商事司法领域中,由于未对价值取向各异的不同审判类型进行必要的审判理念区分,从而导致审判活动既无法满足以自然人为代表的普通民事主体对公平理念的强烈渴求,也无法有效实现以公司为代表的商事主体追求效益的行为动机。在法律意识层面上,民商法的私法属性和权利法属性并未获得普遍的社会认同,民商法所体现的一些基本法律价值和法律精神也没有随着民商事立法的繁荣而获得广泛的尊重和支持。造成这种广大民众对民商法价值认同感不高的原因是多方面的。由于民商法是直接介入市场经济和商品经济形态塑造和规则设计的法律制度,因此,无论在立法上还是在司法实践中,人们都有意或无意地将所有的民商事法律制度的作用定位为促进市场经济的发展,从而淡化了作为民商法精神内核的人本主义思想和人文主义理念。不仅如此,民商法的非理性繁荣还助长了法律对社会关系的调整作用,包罗万象的法律规则试图将调整的触角延伸至公民生活的每一个领域。实际上,法律更多的是作为约束人类非理性行为的必要羁绊而存在的,任何类型的强制行为都不可避免地会对社会主体的行为及与此相连接的社会关系起到一定的限制作用。

从经济基础对上层建筑的作用结果来看,肇端于20世纪70年代末的经济体制改革和对外开放不但极大解放了受到压抑的生产力,而且充分激活了潜藏在人类内心深处追求财富的欲望,使人们从普遍的羞于言利转变成了攫取财富。中国社会第一次感受到法律对社会生活的强大影响力和导引力。正是基于法律对社会经济关系的强力介入,不但彻底改变了利益的获取和分配方式,任何主体的正当经济利益诉求都必须通过法律加以固化、疏导和界定,而且极大地促进了社会财富的增加,使中国在很短的时间内跃居世界第二大经济体。正是基于对法律作用的高度重视,我们在短短的40多年时间里建立起了比较完备的社会主义市场经济法律体系,从而为全面实现依法治国奠定了必要的法律硬件基础。

任何国家的法治现代化都不能通过简单地对外国法律制度的借鉴而完成，成熟的法律制度除借鉴人类法治文明建设有益成果外，还必须加强对本国法治资源的挖掘和对法治适用环境的建设和改造。为此，我们不但要重视对民商法具体法律制度的吸收和构造，而且更应加强对民商法基本理念、基本作用、基本精神和基本价值的研究和认识，更准确地定位民商法在构建新时代中国特色社会主义法律体系中的地位和作用，因为只有以先进理念作支撑的法律制度才能真正有效发挥其对社会关系的精准调整作用。

大学作为现代文明的发祥地和社会知识的集散地，既是民族文化的传承者，也是现代文明特别是现代法治文明的创造者和传播者。相对其他类型的院校而言，法科院校基于其独特的创设要求和人才培养目标，在创新社会法治理念、提供法律制度有效供给、推进国家现代法治文明建设方面无疑负有特殊的义务和责任。西南政法大学作为一所以法学为主的多科性院校，创设于新中国百废待兴之时，繁荣于改革开放的历史机遇期，不但见证了中国法治建设的曲折历程，而且对中国的法治建设贡献了自己的责任和智慧。其民商法学作为传统的优势学科之一，经过几代人的不懈努力，逐步形成了以民本天下为情怀、以商达经纬为志向、以知行合一为目标、以振兴国家为责任的学术精神和专业特色。自20世纪50年代开始，学科奠基人金平教授、杨怀英教授等老一辈开宗学者秉持学术报国之宏愿，开拓奋进、殚精竭虑，历经筚路蓝缕之磨难，披荆斩棘之艰辛，初创西南政法大学民商法之学林。20世纪80年代之后，沐浴改革开放之春风，西南政法大学民商法迎来第一次鼎盛时代，金平教授和杨怀英教授作为全国民商法领域中的重要领军人物，以他们的敬业精神和人格魅力，团结和凝聚了包括邓大榜、聂天贶、黄名述、李开国、柯瑞清、邓宏碧、张和光、赵勇山、叶清勋、赵泽隆、谭向北、程正宗、陈志学等30余位在全国有一定影响力的中年骨干教师；以王卫国、禄正平、伍载阳、刘晓星、张玉敏、尹田、吴卫国、赵万一等为代表的一批年轻学者开始在国内学术舞台上崭露头角。西南政法大学也自然而然地成为国内名副其实的民商法教学与研究重要阵地。20世纪90年代末期以来，在李开国、张玉敏、赵万一、陈苇、谭启平等学术带头人的带领下，本学科全体同仁励精图治、拼搏进取、内外双修，不但使学科师资规模达到创纪录的120余人，而且在职称结构、学历结构、学缘结构等方面都有了实质性改善，教学科研水平也不断上升到一个新台阶。我们坚信，在国内外同仁的关心和支持下，经过本学科全体师生的共同努力,西南政法大学民商法学的明天一定会更加灿烂辉煌。

民商法作为一个应用性很强的实用性学科,并非产生于书斋中的理论推演,而应来源并服务于社会经济生活。本学科一直以关注民生、强调民本为己任,秉持造福苍生,心系天下的情怀,努力将自己的研究服务于国家的经济建设和法治建设。具有中国民法典"活化石"之称的金平教授不但全程参与了第一次至第三次《民法典(草案)》的拟定,而且其所提出的许多富有创见性的观点,如民法调整的是平等主体之间的财产关系和人身关系,直接影响了《民法典》的制定。具有中国婚姻法"女神"之称的杨怀英教授不仅参与了1980年《婚姻法》的修改,而且始终关心中国家庭制度的发展变化及其与社会之间的互动关系,在花甲之年仍亲自带队,到当时条件十分艰苦的云南西双版纳和德宏两大民族自治州长途奔波数千里,开展长达数月的田野调查,出版了具有填补空白性质的《滇西南边疆少数民族婚姻家庭制度与法的研究》。这个优秀传统一直传承至今。陈苇教授在主持司法部重点课题时,以"农村妇女土地权利保障"为视角,先后组织1000多名学生深入农村考察并形成了数十万字的调研报告。在2008年"5·12"大地震发生后不久,以本学科刘俊、谭启平、刘云生等教授为主的12位法学专家联名上书全国人大常委会,建议尽快制定重大自然灾害处置特别法令并草拟了一部近万字的《重大自然灾害处置特别法令(建议稿)》。在具有世纪工程之称的《民法典》制定过程中,本学科不仅有数十人深度参与了《民法典》的条文拟定及其相关的立法调研论证活动,而且在《民法典》颁布之后的第一时间内成立了规模庞大的《民法典》宣讲团,深入国家机关、企事业单位和社区、农村,向广大社会公众宣讲《民法典》的伟大意义,充分体现了学者的责任与担当。

近年来,国际、国内民商法学科的迅速发展向我们提出了严峻挑战。国际上,无论是源于罗马法的大陆法系还是源于海洋经济需要而产生的英美法系,都正朝着更深、更广、更前沿的方向延伸与发展,民商法学理论日益博大精深,法学流派呈现多元化趋势;民商法学研究更加注重与法律实践的契合,注重对司法领域中出现的新的法律问题的审视和研究;在全球化趋势的推动下,各国民商法学日益走向相互渗透与融合,同时又更加注重与本国国情的结合,呈现国际化与民族化共同繁荣的趋势;法学理论方面,跨学科研究方兴未艾,交叉学科、边缘学科如雨后春笋大量涌现。在国内,随着依法治国方略的推行,民商法学研究更加深入与务实。一方面,在全球化的大潮之下,如何借鉴人类精神遗产,借鉴外国合理的法律制度与精神,成为摆在中国民商法学面前的重大课题之一;另一方面,在国内市场经济发展过程中出现的各种法律问题也向民商法学提出了挑战,如何立足中国的法律实践,利用世界各国的经验,发扬我国优良传统风俗,应对未来经济、政治、文化的重大转折,也是中国民商法进一步发展所必须解决的重大课题。为了总结西南政法大学民商法学科在过去40多年中取得的成绩,饮水思源,时刻铭记老一辈民法学者对本学科发展所作出的突出贡献,我们曾与法律出版社联袂于2009年编辑出版了5卷本的“西政民商法学阶梯”丛书和20卷本的“西南民商学人文库”和多卷本的“民商经典译丛”。为了发挥本学科在民商法基础理论特别是民法哲学方面的研究优势,我们先后编辑出版了两辑共13本“民法哲学”丛书。为了扩大与我国台湾地区的学术交流活动,我们曾与华中科技大学出版社、台湾元照出版股份有限公司倾力打造了“华中 · 元照西政民商法学术文库”和“华中 · 元照中青年法律科学文库”。

为了进一步充分发挥法学研究对法律实践的引领作用,我们决定集合校内外各种资源,推出既能综合反映西南政法大学民商法学科科研实力,又能广纳群贤、有效荟集国内外最新民商法学研究成果,并能对中国法治建设起到推动作用的大型系列丛书——“民商法经典文库”。本文库分为民法哲学、经典译著、学术研究、前沿争鸣、名家讲坛、教育研究、经典案例及年度十大有影响力案例、研究随笔9个系列。同时,我们也真诚邀请国内外贤儒同仁不吝赐稿,积极支持我们的工作。我们相信,在国内外同行专家的共同帮助下,本文库一定能够达到预期目标。

是为序。

2012年11月6日于西南政法大学

2021年7月6日修订于西南政法大学

自序　私法与自由

《民法典》颁布后如何能更好地理解民法,为社会广泛关注。民法覆盖的是民事主体日常生活的方方面面,因而是对日常生活常见事物的映射。日常生活我们都在经历,以此推理,每个具有生活经验者都能很好地理解民法。这一观点,只是将民法当作一面反映日常生活的镜子,未能注意到规范层面的价值意涵。民法对日常生活的调整,固然受现实的局限,但其规范不是趋同于现实,而是希望通过自己的规范力量,从现实中开辟出一条通往法律所追求的文明大道,让每个民事主体在行为上都能恪守基本的文明规范,塑造与维持私人间基本的正义秩序。因此,民法更多的是一种价值规范,而不是对凌乱现实的简单反映。由是,如何理解民法,实际上便是如何了悟民法规范的价值体系。

民法的英文名为"civil law",但将"civil law"译成民法,仅选取了"civil law"意义中的一种。从来源看,"civil law"应当翻译成"市民法",即仅适用于罗马市民与市民之间的法律。自罗马后期市民法与万民法合一后,"civil law"在主体上的属人性消失,指向其适用上的属地性。只要是一国主权内之人,都要受法律的调整,因而"civil law"可以译成"国内法"。若对比宗教法,"civil law"还可以译成调整世俗人与事的法律,这时可以译成"世俗法"。同时,由于"civil"还有"文明的"之意,因此"civil law”还可以翻译成“文明法”。从译法管窥,无论是翻译成“市民法”“国内法”,还是“世俗法”,都无法展示民法的真正价值。真正展现民法价值的,乃民法所有的“文明”内涵。

民法之所以能被定性为文明法,全依赖于民法的私法属性。在如今的法律体系中,法律被划分为公法和私法。宪法、刑法、行政法、诉讼法等属于公法,民法则属于典型的私法,且为私法中的基本法。所谓“私法”,即“私”是“法”的效力来源,“法”则为“私”追求的目的。这样的私法思维其实就是社会主义核心价值观之一的自由思维。因此,阐述民法的文明内涵,实则在于阐释自由的精神气质。

顾名思义,自由即自己作为自己的根由,自己的事务由自己作决定。然而,自由并非与世界格格不入,而是希望从自己出发与世界达成一致。自由总是展现为两个层面。其一,自己性。自己性是自由的出发点,是自己思考世界一切事物的根基。相对于世界而言,自己性不可捉摸,因而具有私人性或者任意性。正是这种私人性,确保了自己能将自己所要从事的一切事物划定在自己的决定范围内。其二,公共性。自己性只是确定自己对自己事物的主体地位,并不是要通过自己性将自己异化于世界。因此,自己性的目的是要通达公共性,与他人以及世界和谐相处。这种公共性,即为法律所代表的规则性。可见,自由思维即私法思维。

然而,我们对“自由”一词有太多不好的记忆,因为自由在某种程度上意味着一盘散沙,无法拧成一股绳而凝聚成强大的力量。具有代表性的表达可见于民国时期《民法总则起草说明书》第 2 项为“社会公益”的说明:“自个人主义之说兴,自由解放之潮流,奔腾澎湃……驯至放任过甚,人自为谋,置社会公益于不顾,其为弊害,日益显著。且我国人民本已自由过度,散漫不堪,尤须及早防范,借障狂澜”。新中国成立后,我们的民法典起草历程总共有五次。1954 年到 1956 年为新中国的第一次民法典试水。在第一稿即 1955 年 10 月 5 日颁发的《民法总则(草案)》里,其第 3 条明确规定了自由。根据该条:中华人民共和国公民都有权选用自己的姓名,自由设定住所,发明和著作以及在全国领域内自由设定住所,在法定范围内自由处理自己的财产;为法律行为承担债务;并可遵照国家法令组织工商企业的民事权利。不过,在 1955 年 10 月 24 日颁发的《民法典(第二次草稿)》“总则编”里,未见“自由”一词。且看规范同样内容的第 7 条:中华人民共和国公民，都有权选择自己的姓名、住所、合法的事业和职业，从事发明和著作，在法定范围内处理自己的财产以及行使其他民事权利。

当然，未采用"自由"一词并非说民法不采用自由思维。作为私法的民法，不采用自由思维则民法不可能归属于私法。为了折中深层的暗流与不可避免地使用，我们选择了"自愿"一词。这可从原《民法通则》第4条、原《合同法》第4条和《民法典》第5条可以看出。据此，民法要想树立真正的私法即自由思维，至少在文化深层的可接受性上，还有很长的路要走。其实，自由是近代以来文明的基础，更是其精准概括。自由即自律，与之相对的则是他律。自由作为一种文明的世界观与人生观，希望每个人以自己为出发点，从自己的偶然存在性出发，摆脱一切外在必然性施加于己身的约束，通过坚韧不拔的意志力不断超越自己的私人性，最终将自己的行为准则建立在可普遍化的规则即法律之上。因此，自由并不是让自己成为世界的异在者，让自己与世界对立，而是真正融入这个世界，在这个世界里寻找到栖身之所。与之对立的他律，则是通过某种外在的必然规则约束个体，让个体的行为只能建立在外在规则上。他律的规范体系，为了证成自己的正当性和合法性，往往笼罩在绝对真理的面纱之下。借助真理的不可置疑性，让个体在这种丧失反思和判断力的权威面前不知所措。可以说，如果没有自律，他律则可能借由外在权威迫使个体就范。基于此，自由生活不但是社会主义核心价值观之一，更是我们义不容辞的责任。

这些价值追求，正是民法作为私法所展示出来的文明元素。当然，这些文明元素不是一开始就自动存在于人类社会，而且在东西方文化中也存在一定差异。若深入探讨如此宏大而艰难的构造，定然意义重大，但确非力所能逮。因此，本书只是借助一些历史事实，作一些自己的碎片化思考。

是为序。

周清林

2020年12月

目　录

第一编　罗马民法：史与思

第二编　近代大陆法系主要民法典：史与思

第三编　新中国成立前的民法：史与思

第四编　新中国民法:史与思

第五编　主题民法:史与思

第一编　罗马民法:史与思

罗马私法为后世大陆法系民法之源,此点当无异议。由于罗马私法不但历史悠长且内容庞大,资料亦可谓汗牛充栋。尽管也阅读了诸多著作,但不懂拉丁语,因此不敢就罗马私法历史进行研究。因而仅笔录在阅读罗马私法过程中之所识,佐以简陋的思考,草就此章。另需说明的是,虽然一开始罗马市民法孑然独立,但万民法、自然法横空出世后实际上是市民法与万民法、自然法并存,到了优士丁尼民法时代更是融合在一起。之所以将罗马市民法、万民法与优士丁尼民法分而治之,在于叙述便利且契合时间顺序。至于自然法为何视而未见,则在于自然法适用范围的过于广泛性,导致其实际上影响甚微。不过,我们还是需要先讨论市民法、万民法与自然法的关系。

市民法、万民法与自然法

众所周知,罗马法是一个非常宽泛的概念,它既包含罗马私法,也涵盖了罗马公法。即使从狭义的只包含私法的罗马法而论,罗马法也不是一个确定的概念,因为它尚包括市民法、万民法以及自然法。因此,如果只是笼统地说罗马法,则罗马法包括罗马私法与公法两方面。考虑本书目的以及使用习惯,我们只将罗马法限定在罗马私法上。

一、三分法的出现

虽然罗马私法可分为市民法、万民法和自然法三法,但这一划分并非亘古即有。彭梵得教授经过考证后认为,罗马古典的法学家们只知道市民法与万民法的二分,至于三法之间的区分只是拜占庭时代的产物,是一种不合适的添加。[①] 这一考证至少能得到盖尤斯的印证。当我们翻开盖尤斯的《法学阶梯》,我们发现至少在盖尤斯

---

① 参见[意]彼得罗·彭梵得:《罗马法教科书》,黄风译,中国政法大学出版社 1992 年版,第 14 页。

那里确实如此。[①] 后来,研究罗马法学的巨擘萨维尼也认为,二分法是罗马法学古典时期的流行分类方法,莫德斯提努斯、保罗、马西安等皆持这一分类模式。[②] 不过,优士丁尼《法学阶梯》并未采纳这一模式,而是借用了乌尔比安的学说。优士丁尼《法学阶梯》第二篇的标题即为“自然法、万民法和市民法”。[③] 这一方法自然被《学说汇纂》所采纳。《学说汇纂》第1卷D.1.1.1.2.最后一句指出:私法由三部分规则组成,即自然法规则、万民法规则和市民法规则。[④] 先不论内容,即使从标题上也足以判断,优士丁尼对三分法青睐有加。

从上述分类可知,自然法是罗马法发展到后期才出现的概念。要想了解罗马法上自然法的含义,我们须在特殊语境下进行,即我们只能在罗马法体系里才能理解。[⑤] 这正如登特列夫所言,自然法虽在罗马的法学理论中扮演重要角色,但自然法与法律哲学毫不相干,它只是出于适用目的而由罗马法学家们找出的一个诠释手段。[⑥] 为此,我们拟从市民法、万民法和自然法的概念体系出发对它进行理解。

二、市民法与万民法、自然法的区分

优士丁尼在《法学阶梯》第1卷第2题开篇便创造性地定义了自然法:

---

① 盖尤斯指出:“所有受法律和习俗调整的民众共同体都一方面使用自己的法,一方面使用一切人所共有的法。每个共同体为自己制定的法是它们自己的法,并且称为市民法,即市民自己的法;根据自然原因在一切人当中制定的法为所有的民众共同体共同遵守,并且称为万民法,就像是一切民族所使用的法。”另需说明的是,由于后面需要大量引用盖尤斯的《法学阶梯》,因此不再每次都注明出处。为了将之与学说汇纂上的片段区分开来,《盖尤斯法学阶梯》里片段的引用,前都加G。如第一编第一片段(题)即G1.1.,参见[古罗马]盖尤斯:《盖尤斯法学阶梯》,黄风译,中国政法大学出版社2008年版,第1页。

② Siehe Savigny, System des heutigen Roemischen Rechts, Bd. 2. Berlin bei Deil und Comp 1840, S. 420.

③ 参见[罗马]查士丁尼:《法学总论——法学阶梯》,张企泰译,商务印书馆1989年版。查士丁尼即优士丁尼,本书正文论述时统一采用优士丁尼。

④ 参见《学说汇纂》(第1卷),罗智敏译,[意]纪蔚民校,中国政法大学出版社2008年版,第7页。这里需要说明的是,后文引用《学说汇纂》(第1卷)时,不再表明出处,一概以D.1.表示。

⑤ 在罗马社会至少存在两类完全不同的自然法观念。一类是斯多葛哲学意义上的自然法观念,这些观念滥觞于西塞罗的著作中;另一类是实证法体系中的自然法观念。西塞罗在《论法律》中详细地谈到了斯多葛哲学意义上的自然法观念。他认为,自然法就是依据人类的本性产生的法,而人类的本性即理性。法律应当是最高理性的展现,因而属于超越一切实证法之上的应然法。参见[古罗马]西塞罗:《论法律》,王焕生译,中国政法大学出版社1997年版,第187~211页。

⑥ 参见[意]登特列夫:《自然法》,李日章等译,新星出版社2008年版,第30页。

> 自然法是自然界教给一切动物的法律。因为这种法律不是人类所特有,而是一切动物都具有的,不问是天空、地上或海里的动物。由自然法产生了男与女的结合,我们把它叫作婚姻;从而有子女的繁殖及其教养。的确我们看到,除人而外,其他一切动物都被视为同样知道这种法则。①

徐国栋教授精要地概括道:"无论从哪个角度,市民法都是具有最小普遍性的法,万民法具有较大普遍性,自然法具有最大普遍性。"②可见,市民法是只适用于罗马市民的特定习俗,而万民法则可以适用于一切人,至于自然法则规范一切动物。就我们的主题而言,自然法与万民法对人类行为的影响才是我们需要探讨的。如果自然法对人类行为有自己独特的影响,那我们需要明确其独特的影响力所在。但是,如果自然法对人类行为的影响与万民法毫无二致,则我们可以将自然法与万民法合兵一处而只需要界分清楚万民法上的影响即可。为此,我们有必要探析自然法和万民法的关系。

三、自然法与万民法的区分

尽管盖尤斯只提到了市民法与万民法的二分法,但并不代表盖尤斯彻底排斥了自然法这一分类。实际上,盖尤斯不自觉地将万民法与自然法混同,这也许在源头上注定了自然法与万民法难解难分。从万民法的定义看,盖尤斯认为万民法是根据自然原因而为人类制定的法。优士丁尼《法学阶梯》基本上沿袭了盖尤斯的定义,但张企泰先生将万民法根据之"自然原因"译成了"自然理性"。③在拉丁文里,"自然原因"为"*naturalis ratio*"。爱德华·珀斯特在《盖尤斯法学阶梯》一书里将之译为"natural reason"。④ 顾名思义,既然是自然原因为人类制定的法,那理应叫作自然法。果不其然,至少在盖尤斯那里,万民法与自然法具有同等的含义。在第一编"人法"的片段里,盖尤斯都是根据万民法在讨论,如

---

① [罗马]查士丁尼:《法学总论——法学阶梯》,张企泰译,商务印书馆 1989 年版,第 6 ~ 7 页;[古罗马]优士丁尼:《法学阶梯》,徐国栋译,中国政法大学出版社 1999 年版,第 13 页。

② 徐国栋:《优士丁尼〈法学阶梯〉评注》,北京大学出版社 2011 年版,第 40 页。

③ 参见[罗马]查士丁尼:《法学总论——法学阶梯》,张企泰译,商务印书馆 1989 年版,第 7 页。

④ See Edward. Poste, Gai Institutiones or Institutes of Roman Law by Gaius, Oxford: at the Clarendon Press, 1904, p. 1.

G. 1. 52、G. 1. 78、G. 1. 80、G. 1. 81、G. 1. 82、G. 1. 84、G. 1. 85、G. 1. 86。但是，G. 1. 89、G. 1. 156、G. 1. 158 却突然出现了自然法这样的词语。① 看来，盖尤斯之所以没有区分自然法与万民法，是因为他认为万民法就是自然法，都是自然理性为人类制定的法。不过，优士丁尼时代的法学家们并未持这样的看法。《学说汇纂》第一卷 D. 1. 1. 1. 4. 说道："万民法是全体人类使用的法。显而易见它与自然法相区别，因为自然法是所有动物的共同法，而万民法仅仅是人与人之间的共同法。"易言之，属于万民法的制度不一定符合自然法，而合乎自然法的制度不一定能为万民法所接受。D. 1. 1. 4. 片段里乌尔比安指出，解放奴隶属于万民法，因为奴隶制度源于万民法。若根据自然法，所有人生下来都是自由的，由于没有奴役，也不可能有解放奴隶的制度。众所周知，奴隶制度产自战争，战争只能是来自万民法。D. 1. 1. 5. 片段引用赫尔莫杰尼安的语言指出："根据万民法，产生了战争，分裂了民族，建立了王国，区分了所有权，划定了地界……"可见，至少在人法里，万民法与自然法有当然的区分，尽管很多制度具有相同性，因为人类也属于动物，必然接受规范整个动物界的自然法的调整。

是否在物法领域万民法与自然法也有所不同？D. 1. 8. 2pr. 片段里马尔西安指出："根据自然法，某些物属于一切人所有，某些物属于一个共同体所有，某些物不属于任何人，而更多的物则属于个人，它们由个人因各种不同原因而获得。"D. 1. 8. 2. 1. 片段则具体指明了根据自然法属于一切人的物包括空气、流水、海洋和由此而来的海滩。D. 1. 8. 3. 片段里弗罗伦丁再次依据了自然法，但自然法在此的作用是决定先占海滩上的无主物的所有权归属。D. 1. 8. 5pr. 片段却援用了盖尤斯的观点，且认为使用河岸如同使用河流（流水）一样，都是对属于一切人所有物的使用，其依据是万民法。在专门讨论"所有权、占有与时效取得"的《学说汇纂》（第 41 卷）里，②D. 41. 1. 1. 1. 援用盖尤斯的观点论述了先占，指出先占陆地上、海洋里、天空中的动物归先占者所有。显然，援用盖尤斯的观点意味着依

① 黄风先生翻译的《盖尤斯法学阶梯》并未将 G. 1. 89 翻译为"自然法"而是译成了"自然原因"。从 G. 1. 89 的原文来看，其拉丁词汇是"*naturali ratione*"。因而很难将之直译为自然法。不过，Edward. Poste 将之翻译成"natural law"。至于 G. 1. 156、G. 1. 158 的拉丁词汇则分别是 *naturali iure*、*jus naturale*。显见，G. 1. 156、G. 1. 158 中的拉丁词汇是可以直接翻译成自然法的。Ibid. ，p. 52，98.

② 参见《学说汇纂》（第 41 卷），贾婉婷译，［意］纪蔚民校，中国政法大学出版社 2011 年版。下文在引用该第 41 卷时，一概用 D. 41 指代且不再注明出处。

据的是万民法。[1] D.41.1.7.1.依据万民法指出了因自然力形成的添附土地的所有权归属，D.41.1.7.5.也按照万民法确定了对因自然力形成的与河流地位一样的新河床的权利归属。以上足见，优士丁尼时代的法学家们在编纂《学说汇纂》时，并未从真正意义上在物上区分开自然法与万民法，而是持有同化万民法与自然法的观点。正因为此，在物权变动部分中，通篇不见依据自然法，唯一见到的就是依据万民法。D.41.1.9.3.在阐述物权变动里明确依据的就是万民法。

据此，我们可以认定，自然法与万民法的分野可以在人法里清楚地展现，但在物法里我们无法找到它们不一致的踪影。通过编纂者们对物法里自然法与万民法的混用可以看出，自然法就是万民法，它们之间别无二致。

---

① 也许有人会说，盖尤斯并未区分自然法与万民法，引用盖尤斯并不能证明依据的就是万民法。对此，笔者的理由是，优士丁尼时代的学说汇纂编纂者们已经明了自然法与万民法的二分，如果万民法与自然法在此不同，他们不但会明确指明更会指明这里引用的是自然法。正是因为万民法与自然法对此无区别，所以才会如此。

罗马市民法*

虽说民法以罗马市民法为宗,但如今的民法与古代的罗马市民法具有天壤之别。罗马法为典型的属人法,仅适用于特定族群。由于当时能成为罗马法主体的罗马市民名之为“奎里蒂人”(*Quirites*),因而早期的罗马法也被称为“奎里蒂人的法”。根据宗教人类学、宗教社会学考证,罗马人一开始乃接受家庭宗教规范的群体,一切法律皆由宗教衍生。正是这种家庭宗教的特性,排斥了外来人进入的可能,使家庭宗教始终封闭在家庭成员之间。依循罗马法所处的时代及其来源上的宗教特性,下文拟从三个方面阐述罗马市民法体现的文明理念与制度。

一、市民法主体从封闭走向开放

家庭宗教的封闭性决定了罗马法的封闭性。唯有家庭成员才有资格受到家庭宗教的规范,只有家长才有资格成为罗马法上的主体。随着群体之间融合性的加强,大量平民出现在罗马族群。史家、社会学家认定,平民并非氏族成员无权参与祭祀因而无权适用罗马法,不能享

* 需要说明的是,“罗马市民法、万民法、优士丁尼民法、法国民法和德国民法”部分作为一篇文章,刊发在《民法哲学》集刊第6辑。参见周清林:《大陆法系民法文明史简思:从罗马市民法到〈德国民法典〉》,载周清林主编:《民法哲学》第6辑,法律出版社2020年版,第173~199页。

有罗马法所有权与婚姻权，当然不能与氏族成员进行通婚。为了真正融入罗马社会，平民采取了一系列卓有成效的斗争。这个斗争不是暴力革命，而是以不合作的手段，集体脱离罗马社会使罗马无力与外敌战斗，迫使元老们让步。公元前494年的第一次撤离运动，使平民们争取到了专司保护自己阶层的保民官。公元前449年，罗马公布了著名的《十二表法》。① 尽管《十二表法》享誉古今，但其只是古代习惯的文字呈现，并未真正表达平民的意愿。如其第十一表明确规定，平民和贵族不许通婚。公元前445年，在保民官盖乌斯·卡努列乌斯的努力之下，通过法案废除了该第十一表中的通婚禁令。公元前287年平民的最后一次撤离运动，迫使贵族作出让步任命平民霍腾西乌斯为独裁官。霍腾西乌斯上任后公布法律再次批准平民大会决议对全体公民具有法律效力。从此，平民与贵族之间的不平等消失，平民完全成为罗马法主体。②

罗马法主体向平民开放，仅是罗马社会内部事务。在罗马长期的远交近攻中，罗马必须处理并入罗马的外邦人身份。由此，罗马开始了市民身份的不断授予，使封闭的罗马法主体结构不断走向开放。公元前268年，罗马第一次赋予萨宾部族完整的市民身份，使其从无选举权的公民上升为有选举权的全权公民。此后，罗马根据自己的统治需要，不断放开手中的市民身份。公元前90年，通过《尤里法》(*Lex Julia*)将罗马市民身份授予了波河以南意大利范围内的自治市居民。公元前89年，关于向盟友授予市民权的《普劳蒂和帕皮里亚法》(*Lex Plautia Papiria*)将罗马市民身份授予那些与罗马结盟的定居在意大利的共同体成员。公元前49年，尤里斯·凯撒将市民身份授予了波河北岸的意大利人。公元212年，卡拉卡拉皇帝颁布了著名的《卡拉卡拉敕令》，将罗马市民身份授予了全罗马境内的所有自由人。③

二、罗马市民法价值从野蛮走向文明

罗马市民法发端于人类原始时期的宗教与习惯，因而带有原初时代必然的

---

① 下文对《十二表法》条文的引用，参见周枏：《罗马法原论》(下册)，商务印书馆1994年版，第1006～1017页。同时，如果大家还有兴趣，也可以比对《十二表法》，陈筠、防微译，载林志纯主编：《世界通史资料选辑》(上古部分)，商务印书馆1962年版，第341～356页。

② 上述史实参见杨共乐：《罗马史纲要》，商务印书馆2007年版，第38～43页。

③ See Henry John Roby, *Roman Private Law in the Times of Cicero and of the Antonines Vol.* 1, Cambridge University Press, 1902, p. 23–24.

野蛮性。即使从《十二表法》反观,我们也能发现适用于罗马市民的规范何其粗犷。《十二表法》第四表第 1 条规定,对畸形的婴儿应即杀之。第八表第 1 条规定,以文字诽谤他人或者当众歌唱侮辱他人的歌词的,处死刑;第 2 条规定,毁伤他人肢体而不能和解的,他人可以同态复仇。第八表第 10 条规定,故意烧毁房屋或者房屋附近谷物堆的,捆绑鞭打后将其烧死;第 14 条规定,奴隶盗窃被捕的,处笞刑后投塔尔泊奥岩下摔死。第十一表规定,平民和贵族不得通婚。当然,《十二表法》作为发展到一定阶段的历史文明,较之于较早时期,具有一定的时代性和先进性。如第五表、第六表对婚姻、继承和私有财产进行保护的制度,反映了一定的时代特性。第十表中有关宗教法的相关规定,具有了相当程度的文明,如第 1 条规定的"不得在市区内埋葬或者焚化尸体",第 2 条规定的"禁止丧事铺张",第 4 条规定的:"出丧时,妇女不得抓面毁容,也不得无节制地号哭",等等。

为了更好地理解罗马市民法从野蛮到文明的动态历程,我们拟以债的客体作为论述中心,以展现其具体性。较之于现代民法,罗马市民法上的债具有两大特点:约束上的宗教性和担保上的人身性。据考证,罗马法契约发端于神前宣誓,本源于誓约。《十二表法》第六表第 1 条规定,凡依"要式现金借贷"(*nexum*)方式缔结契约的,其所用的法定语言就是当事人的法律。正是这种特定形式加上固定的语言表达,使借款人具备了还款约束力。这些形式和语言来自一定的宗教仪式。通过将借款行为整合进宗教体系,借款人未来的还款行为便借助宗教得到了确保。在债的担保上,古代罗马市民法指向的不是债务人的财产,而是以债务人人身作为补充标的。如果债务人到期不能还清欠款,则债权人可以直接拘押债务人,迫使其做苦役、出售罗马境外为奴或者杀死。面对如此惨无人道的债务制度,不堪忍受的罗马平民于公元前 5 世纪初组织起来进行了第一次斗争,最终迫使贵族作出了让步,在通过的《十二表法》中作了些许修改。第三表第 1 ~ 6 条,分别规定了法定宽限期制度、拘禁期间的人道待遇如脚镣的最高重量、伙食供给与和解。

但这些修改仍然没有改变债务制度残酷的本质。第三表第 6 条规定,债务人最终不能清偿或者提供保证的,债权人可以将其卖到台伯以西的外国或者将其杀死。第 7 条甚至规定,债权人有权将债务人切成块。根据学界研究,在一般情况下债权人不会将债务人出卖外国为奴,而是屠杀留尸以恐吓亲属归还。因为当时的人们相信,死者不能安葬使亡魂不能安身,必将降祸于亲属。除非债务人无亲属,债权人才愿意将其售至国外为奴。为了真正将自己从债务奴役中解放出来,平民们进行了长期而艰苦的斗争。公元前376年到公元前367年,平民们经过10年的抗争迫使贵族通过了《李锡尼和赛克斯都法案》。该法案的一个主要内容便是解决平民债务问题,取消利息。对债务人已经支付的利息,一律按照偿还本金计算,未偿还部分分3年还清。公元前357年,罗马将借贷利息最高限定为1/12。后来又陆续将利率减半、延期债务偿付以及禁止高利贷。公元前326年,罗马通过了《博德里亚法》(*Lex Poetelia*)。该法规定,所有因金钱债务而被拘押的人应当被释放,镣铐只应加诸犯罪或侵权者,债权人不得再因借钱而奴役债务人。尽管这只是一个开始,真正解放债务人还需要等待后来财产拍卖成为债务执行制度的常态,但正如史家李维在《罗马史》中所指,《博德里亚法》规定债务人不再以自己人身而是以自己的财产对债权人进行担保,使平民不再因债务而遭受奴役,开启了平民自由的新时代。①

三、罗马市民法正义观从形式走向自然

罗马市民法作为一种特殊的民族习惯,具体表现为僵硬的形式。菲利普·内莫说道,古老的罗马市民法无法想象非形式的思维方式,他们的行为完全被古老而庄严的仪式绑定。② 且不说最能反映宗教仪式的婚姻制度,即使在纯粹的财产变动里,僵硬的形式主义思维也不可撼动。罗马法一开始将物分为要式物与略式物。所谓要式物,即指家父必须在五名成年的罗马市民的见证下由另一名罗马成年市民手持一把铜称才能变动的奴隶、意大利土地及其乡村地役权与牛马类重要物品。③ 所谓略式物,即要式物以外的只需要通过交付即可变动物权的物。由于略式物变动不具有罗马民族的特殊性,因而我们只对展现罗马市民特性的要式物买卖(*mancipatio*)进行分析。

---

① 以上史实参见杨共乐:《罗马史纲要》,商务印书馆2007年版,第45~47页。

② 参见[法]菲利普·内莫:《罗马法与帝国的遗产——古罗马政治思想史讲稿》,张竝译,华东师范大学出版社2011年版,第90页。

③ 在罗马法上,能变动要式物的还有拟诉弃权这种方式。所谓拟诉弃权,是指当事人当着执法官的面进行要式物变动。在变动中,购买人请求出卖者返还该物,出卖者在诉讼中不提出任何异议,执法官判定购买者在返还之诉中胜诉。顾名思义,这是一个拟制的诉讼争议,拟定买卖双方产生了一个返还之诉。在该诉中通过出卖人不提出异议而认定出卖人放弃了自己的所有权,让购买人通过这个虚拟的诉讼获得所有权。拟诉弃权不但适用于要式物,也可以适用于略式物。由于诉诸执法官相当麻烦,要式物买卖一般不采取这种方式。至于略式物,拟诉弃权主要适用于无形的权利,如役权、用益权等。

作为变动罗马市民法所有权的要式买卖，只能发生在罗马市民之间。真正决定所有权变动效力的，并非所有权人的真实意思表示，而是无瑕疵的形式。只要完备了转让形式，即使当事人存在被胁迫、欺诈或者乘人之危的情形，所有权一样发生变动。反之，只要当事人在转让形式上有半点瑕疵，即使其意思表示再真实，也不会发生市民法上的物权变动。显然，罗马市民法追求的形式正义观与自然正义观念产生了严重的矛盾。为了化解法律与现实的分歧，罗马市民法进行了特有的迂回策略。它不是去否定或者修改市民法不合理的规定，因为这些规定来自神恩无法因人力被改变，但可以在不否认规定前提下设置其他制度以表达对现实的关切。时效取得制度应声而出。

《十二表法》第六表第 3 条规定，土地取得时效为 2 年，其他物品为 1 年。法律没有表达要式移转不合理，而是借助另外一个名义，即"为了避免物的所有权长期处于不确定状态"这一公共利益，通过占有事实达到一定期限取得所有权。当然，当时的市民法无法从个人意思作为法律效力上思考问题，即使对形式主义的改变，也是借助自然事实而非个人意思进行。不过，这一改变仍然会产生一个严重的问题。如果出卖人在形式瑕疵下转让了要式物，但占有人的占有尚未经过 2 年或者 1 年，从法律上讲，出卖人当然可以根据市民法所有权请求购买人返还原物。如何切实维护代表自然正义观的购买人利益，便成了裁判官必须思考的问题。针对出卖人返还原物的诉讼请求，裁判官准许购买人可以进行"物已出卖且交付抗辩"（*exceptio rei venditae et traditae*）。倘若出卖人不顾购买人同意收回该物，则构成对自己物的盗窃。为了全方位保护购买人利益，裁判官大约在共和国时代末期创设了"普布里奇之诉"（*actio Publiciana*），假设购买人已经时效取得，从而可以要求占有该物的第三人返还原物。

随着历史的演进，要式物与略式物的区分逐渐丧失了现实意义，最终被《优士丁尼民法典》抛弃。有关"所有权、占有与时效取得"的《学说汇纂》41.1.20pr.片段引用了乌尔比安《论萨宾》第 29 卷的原话："如果有人对一块土地享有所有权，那么他可以通过交付将其转让。"此时，交付本身即可以变动传统要式物的土地所有权。《学说汇纂》41.1.9.3.规定，根据万民法，交付给我们的物归我们所有。因为没有什么比尊重想将其物转让给另一个人的所有权人的意志更符合自然的公平。可见，整个物权变动从严格的形式主义走向了体现个人意思的自然主义，市民法的形式正义观被自然正义观所取代。

罗马万民法

随着罗马对意大利及其附近岛屿的征服，罗马人与外邦人的来往与交易与日俱增。尤其是自第一次布匿战争始，罗马开启了走向地中海的大门，迎来了海运便利下的贸易帝国。从此，历史将罗马市民法带入了风口浪尖。

一、万民法的诞生

顽固的市民法坚守其适用上的属人性，只要未被授予市民权，即使这些外来人被并入城邦，也不能按照罗马市民法拥有所有权、进行诉讼和进行要式买卖等。面对异邦人的涌入以及罗马人进行国际贸易，现实要求解决罗马市民法的狭窄适用。由于罗马市民法来源上的特定民族习性以及征服者的荣耀，不但外邦人无法接受这种与自己宗教习惯不吻合的法律，罗马人也不愿意将异邦人纳入市民法的规范。迫于现实，罗马于公元前 242 年设立了外事裁判官，专司审判罗马人与外邦人以及外邦人与外邦人之间的纠纷。

外事裁判官的创设，仅解决了审判机构的设置，并未改变外事纠纷中无法可依的状态。依据何种法律公正处理外事纷争，外事裁判官进行了卓越绝伦的创造性工作。外事裁判官的审判思维是以罗马市民法作为参照系，进行不断的减损。作为裁判官，他们当然熟悉罗马市民法；

作为外事裁判官,他们又不能适用市民法。于是,他们在对照市民法规定这一条件下,不断减损形式性和宗教性,尽量让其更抽象因而更具普遍性。正是这一特定的历史背景,使外事裁判官在选择依据上不断朝着让罗马市民与外邦人都能接受的方向前进。这一找法的过程,必然预设外事纠纷中的人不再是系缚于特定宗教习惯上的人,而是只要是人,必定具有人之为人的某种本性。顺着这一脉络,罗马的外事裁判官们终于将人性中的普遍理性作为了法律适用的依据。这样,适用于罗马人与外邦人、外邦人与外邦人之间的万民法,建立在迥异于市民法的普遍理性之上。

二、万民法与自然理性

这种普遍理性就是自然理性。古罗马法学家盖尤斯即认定,万民法是根据自然理性而为人类共同制定的法。《法学阶梯》[①]与《学说汇纂》第1卷D.1.1.9.沿袭了盖尤斯的定义。我们可以定论,外事裁判官创制法律的依据正是自然理性,即作为人本性的理性。古罗马执政官与法学家西塞罗在《论法律》第一卷里谈到,法的本质存于人的本性。人的本性即为理性,是人和神的共有物,任何其他种类的生物都不具有它。[②] 因此,法律就是人的理性,是人性自然的必然反映。但万民法并非当时的自然法。查士丁尼《法学阶梯》在第1卷第2题开篇对自然法进行了定义:“自然法是自然界教给一切动物的法律。因为这种法律不是人类所特有,而是一切动物都具有的,不问是天空、地上或海里的动物。由自然法产生了男与女的结合,我们把它叫作婚姻;从而有子女的繁殖及其教养。的确我们看到,除人而外,其他一切动物都被视为同样知道这种法则。”可见,市民法是只适用于罗马市民的特定习俗,而万民法则可以适用于一切人,至于自然法则规范一切动物。正如《学说汇纂》第1卷D.1.1.1.4.说道:“万民法是全体人类使用的法。显而易见它与自然法相区别,因为自然法是所有动物的共同法,而万民法仅仅是人与人之间的共同法。”因此,万民法追寻的正义观即自然正义,自始即与市民法的形式正义大相径庭。

---

① 参见[罗马]查士丁尼:《法学总论——法学阶梯》,张企泰译,商务印书馆1989年版。
② 参见[古罗马]西塞罗:《论法律》,王焕生译,中国政法大学出版社1997年版,第193页。

尽管市民法与万民法规范领域不同,但先进的万民法理念对因循守旧的市民法形成了巨大冲击。穆西乌斯·斯克瓦拉(Q. Mucius Scaevola)认为,大约公元前100年,万民法即已成了罗马法中的主导因素。[①] 在万民法强大的冲撞力下,罗马市民法很多观念得到了改变、转化为背景甚至被废止。下文拟从契约类型的发展与物权变动模式变迁两方面进行阐述。

其一,契约类型的发展。罗马市民法一开始实行法定契约制度,即除非市民法有严格规定,否则契约不得发生债的拘束力。根据《十二表法》第六表第1条、第7条和第8条规定,当时能发生市民法效力的契约为要式移转、拟诉弃权(*in iure cessio*)、要式现金借贷(*Nexum*)与出卖人瑕疵担保。一般认为,设定嫁资口头契约(*dotis dicito*)也属于当时的一个法定契约类型。这些契约之所以发生法律效力,并非来自意思表示的真实性,而是源于特定的形式和法定的语言表达。要式移转、拟诉弃权、要式现金借贷之所以能约束当事人,主要是借助特定形式;而出卖人瑕疵担保和嫁妆给付则依靠在证人面前说着法定的语言在双方之间形成法锁。随着时代的变迁与万民法的冲击,罗马市民法契约制度在两方面发生了根本性变化。

一为要物契约的出现。《博德里亚法》废止了残暴的要式现金借贷后,民间出现了新型的借贷模式:消费借贷(*mutuum*)。通过《西利法》(*Lex Silia*)和《卡尔布尼亚法》(*Lex Calpurnia*),消费借贷被承认为市民法上的契约类型,可以对特定数额的钱款和一切确定的物进行诉讼。该契约不再依赖传统市民法特定的形式和法定语言,其效力决定于是否真正为给付金钱或者物质。后来这一类型的契约扩展为四类:消费借贷、使用借贷、质押和寄存。二为合意契约的出现。罗马市民法订立契约的一般模式为要式口约,即通过口头方式按照程式说着固定的语言。该模式下契约的效力来源仍在于市民法框架下的特定形式与法定语言,非常僵硬。与其说是当事人表达的意思发生了效力,不如说是当事人作为远古传统形式和固定语言表达的工具,借助这个形式和法定语言发生了拘束力。随着万民法的出现,建立在当事人意思表示基础上的契约开始出现。盖尤斯在其著名的《法学阶梯》里即承认了四类合意契约:买卖、租赁、合伙和委托。优士

---

① See James Hadley, *Introduction to Roman Law in Twelve Academical Lecture*, D. Appleton and Company, 1873, p. 93.

丁尼在编纂民法典时也将这四类诺成契约纳入其中。

从要物契约与诺成契约的出现可见，作为法律效力源头的形式与法定语言已转化为背景，罗马人特定的民族习惯遭受到了自然人性的强烈冲击。当契约效力突破形式性与法定语言性而奠基于物的交付与合意时，自然理性已经战胜了固化的形式，自然正义观取得了主导地位。

其二，物权变动模式变迁。物权隶属于家父权，对物权的变动便是变动家父权。一开始，市民法对家父权下物权的变动规定极为严格。除非采取严格的形式且说着法定的语言，否则不得变动物权。最典型的便是对要式物的权利变动。根据《十二表法》第六表第 1 条和第 7 条规定，唯有依据要式买卖和拟诉弃权才能变动要式物。随着罗马社会走出原始的农牧经济迈向地产庄园和商业贸易，罗马市民可以支配的财产越来越丰富，要式物与略式物的基本划分不再能满足现实的需要。当要式物与略式物区分被历史抛进记忆，传统的依赖形式变动物权的模式也随之变成尘封的背景。在优士丁尼编纂民法典的时代里，万民法的物权变动理念与制度完全占据了支配地位。

在专门讨论“所有权、占有与时效取得”的《学说汇纂》（第 41 卷）里，D. 41. 1. 7. 1. 依据万民法指出因自然力形成的添附土地的所有权归属，D. 41. 1. 7. 5. 也按照万民法确定了对因自然力形成的与河流地位一样的新河床的权利归属。D. 41. 1. 9. 3. 指出：“根据万民法，交付给我们的物归我们所有。因为没有什么比尊重想将其物转让给另一个人的所有权人的意志更符合自然的公平。”该片段告诉我们，万民法之所以不是依据特殊习俗而是按照自然理性制定的，是因为自然只遵循所有权人的意思变动所有权。如果不从物权人意思角度思考物权变动结构，那物权变动结构将不是万民法意义上的物权变动结构。《学说汇纂》将这一万民法思维发挥到了极致。D. 41. 1. 9. 5. 表明，即使没有真正意义上的交付，纯粹的所有权人意志即足以发生物权变动。D. 41. 1. 9. 6. 甚至规定了拟制交付，即当某人将仓库货物出卖而欲转让其所有权时，他不必进行交付，只需要将该仓库的钥匙交付于买受人即可。D. 41. 1. 9. 7. 明确说道：“所有权人的意志可以向不特定的人转移物的所有权。”D. 41. 1. 9. 8. 更是从抛弃的意思决定抛弃法律效果角度阐述了所有权人意思对物权变动的决定意义。D. 41. 1. 21. 1. 对简易交付的规定也足以说明，物权变动完全建立在物权人意思的基础上，无须通过形式上的交付。所以，我们看到 D. 41. 1. 31pr. 引用了保罗的观点：“单纯的交付绝不能使所有权发生转移,除非存在以下情形,事先有出卖或其他正当原因的存在,使交付基于它们随后产生。”此即优士丁尼时代的物权变动结构不能按照纯粹的形式主义即交付来完成,交付只是一个物理转移事实,即单纯的交付只能转移占有而不能转移所有权。交付要想发生物权变动,那只有所有权人变动所有权意思下的交付方可。而所有权人变动物权的意思则由出卖或其他正当原因构成。也就是说,买卖等原因行为的存在才能表明这里存在一个变动权利的意思。至于这个意思不一定要通过交付展现,因为没有交付仅因单纯的所有权人意思也足以发生物权变动。

从物权变动模式的变迁可见,基于物权人意思发生物权变动的万民法思维占据了主导,形式决定物权变动效力的传统市民法思维,随着要式物与略式物区分的消失封存在故纸堆里。按照个人意思变动物权,显然是依据人的自然理性的直接反映,万民法的自然正义观跃然纸上。

三、万民法的局限性

万民法的自然正义观虽表明其具备了近现代文明的基本元素,但并不代表万民法与近现代文明没有了距离。深处罗马时代的万民法,同样留有时代的不文明烙印,其中最深刻的一道就是奴隶制度。《学说汇纂》(第1卷)D.1.5.4.2.指出,“之所以被称为‘奴隶’(*servus*),是因为获胜军队的首领常常会卖掉俘虏,这样保存(*servare*)了他们的生命而不是杀死他们”。看来,奴隶产生于战争,而战争只能来自万民法。D.1.1.5.片段引用赫尔莫杰尼安的语言指出:“根据万民法,产生了战争,分裂了民族,建立了王国,区分了所有权,划定了地界……”既然可以根据万民法,显然奴隶制度是为所有民族都承认的现实。D.1.6.1.1.片段认为:“奴隶处于主人的支配权下:支配权来自万民法,因为我们可以观察到在所有的民族中,主人一律对奴隶享有生杀权。而且,所有通过奴隶获得的东西都归于主人。”奴隶之所以不能来自市民法,是因为市民不能将另一个市民作为自己的奴隶,这从债权人只能将不能偿债的债务人卖到台伯河以西即外国为奴便可窥见。若从自然法视角,则奴隶制度不会产生。根据D.1.5.4pr.片段和D.1.5.4.1.片段,奴隶制即一些人受另一些人控制,这违背自然,因为根据自然法,每个人是自由的。D.1.1.4.片段里乌尔比安更明确,解放奴隶属于万民法,因为奴隶制度源于万民法。若根据自然法,所有人生下来都是自由的,由于没有奴役,也不可能有解放奴隶的制度。可见,作为国家间战争的产物,奴隶制度不会产生于市民法,更不符合自然法的理念。正是奴隶制度的存在,使万民法最终要置于历史的长河里洗涤,接受人类理性的再次检视。

优士丁尼民法

作为现今民法源头的市民法,一般指东罗马帝国皇帝优士丁尼编的《民法大全》。《民法大全》包含下述四类文献。其一,《优士丁尼法典》。公元529年4月16日,第一部《优士丁尼法典》正式生效。公元534年12月29日,经过补充修订的第二版《优士丁尼法典》生效。其二,《法学阶梯》。公元533年11月21日,优士丁尼公布了专为教学而编辑的教科书——《法学阶梯》。其三,《学说汇纂》。公元533年12月16日,优士丁尼颁布了著名的《学说汇纂》,赋予选取的法学家的法学观点以法律效力。其四,新律。公元535年至540年,优士丁尼颁布了诸多被称为"新律"的谕令。

一、优士丁尼民法中的法结构

优士丁尼作为一名具有复古倾向的帝王,对昔日罗马的荣光怀着无限的向往。尽管他在《法学阶梯》序言里说道:"皇帝的伟大不仅要以武器来装饰,而且必须以法律来武装,以便不论是战时还是平时,都可以得到正当的治理。"但这并不表明他会超出历史阶段而扬弃市民法的形式正义理念与制度,通过万民法彻底改观民法体系。一般以为,自公元212年《卡拉卡拉敕令》颁布后,市民法与万民法的区别已无实际意义。实际上,在优士丁尼民法体系里，万民法只是占据主导地位，并未彻底取代市民法。真相毋宁是，市民法与万民法共存于优士丁尼民法，一起规范罗马帝国境内的自由人。如作为罗马市民法特有的要式口约与纯具万民法特点的合意契约并存，成为优士丁尼民法中杂糅共处的典型。优士丁尼民法的这种局面，并非意指万民法已对市民法进行了彻底改造，而是既要保持市民法一定特色与制度又要实现万民法的相关理念。问题是，先进的万民法与保守的市民法共处能否相容无间？我们拟选择优士丁尼民法中的物权变动为中心对此进行阐述。

盖尤斯在其所著《法学阶梯》第 1 卷第 119 题里讲道，要式买卖为罗马市民特有的法。这一特有的法在优士丁尼时代已然不再存在，无论在《法典》、《学说汇纂》还是《法学阶梯》，要式买卖都随着要式物与略式物区分的消失而杳无踪影。相反，在涉及物权变动时，"根据万民法"几乎成了人所共知的惯用语。有关物权变动的《学说汇纂》(第 41 卷) D. 41. 1. 9. 3、D. 41. 1. 9. 5、D. 41. 1. 9. 6 片段里，直接依据万民法上的交付来变动所有的物权，包括原来属于要式物的意大利土地。这是否表明，要式买卖不存在的时代里，万民法理念与制度已完全取代市民法业已形成的理念与制度？这需要考察物权变动中的主导理念与制度配套。

二、法结构探微

在优士丁尼法以前漫长的市民法历史中，要式物是最重要的物，因而要式移转是最重要的变动物权方式。整个罗马市民法物权变动制度体系都是以要式物和略式物变动尤其是以要式物变动为中心构建起来的。罗马市民法物权变动的主导思维是要式移转所反映出来的形式思维，忽视法律效力与当事人意思之间的关系。在依据一个法律行为发生的物权变动里，我们只会看到形式对物权变动的决定力，基本上看不到体现权利人意思的法律行为本身的影响。基于这一主导思维，市民法创建了自己的物权变动配套制度。

第一个制度为时效取得。时效取得一开始乃矫正严苛形式主义的产物。如果在转移要式物时没有进行要式移转但进行了交付，那么虽然符合略式物物权变动的条件但不能发生要式物物权变动的后果。此时，市民法准许接受交付的市民通过时效获得所有权。第二个制度乃请求返还之诉。倘若对某物进行了交付但没有正当原因，按照市民法的物权变动模式，此时完全符合略式物的物权变动结构因而发生物权变动。但这一物权变动不合乎自然正义观念,即从万民法上看不能发生物权变动。由于万民法不能否定市民法本身的效力,于是一个迂回的制度便产生——请求返还之诉。因此,虽然无正当原因不能发生万民法上的物权变动,但市民法上的物权变动无须正当原因即可发生,此时唯有通过对人的请求返还之诉方能予以救济。第三个制度是原物返还之诉。从优士丁尼时代的法学文献来看,原物返还之诉的适用范围基本上限定在添附制度里。也就是说,原物返还之诉不适用于通过原因行为发生物权变动的法律关系。罗马法之所以如此特殊,正是因为请求返还之诉的特殊规定。亦即,市民法已经同意交付发生了物权变动,至于交付是否具有正当原因,这不影响物权变动的发生,因而不能适用假定物权尚未变动的原物返还之诉,只能适用依托自然正义观而来的救济模式——请求返还之诉。

检验优士丁尼民法中万民法思维是否一统天下的关键指标,便是原来建立在市民法要式买卖基础上的配套制度是否符合万民法的理念。如果完全按照万民法思维,也就是假定万民法思维不但能主导物权变动结构的中心且能塑造其外围制度体系,那请求返还之诉和原物返还之诉将不能存在。依照纯粹的万民法思维,必然以权利人移转的真实意思为标准来确定权利是否变动。而要想反映权利的真实意思必要求原因行为即债的行为合法有效。从反面来说,只要原因行为不真实则不能发生物权变动,因而不可能适用对人的请求返还之诉,径直适用原物返还之诉。可是,我们在《学说汇纂》体系中看到的却是另外一番情景。

以非债清偿为例。《学说汇纂》第12卷“请求返还之诉”第六章专门讲述了非债清偿。D. 12. 6. 1. 1. 片段指出:“确实,如果某人在不知情的情况下给付了一笔非债,则他可以通过这个诉讼请求返还。”D. 12. 6. 54. 片段则明确了原因行为与请求返还之诉的关系:“对所有依法无效或不生效力之原因,错误地为了给付,将发生请求返还之诉。”D. 12. 6. 7. 片段对返还的对象进行了确定:“如果错误地清偿了一笔非债,那么,要求返还同一个物,或者同量(的物)。”显然,错误给付的非债若其标的为一个物,此时可以要求返还原物。那这一诉讼是否就是原物返还之诉?不然。请求返还之诉属于对人之诉,按照我们今天的权利话语来说,请求返还之诉这一请求权是依据债权发生的,不是一种物上请求权。既然为依据债权发生的请求返还之诉,这意味着物权发生了变动,但这一变动不符合自然正义观念。如果请求返还之诉这一配套制度立基于万民法思维,那么为何一定要先让这种不合自然正义观念的制度发生物权变动,然后再通过符合万民法自然正义观念的请求返还之诉予以救济?为何不一开始就通过自然正义观念否定物权变动的发生从而适用原物返还请求?可见,这从万民法视角无法解释万民法思维与请求返还之诉的兼容性。既然如此,我们也无法从万民法思维角度判断,为何只有在不合适的添附制度中才能返还原物。

至于时效取得制度,我们虽然难从表面上看出它和万民法思维有何冲突之处,却能发现时效取得制度与请求返还之诉存在矛盾。我们仍以非债清偿为例。非债清偿之所以能发生对人的请求返还之诉,是因为根据市民法非债清偿发生了物权变动,只是这一物权变动不合万民法。不过,当我们仔细审视D.41.10.3.片段时我们发现,非债清偿照样可以导致时效取得。① 既然非债清偿能发生时效取得,则意味着非债清偿并未发生物权变动,否则无须发生时效取得。我们且不评论非债清偿究竟应该发生什么效果,仅从对同一内容进行规范的请求返还之诉和时效取得可以看出,万民法思维对市民法思维的取代在外围制度中引发了不协调。

三、优士丁尼民法与法律继受

由上,万民法思维虽处在了核心地位,但周遭的配套制度体系却并非依据万民法思维创建,因而物权变动的外围制度仍然一如既往地依赖市民法思维。可见,万民法与市民法并存不仅是一个理论判断,更是确凿的事实。这说明,在优士丁尼民法体系里,市民法思维仍然具有重要影响。作为后世民法源头的罗马法,通过将自然理性正义观与民族形式正义观的糅合,为后来的民法至少提供了两种模式的可能:或者根据彻底的万民法,或者在万民法的基础上增益民族特色。

---

① D.41.10.3.片段彭波尼:《论萨宾》第22卷:如果你错误地认为自己根据要式口约应向我交付一个奴隶,并因而将其交付与我,那么如果我知道拟对我并未负任何义务,则我不能对其进行时效取得;如果我不知道,更正确的观点时可以进行时效取得。因为该给付是根据一个我认为真实的原因产生的,该原因足以使我将被交付之物作为自己之物占有。尼拉提乌斯是这样认为的。我认为他的观点是正确的。

罗马法上要式物与略式物的区分及其意义*

要式物①与略式物的区分是罗马市民法的一大特色,尽管早在优士丁尼编纂民法典之前实际上即已消失。据周枏先生介绍,要式物与略式物的区分乃以物的重要性及其所有权的移转是否需要履行法定形式来作为分类的标准。在所有权移转上务必采用法定形式者为要式物,反之则为略式物。依循先生的理解,要式物之所以需要按照法定形式进行移转,在于要式物具有某种重要性。先生随后将该重要性确定在经济上。② 按照先生的逻辑,要式物与略式物的区分需要遵循三点:(1)区分的前提,乃物必是所有权对象的物;③(2)区分的实质在于经济价值的高下;(3)转让上是否需要形式乃区分的表现。易言之,要式物与略式物的区分只能在罗马市民法所有

---

* 本文原载于刘云生主编:《中国不动产法研究》2017 年第 1 辑总第 15 卷,法律出版社 2017 年版,第 3 ~ 14 页。

① 要式物即意大利土地及其附属地役权、牛马驴骡与奴隶。据通说,略式物则为要式物以外之物。但略式物以外之物是否需要以罗马法所有权为前提有所不同。本书不在此阐述,正文中将有详细论述。

② 周枏先生认为,区分要式物与略式物是依据其在经济上重要与否而定。参见周枏:《罗马法原论》(上册),商务印书馆 1994 年版,第 305 页。

③ 虽然笔者不同意周枏先生的这一判断,但囿于本书的结构安排,暂不在此对要式物与略式物的划分是否建立在所有权前提上进行讨论。此内容在"略式物"部分里会有详细探讨。

权下进行。而所有权下之物之所以要进行这样的划分,只是因为考虑经济价值之故。于是,经济价值较高者为要式物,在转让时须采取法定形式;而货贱价低者则为略式物,转让时无须采取法定形式,交付即为已足。转让的形式完全由经济予以决定。

以经济价值来划界要式物与略式物,得到了彭梵得教授的支持。彭梵得教授认为,要式物与略式物的区分与意大利的农业经济相适应。他援用盖尤斯的话称要式物为“具有较大价值的物”。① 确然,要式物所包含的意大利土地及其附属地役权、牛马驴骡与奴隶,在当时肯定是最重要的生产工具与资料。似乎经济上的价值高下就是决定要式物与略式物划分的标准。然而,也许这只是我们现代人的思维。或者说,当时人的选择正好符合了我们的思维,但他们自身也许根本从未如此想过。正如卡西尔在《国家的神话》中论述神话思维时所说,相对于文明人而言,当时人们的思维是不可理喻的,是一种“前逻辑”的思考,无法为我们的经验与思维所穿透。② 对于原初的罗马人来说,他们不可能如此理性,以至于在比对经济价值的基础上讨论决定物的分类。同时,这种思维也与要式物具有的严重封闭性不相符合。随着罗马社会经济贸易的发展,社会中出现了如行省土地、大象、珠宝等与要式物具有同等甚至更高价值的事物,但要式物范围却始终武断地封闭。这些都说明,以经济价值思考要式物与略式物的划分并不具有足够的说服力。

最能反驳经济决定要式物与略式物划分的,是形式的意义。根据经济决定论,转让的形式取决于经济的价值大小。换言之,形式只具有经济意义而无其他意义。不过,这一看法非常不容于要式物转让形式的意义。周枏先生论述“要式契约”的内容里却说道,由于古罗马人习惯于宗教仪式,因而只有严格的交易形式才能为当时的社会所普遍接受。③ 格罗索教授说道,这种严格的形式主义与法律所含有的宗教成分相关。④ 库朗热说道,在古人尤其是罗马人那里,法律的观念与宗教的词语在运用上不可分离。易言之,之所以采用法定语言以决定法律

---

① 参见[意]彼德罗·彭梵得:《罗马法教科书》,黄风译,中国政法大学出版社1992年版,第190页。

② 参见[德]恩斯特·卡西尔:《国家的神话》,范进等译,华夏出版社1999年版,第12页。

③ 参见周枏:《罗马法原论》(上册),商务印书馆1994年版,第340~341页、第716页。

④ 参见[意]朱塞佩·格罗索:《罗马法史》,黄风译,中国政法大学出版社1994年版,第116页。

效力，在于这种一成不变的语言形式来自宗教语言。两人间须先有宗教上的关系才能有法律上的关联。① 正是因为形式由宗教所决定，所以未能按照形式进行的转让不能发生所有权转移的效果。尼古拉斯教授概括道，根据罗马市民法规则，要式物的交付不发生所有权转移的效果。② 如果要式物的形式纯由经济予以决定，则意味着交付要式物的人对要式物具有完全的支配权。此时，要式物的形式也只是当事人意思的表示，最多只是由法律予以规定的形式而已。如果当事人愿意置自己的利益于不顾，如按照规定本应由买受人支付价款或提供担保人时，物才归买受人所有。但出卖人愿意放弃这一担保的，法律规定即不具有强制力。可见，经济决定论只是我们的思维，其前提必是占有要式物者可以自由支配，只不过因为价值较大才需要隆重以对而已。显见，经济决定论思维并不符合罗马法原初的精神，因此需要寻找一个与我们现代人思维不同的罗马古代思维。

一、寻找不同的思维方法

如何进入罗马社会初创时期探讨其法律，这是一个方法论问题。要式物与略式物的划分，主要目的在于物权变动。因此，进入的方法必须结合物权变动。就逻辑上而言，物权变动的探讨首先需要讨论物的种类，因为论述物权变动的前提乃物可以变动。就现代社会而言，物权人对物享有支配权，因而可以按照物权人意思对物进行转让。在遥远的古罗马，尤其是在古罗马的早期阶段，这些罗马先民的观念是否与我们现代人的观念一致？斯宾格勒认为，古典的法律是一种实体的法律，而我们的法律是一种功能的法律。在我们看来，人不是实体，而是力和意志的单位；物也不是实体，而是这些单位的目的、手段和创造物。③ 易言之，在现代的人看来，人对物有的只是支配，物的其他维度含义已经被我们遗忘殆尽。作为一个实体的物，不仅仅它只能是一个有形体的物，而且这个有形体的物有着自身独立存在的意义。独立自存的物自由自在全然不受人的支配。这与

---

① 参见［法］库朗热：《古代城邦——古希腊罗马祭祀、权利和政制研究》，谭立铸等译，华东师范大学出版社 2006 年版，第 178～179 页。

② 参见［英］巴里·尼古拉斯：《罗马法概论》，黄风译，法律出版社 2000 年版，第 109 页。

③ 参见［德］奥斯瓦尔德·斯宾格勒：《西方的没落》（第 2 卷），吴琼译，上海三联书店 2006 年版，第 73 页。

一切物都处在人支配之下的现代观念而言是两种完全不同的世界观。论述罗马法上的物权变动,必须跃出如今的“支配”概念,以“物”的原始意义作为发力点。那这一迥异于我们思维的方法在哪?

优士丁尼在其所编纂法典第1卷的第1条规定:法学是关于神和人的事物的知识,是关于正义和非正义的科学。① 优士丁尼时代的这一说法不可避免地带有斯多葛哲学的观点,将自然法理念载入了法典中。② 不过,这也展现了罗马市民法起源的神圣性,尽管这一神圣性在原初并不具备斯多葛哲学所要求的普世性。维柯在《新科学》一书里从词源学角度考证了拉丁语法学(*ius*)一词的来源后指出,法律在起源时是神圣的,神圣是我们讨论法律的起点。③ 可见,在最初时,神法和人法并未截然分立。④ 然而,在神圣的来源上,各民族、各部落却有着显著的区别。罗马法学家们就将自己的部落法归根于既受天神意旨安排的,也受人类习俗本身的影响。格罗索教授明确地指出,法(*ius*)本身为一种习俗,在这种习俗中,法律秩序同宗教紧密地联系在一起。⑤ 因此,探讨罗马法上的要式物与略式物的划分,并不能全然按照我们现在的“支配”思维,必须将宗教因素作为根基考虑。当然,这很有难度。因为经过了主体思维转向的现代人,习惯性地以人作为思考万物的本源,突然回到原始诗性思维的时代,以人的卑微和神的崇高相对比的方式进行思考,很难被人们所接受。但追溯罗马法早期的历史,有必要以罗马的宗教为切入点。以此设想,罗马法早期法律关系的划分应当以神为坐标原点,将世俗世界区分为神对人与神对物。也许,有人会说,这一划分法不会很妥当,因为当时尚未树立人类中心主义,物与人一样都源于神,何以能将人与物分开?会不会人与物一样在神眼里都是一样的品质,人就是物,而物也就是人?由此,在罗马法上物的分类里,首先遇到的第一个问题便是,人是否是物?

---

① 参见[罗马]查士丁尼:《法学总论——法学阶梯》,张企泰译,商务印书馆1989年版,第5页。

② 本书不想对斯多葛哲学进行介绍。对此的注释只需要看一看西塞罗在《论法律》第1卷的表达即可。西塞罗说道:“没有什么比理性更优越,而理性既存在于人,也存在于神,因此人和神的第一种共有物便是理性。既然理性存在于人和神之间,那么在人和神中间存在的应是一种正确的共同理性。因为法律及理性,因此应该认为,我们人在法律方面与神明共有。”参见[古罗马]西塞罗:《论法律》,王焕生译,中国政法大学出版社1997年版,第192页。

③ 参见[意]维柯:《新科学》(上册),朱光潜译,商务印书馆1989年版,第194~195页。

④ 关于神法和人法由混合到分离的简短历史,参见[意]朱塞佩·格罗索:《罗马法史》,黄风译,中国政法大学出版社1994年版,第96~97页。

⑤ [意]朱塞佩·格罗索:《罗马法史》,黄风译,中国政法大学出版社1994年版,第96页。

为什么家长对家子可以进行要式买卖但家子却不属于要式物？这需要从罗马法独特的宗教性开始说起。

二、神对人：财产关系抑或人身关系？

古罗马的宗教与我们现在的宗教观念很不相同。西塞罗指出，人类以亲属关系和出生与神明相联系。① 这从一个侧面说明，古代罗马最基本和最重要的单位并非个人，而是家庭。而支撑起一个家庭的并非我们现代的自由人格观念，而是如库朗热所指出的宗教。库朗热提醒我们，理解古代的宗教，切不可用现在的一元神论去理解，神也不需要所有的人都去朝拜。易言之，古代的宗教是非常纯正的家庭宗教，是一种祖先神崇拜。由于这种宗教是对自己祖先的祭祀，因而祭祀只限于各家院墙之内，并不对外展示，且祭祀时只准许本家人参加。由于这种宗教建立在血统之上，因而也只能在血统之间进行延续。父亲在给儿子生命时便传给他信仰、祭祀等权力。② 这种封闭的家庭宗教，通过将祖先神纳入家庭而成为家庭的一员且是具有主宰地位的一员，使每个在世的成员都必须从祖先神那里获取合法性和地位。可以这样理解，在古罗马家神统治下的家庭里，每个人隶属于家神而受其统治，人与人之间并不会发生真正具有宗教意义和法律意义的关系。家长之所以能宰制家子，在于家长享有祭祀权和占卜权。③ 彭梵得教授指出，罗马家庭有自己的圣物，即自己的特殊崇拜，“家父”就是这一崇拜的司铎。与此相应，家父成了家子的法官。④ 周枏教授指出，古代罗马的家长是家庭的祭司，当然成为一家的法官。⑤ 可见，通过祭祀权和占卜权这两种权利，家长替代神在现世进行统治。家长与神的连接，使自己的权威不再需要另外一个支撑；神封闭于家庭内，使家庭俨然成为一个独立的王国，家长对其他家庭成员享有外人不

---

① 参见[罗马]西塞罗：《论法律》，王焕生译，中国政法大学出版社 1997 年版，第 192 页。

② 参见[法]库朗热：《古代城邦——古希腊罗马祭祀、权利和政制研究》，谭立铸等译，华东师范大学出版社 2006 年版，第 26 ~ 32 页。

③ 维柯认为，占卜权是全部罗马法律无论是公法还是私法的巨大来源，平民们正是基于此与贵族就占卜权进行了激烈的争夺。参见[意]维柯：《新科学》（上册），朱光潜译，商务印书馆 1989 年版，第 91 页。

④ 参见[意]彼德罗·彭梵得：《罗马法教科书》，黄风译，中国政法大学出版社 1992 年版，第 126 页。

⑤ 参见周枏：《罗马法原论》（上册），商务印书馆 1994 年版，第 150 页。

得干预的生杀予夺大权,当然包括出让。这正是苏格拉底在《斐多篇》中所说的“人是神的财产”的现实版本。① 可见,家父对家子等其他家庭成员的主宰权,并非源于家父本身世俗的权威,而是来自他与神独特的联系。家庭成员先成为家神的统属物,成为神的财产,才能通过宗教仪式,通过家父垄断的祭祀权和占卜权,家父才获取了神具有的对家庭成员的统治权。生杀予夺的家父权我们不进行论述,我们有兴趣的是家父对家子的买卖权。这是否表明,家父透过神在取得对家子人身支配权的同时,家子也变成了家父可以随意处置的物。亦即,家父对家子享有的是否就是一种支配性的财产权?我们从蒙森记载的早期罗马的财富观念来看,只有家子的私产才是家父财产权的部分,但家子本身并不构成。② 家长对家子的买卖主要发生于四种情况下,即劳动力买卖、私犯委付、以人为质与信托。“在政治上,买主权下的家属是自由人,有市民权,经买主解放后,仍为生来自由人,故与奴隶不同。”③显然,家子女的买卖和物的买卖截然有别,不能以之为物从而为真正财产权的对象。另外,家父对家子的买卖必然以要式买卖的方式进行,而实行要式买卖的物品却只为奴隶、负重和牵引的牲畜、意大利土地及其附属的地役权,家子不能归属于物品。因此,在讨论罗马法上物的分类时,家子虽然也可以被买卖或出租,但绝不能将之作为物的一个种类,也不能认为其属于要式买卖对象的家子也为要式物。

三、宗教观念下的要式物

既然原初的宗教是祖先神崇拜,那么在先辈离世后,祭祀便成了最重大的事件。而祭祀最重要的两个实物乃祭坛和墓地。古人以为死者只享用其后代所进行的祭献,外人的参与会令死者深感不安,因此,古罗马的宗教是家庭的且封闭于家庭之内。祭坛必定置于庭院内,由此房屋遂成世传之物,成为神圣的财产。随着家庭的分裂和家族乃至氏族的崛起,盛放祭坛的房屋逐渐变为神庙,成为神

① 参见[古希腊]柏拉图:《柏拉图全集》(第1卷),王晓朝译,人民出版社2002年版,第58页。

② 财富最初称为牲畜数或奴隶数与牲畜数,家庭儿女和奴隶的私产名为小牲畜。参见[德]特奥多尔·蒙森:《罗马史》(第1卷),李稼年译,商务印书馆1994年版,第168页。

③ 参见周枏:《罗马法原论》(上册),商务印书馆1994年版,第252~254页。

所有之物;祭祀时的祭品由于是贡献给神灵的,很多物品自然非神灵莫属。[①] 至于先辈亡灵安息的田地,由于接纳了神圣不可侵犯的祖先,使这片田地成为祖先永久的居地,必定永远隶属于祖先的灵魂。在这片后人祭祀的墓地上,家庭宗教的封闭性延伸到了家外。[②] 梭伦立法即明确规定:“任何人不得毁坏它们,也不准把外人埋在里面。”[③]即使到了优士丁尼时代,其法典仍然明确规定:“任何人得按其意愿在自己土地上埋葬死者,使该地变为宗教物。”随着城邦的产生,出现了各个家庭都信奉的神灵,此时神圣物品的范围从家庭延伸到国家。基于此,《十二表法》规定了神用物、宗教物和神护物三类神圣物品。[④]《优士丁尼法典》第7条沿袭了这一规定:神圣物、宗教物、神护物都不属于任何人所有,因为属于神法范围的东西,不构成任何人的财产。[⑤] 涂尔干对物的神圣性准确地进行了定义。他说,所谓“神圣化”便是将某些物归为神所有,不能由人进行随意处置。“之所以说它是神圣的,是因为它是不可转让的。因为不可转让性是圣物的独有特性。”[⑥]由此,我们分离出了第一个物的种类:神物。这类物品只能归属于神所有,不能成为人的财产,因而不可能成为人支配的物权的标的,自然不准许进行物权变动。这也从另外一面说明当时的思维观念,即物本身即可具有神圣性,无须假

---

① 其实,罗马的神灵远远不止家族神。作为一个农业社会和崇尚武力的社会而言,各个农业神如地神台卢斯、植物萌芽的神凯蕾斯、保护葡萄的大神朱庇特等,战神如朱庇特、奎里努斯等。建造了城市因而有了城市的守护神等。这些在蒙森的《罗马史》(第1卷)里有详细的记载。同时根据周枏教授的记录,后来并非所有祭献给神灵的物品都是神用物,祭祀亡灵等低级神的物就不是神用物。但是笔者在此不想仔细阐述,既非我能力所逮,也不合乎我们的主题。我们想要论述的是,通过家庭宗教,物是如何变成家庭财产,最终成为物权变动之物的。至于家族神如何发展到城邦神,即如何从祖先神发展到朱庇特大神,这属于神话学的范围。参见[德]特奥多尔·蒙森:《罗马史》(第1卷),李稼年译,商务印书馆1994年版,第146~166页;周枏:《罗马法原论》(上册),商务印书馆1994年版,第299~302页。

② 参见[法]库朗热:《古代城邦——古希腊罗马祭祀、权利和政制研究》,谭立铸等译,华东师范大学出版社2006年版,第176页。

③ 参见[罗马]西塞罗:《论法律》,王焕生译,中国政法大学出版社1997年版,第251页。

④ 不过,笔者翻阅了两个版本的《十二表法》条文,都没有看到这一条。但周枏先生肯定了这一点,因此以之作为论述。参见《十二表法》,陈筠、防微译,载林志纯主编:《世界通史资料选辑》(上古部分),商务印书馆1962年版,第341~356页;周枏:《罗马法原论》(下册),商务印书馆1994年版,第1006~1017页。

⑤ 参见[罗马]查士丁尼:《法学总论——法学阶梯》,张企泰译,商务印书馆1989年版,第49页。

⑥ 参见[法]爱弥儿·涂尔干:《职业伦理与公民道德》,渠东、付德根译,梅非、渠东校,上海人民出版社2001年版,第155~156页。

手人格的神圣性。

无论是祭坛、祭品和坟地，其本源乃是土地。唯有先获得土地权利，并且使土地权利成为神圣的，这一切才可以成为神圣。在实行纯粹农业经济的古罗马而言，这一点不言而喻。然而，上述神圣的土地顶多只能说明坟地具有神圣性，并不能说明耕地等具有神圣性，而地产的主要对象并非坟地而是可以耕用的田地。那对这些田地的产权又是如何产生的？尽管后世贤明的洛克提出了劳动产生所有权的观念，但在财产权的起源中根本没有来自劳动的概念。维柯指出，在先民依凭强力的原初状态，如果不是因为源出于神圣的宗教，法律秩序的存在不可想象。[①] 易言之，在初民的眼里，劳动产生所有权并不存在，因为所有权的前提乃是其不可侵犯性。罗马古时深处蛮荒的不文明时期，人与人之间并没有约束的关系，强力是述说这一切的凭证。正是通过宗教仪式的作用，土地与房屋变得神圣起来，它并非凡俗人类的产权对象，而是神灵的所有物。于是，面对这些神圣之物，恃凭强力的古代先民才不敢冒犯天威，才不会使古代社会沦落为纯粹自然的无序状态。由于宗教封闭的家庭性，唯有家人才能参加祭典仪式。通过仪式的举行，那些举行者便能使用土地或房屋，因为“唯有他们才能通过祭祀活动来赎罪，唯有他们才能与他们交流的神圣要素达成和解”。[②] 基于此，这片土地便成了外人不可接近之物。可见，正是通过宗教仪式，土地才从无限绵延变成了隔绝状态，成为神圣的财产。所以，库朗热才说，古时法律的根源不是公正的观念，而是宗教。宗教之外的法律是不可能的。[③] 尽管库朗热与涂尔干对土地所有权是由坟地推演而至还是由独立的宗教典仪确定持有截然相反的观点，但这不影响我们的论述。因为库朗热和涂尔干都认为祭坛和土地是神圣的财产，并且，土地不局限于坟地。通过坟地的延伸或者独立的界神祭奠，土地变得神圣起来。既然土地为家族神所有，自然不能由人进行处分，这也能解释古罗马当时“不分遗产”的习俗。土地等财产既然为神所有，自然不能通过适用于人的继承制度转变为人所有，因而即使各个自权人独立成家，也不能对此进行分割。所以，当时

---

① 参见［意］维柯：《新科学》（上册），朱光潜译，商务印书馆 1989 年版，第 24 页。

② 参见［法］爱弥儿·涂尔干：《职业伦理与公民道德》，渠东、付德根译，梅非、渠东校，上海人民出版社 2001 年版，第 163 页。

③ 参见［法］库朗热：《古代城邦——古希腊罗马祭祀、权利和政制研究》，谭立铸等译，华东师范大学出版社 2006 年版，第 179 页。

的土地所有制为氏族共有制，每个家父只享有对耕地的使用权。根据蒙森的介绍，罗马市民最初的财富由牲畜和土地使用权构成，但财富最初只是被称为“牲畜数”（*pecunia*）。① 这表明，土地并不构成罗马市民的财产，因为最初的罗马土地归属于神，家长只能享有土地使用权。所以西塞罗才引用柏拉图的话说：“土地有如住宅里的炉灶，是全体神明的圣物，因此任何人都不应当把它第二次献神。”②

但是，这些土地和坟地有很大的区别。借助宗教仪式，获取这些田地的人不是使之成为坟地一样的神物，而是确保自己具有不可侵犯的领地。因此，虽然土地也归属于神，但它们与神的联系相对要松散很多。它们的意义主要在于为神提供祭品和为家人们提供生计。据此，这些土地具有这样一个特性：虽然是神的所有物，但人可以进行使用，从而人对这些土地具有事实上的支配。随着罗马的对外扩张，罗马获取了大量的土地，为了获得充足的兵员，分配公有地成了其必然之举。罗马王政时期，罗马王尝试过将公有地分配给平民，但这不但未能最终成功，王也因此招来杀身之祸。③ 这些举措表明两点。(1)土地要想成为地产，必须通过宗教仪式。而罗马早期的宗教是家传的世袭宗教，作为外来者的平民并没有家父们所认同的宗教，也不能作为家庭成员参与祭祀。基于此，平民不可能获得地产，他们对占有只能是没有合法性的自然占有。(2)土地开始流转起来，虽然是通过分配公有地的方式。这也表明，非宗教的力量在逐渐影响罗马法的进程。随着罗马对外征服的进程，罗马领地不断扩充，随之而来的结果是更多

---

① 参见［德］特奥多尔·蒙森：《罗马史》（第1卷），李稼年译，商务印书馆1994年版，第168页。

② ［古罗马］西塞罗：《论法律》，王焕生译，中国政法大学出版社1997年版，第240页。

③ 据库朗热的记载，罗马王政时期的第三王和第六王对此都进行了重大改革，且都被贵族处死。如第六王塞尔维乌斯，他不再以传统的宗教作为划分社会的工具，而是以财富作为区分阶级的标志。这是去罗马社会宗教化的一次重大改革。同时，塞尔维乌斯还进行了两项对罗马宗教有重大触击作用的改革：分给平民田地和重新划分部落。尽管他分配给平民的并非罗马田地，而是取自敌人的土地，但标志着准许平民拥有自己的土地。显然，这打破了家父们天然形成的土地来自神灵的观念。至于按照居住地划分部落，更使平民隶属于一个部落，且准许他们也可以由自己的圣火与户神，可以在通衢大道上进行祭祀。这两者都直抵罗马早期社会建立的核心：宗教。正是基于此，塞尔维乌斯王被元老院杀害。家父们夺回了分配给平民们的土地，因为他们是平民，没有自己的宗教，因而不可能拥有对土地的权利。这非常明显地说明，土地是神圣的，因为它来自宗教。没有宗教作为基础，土地产权是不可能形成的，即使非罗马田地也不可能。参见［法］库朗热：《古代城邦——古希腊罗马祭祀、权利和政制研究》，谭立铸等译，华东师范大学出版社2006年版，第235页、第269～274页。

公有地的分配。[①] 罗马人土地的拥有量远远超出自身能耕种的范围，此时，土地逐渐向经济价值转型。另外，这些分配的土地由于位于不同的地区，且数量都不大。[②] 获得这些土地的农民难于经营这些分散的份地，出卖这些难以耕种的土地成了必然趋势，这也是公元前 2 世纪中叶罗马庄园制度出现的原因之一。罗马于公元前 111 年通过的一部法律规定，可以分配的公有地与其他私有土地一样可以买卖。[③] 这从反面可以推导出，私有土地早就可以买卖。这些足以表明，虽然土地为神灵所有，土地却可以被当作交易的对象。这也从事实上说明，土地和坟地迥然有别，它虽为神物但并不能和神灵相等同，是神物的降格。鉴于此，我们找到了罗马法早期的第二种物：降格的神物。

降格的神物一开始只表现为土地，因为在当时的农业经济时代，土地是最重要的生产资料。然而，土地需要耕种，让其自然生长只会杂草丛生而无法维持生计。所以，罗马当时纯粹的农业状态决定，作为主要生产工具的奴隶和牲畜，其地位有如土地，缺少了它们生产将难以为继。因而，罗马人以土地的地位对待奴隶和牲畜是完全可以理解的，同时也提示我们，之所以将奴隶和牲畜别除于其他物品，乃因为土地的根本作用，因而彰显了农业的最重要地位。基于此，罗马法对要式物与略式物的划分，首先是基于农业经济诸元素在当时的经济地位而定的。可以说，要式物是当时最重要的物品，是一切财富的基础。但如果只从经济上思考要式物，那对要式物的法律思考将变得不可能。倘若要式物只是因为经济价值较大才需要采取严格的形式慎重以待，那这样的思维便是现代的支配权思维。亦即，要式物必定是人的支配对象，要式物移转的形式也只是支配人意思的表示而已。若这样理解罗马法要式物的形式将犯下一个常识性的错误。梅因爵士在其名著《古代法》里讲道：只要有一个形式被遗漏或误用，法律效力将不会发生；即使合意是在威胁或欺骗之下作出，但只要形式无误，则行为发生法律效力。[④] 彭梵得教授明确地说道，如果在要式买卖中缺少形式时，当事人意思针对的只是经济或事实的后果，但不可能带来法律后果。“如果未采用要式买卖或拟

---

① 关于公有地的扩张，参见杨共乐：《罗马社会经济研究》，北京师范大学出版社 1998 年版，第 169 ~ 170 页。

② 参见杨共乐：《罗马社会经济研究》，北京师范大学出版社 1998 年版，第 172 页。

③ 参见杨共乐：《罗马社会经济研究》，北京师范大学出版社 1998 年版，第 28 页。

④ 参见［英］梅因：《古代法》，沈景一译，商务印书馆 1959 年版，第 177 页。

诉弃权,取得者只是取得了对要式物的让渡,即实际占有。即便依据的是正当原因,他也不成为市民法所承认的合法所有主。"①周枏教授也说道,罗马法非常重视形式,只要形式齐备,即可发生法律效力,至于实际情况在所不问。② 这些实践中的交易规则足以表明要式物的降格神物件。形式并非人支配意思的表示,相反人的意思表达必须符合这一形式,否则不会发生任何法律效力。因此,我们可以这样来阐述要式物与略式物的区分标准。要式物与略式物的划分确实契合了经济价值的考量,但将要式物从其他一切物品中分离出来的根本原因却是宗教的结果。宗教原因才是划分要式物与略式物的直接原因,也是要式物与略式物发生法律效力的最根本原因。

既然要式物只是宗教的结果,在土地上便只有意大利土地才构成要式物。彭梵得教授认为,意大利土地乃是属于公民所有而位于意大利的土地。③ 周枏教授也持这一看法。④ 尼古拉斯教授的看法稍有不同。他在《罗马法概论》一书的脚注里说道:"严格地讲,是能够成为罗马所有权对象的土地,因而最初仅为罗马土地。随着罗马市民籍的扩展,罗马所有权能够支配的土地范围也在扩展,直至包括整个意大利。后来,这种扩张停止了,对于某些拥有特权的共同体的土地,通过授予意大利权的方式,将其视为意大利的。"⑤因此,我们在理解意大利土地时,切忌仅以地理位置为准。⑥ 对于未授予市民权而拥有土地的意大利人,虽然其土地位于意大利,但并不能成为罗马市民法上的意大利土地。唯当罗马市民权扩及于整个意大利人时,意大利土地才会在法律上与自然上等同。因此,在当时与意大利土地相对的只能是未授予意大利权的行省土地。这些行省除少数与罗马有盟约外大都由罗马通过武力所征服,因而这些行省的居民除授予公民权

---

① [意大利]彼得罗·彭梵得:《罗马法教科书》,黄风译,中国政法大学出版社 1992 年版,第 210 页、第 214 页。

② 参见周枏:《罗马法原论》(上册),商务印书馆 1994 年版,第 340~341 页。

③ [意大利]彼得罗·彭梵得:《罗马法教科书》,黄风译,中国政法大学出版社 1992 年版,第 191 页。

④ 周枏:《罗马法原论》(上册),商务印书馆 1994 年版,第 304 页。

⑤ [英]巴里·尼古拉斯:《罗马法概论》,黄风译,法律出版社 2000 年版,第 109 页。

⑥ 弗兰克认为,罗马在第二次布匿战争中获得的南部意大利土地达 10,000 平方公里。对于这些新增加的土地,罗马人采取了三种方式:(1)设立殖民地或移民地,然后将这些土地分成 30 犹格或 50 犹格,分给罗马公民或同盟移民;(2)将部分土地出卖给私人;(3)将部分公地用微弱的租金出租给罗马人或意大利人。转引自杨共乐:《罗马社会经济研究》,北京师范大学出版社 1998 年版,第 15 页。

的个别人外都处于被征服者地位,并不享有市民权。行省(*provincia*)的语词学来源告诉我们,它专指因战胜而获得的意大利以外的地区。这些地区的一切财产包括土地和人都被视为“罗马人民的财产”。[①] 基于此,意大利居民和行省居民最大的区别乃是行省居民需要交纳贡赋而意大利居民则否。可见,事实上由行省居民支配的行省土地,并不能被视为罗马所有权对象的意大利土地,因而不属于要式物。就构成要式物的负重和耕种的牲畜而言,之所以大象、骆驼等具有同样作用的牲畜不被当作要式物,并非它们之间在生产的功能上有何不同,而是如盖尤斯所说的,“大象和骆驼虽然也是牲畜和驮畜,但仍不属于要式物,因为人们在确定要式物的名单时尚不了解它们”。[②] 可见,要想成为要式物,必须是罗马市民法上神圣所有权对象的土地以及如同土地之物。

四、略 式 物

要式物的来源告诉我们,正是因为其在所有权上的神圣性,所以在转让时才需要根据宗教仪式进行。易言之,要式物属于神圣所有权的对象,变动所有权也必定采取神圣的方式。这就是转让要式物时需要采取法定形式的由来。既然要式物的所有权与神圣性相等同,我们便不能按照我们现在的所有权思维进行思考,尤其是对略式物。

罗马法学者对略式物的探讨极少。周枏先生认为,略式物即无须以要式的方式转移所有权的物。[③] 从反面解释,略式物由两部分构成:所有权物与要式物以外之物。顾名思义,作为所有权物,略式物必定属于罗马市民法所有权的对象。但尼古拉斯教授说道,要式物以外的物皆为略式物。[④] 仔细查看他的论述,他并没有像周枏先生那样为略式物设定一个所有权前提。彭梵得教授虽然在逻辑上认定略式物是要式物以外之物,但他又补充道:“由个人占有(而不是所有)、位于行省的同样不动物也属于略式物,除非通过授予‘意大利权’而使土地获得

① 杨共乐:《罗马社会经济研究》,北京师范大学出版社1998年版,第240页。
② 参见[英]巴里·尼古拉斯:《罗马法概论》,黄风译,法律出版社2000年版,第109页。
③ 参见周枏:《罗马法原论》(上册),商务印书馆1994年版,第304页。
④ 参见[英]巴里·尼古拉斯:《罗马法概论》,黄风译,法律出版社2000年版,第109页。

豁免权。”[①]易言之,行省土地之所以不属于要式物,不是在于其是否拥有某种形式,而是其不具备意大利权。根据尼古拉斯教授在其书脚注里的阐述,意大利权来自罗马权,实际上是罗马法所有权的授予。[②] 可见,略式物又能摆脱罗马法上所有权而独立存在。此时,我们该如何思考略式物?从逻辑上来看,作为要式物以外的略式物,至少包含了作为所有权对象的非要式物。这一点诸家罗马法学者都有共识。至于略式物是否包含非所有权对象的物,大家意见并不一致。为此,我们拟先探讨所有权下略式物的来源。唯有如此,我们才能明了要式物与略式物真正的区分标准。

这需要从源头上说起。一开始作为土地出产物的动产并不能独立于地产,它们只是地产的附属物。既然捆绑在土地上,自然这些动产因为土地的神圣性使得自身具有神圣的性质。于是,作为土地产品的这些动产借助土地成为神的财产,从而成为罗马法所认可的所有权对象。随着时间的推移,这些动产逐渐从土地分离而独立。此时,动产具有了独立的经济价值,它不再依附于不动产,形成了自己自主的财产性质。一旦动产脱离不动产,动产的神圣性丧失殆尽,动产完全成为人所支配的物品。涂尔干总结道:“它们只不过是物而已,持有它们的个体很有可能发现他本人站在同样的基点上,甚至比物还要高。所以,他可以更随意地处置它们。没有什么东西能够把它们固定在特定的空间中;没有什么东西能够把它们变成不动产。”[③]由此看来,这些动产之所以成为略式物,在于它们远离了神圣的土地,凡俗得只能由人予以随意支配。正是因为它们丧失了神圣性,所以它们才可以不需要依托特定形式,全然依凭人进行自由处分。可见,要式物是神圣的物,因而不能由人予以随意支配。而略式物的发展历程告诉我们,略式物由于远离神圣从而被神圣所抛弃成为人的财产。虽然它们都是所有权转移的方式,但在宗教意义上却有着天壤之别。可见,虽然要式物与略式物都是所有权的对象,但所有权本身却大相径庭。正是所有主的凡圣之别,使在转让上采取了截然不同的方式。既然两者所有权不在一个层面,也正是基于这个所有权

---

① [意大利]彼得罗·彭梵得:《罗马法教科书》,黄风译,中国政法大学出版社 1992 年版,第 191 页。

② 参见[英]巴里·尼古拉斯:《罗马法概论》,黄风译,法律出版社 2000 年版,第 109 页。

③ [法]爱弥儿·涂尔干:《职业伦理与公民道德》,渠东、付德根译,梅非、渠东校,上海人民出版社 2001 年版,第 173 页。

的不同才会有转让形式的差异,因此,它们两者的真正差别才在于是否具有神圣性上。以此观之,作为要式物以外之物的略式物,不可能分享所有权这一前提,而是非神圣之物。只要是非神圣之物,不管这个物是否为所有权的对象抑或仅仅是自然占有的对象,都属于略式物。

由此,略式物的第二个种类脱颖而出。这个种类便是非所有权对象的自然占有的一切物。就现在的我们而言,这个种类最是匪夷所思。既然要式物与略式物的划分是在可以交易的降格神物下进行的,因而略式物不可能是不允许转让的神物。既然略式物可以转让,那为何又不是所有权的对象?这从我们现在的思维来看确实难以理解。诸家罗马法著作对略式物的探讨甚少,这和他们没有讨论要式物起源因而未讨论略式物的起源有关。若深究非所有权对象的略式物的源起,必然涉及罗马平民阶级的产生与崛起。在罗马历史的早期阶段,逃亡到罗马部落要求庇护的外族人组成了平民阶级。这些平民的政治地位介于自由人与奴隶之间,可以拥有自己的财产,但这些财产并没有成为罗马法承认的财产。[①] 维柯给出了令人信服的解释:家父们只是将他们当作耕地的苦力,由于没有市民权,因而不享有市民意义上的自由,只具有自然自由。[②] 这表明,介于奴隶和家父之间的平民绝不是奴隶,因而不是被征服的投降者,只是弃绝了原来的家庭宗教而投奔到罗马的无家可归之人。所以,家父们在责备平民时,绝不说他们是投降的奴隶,而是没有宗教或没有家庭的人。正因为平民们没有家庭,因而不可能存在家父,也就不可能受到神的庇佑。对于唯有神才享有所有权的罗马先民而言,平民不可能获得财产。根据瓦罗的记载,当时只有合乎吉利特(*Quritis*,又译奎里蒂。——笔者注)法的人方能拥有产业,而平民并未纳入吉利特法。[③] 所以,平民当时正是由于无任何宗教归属,因而不可能获得田地的所有权。不过,平民毕竟不是奴隶,他们享有自然自由,他们可以对土地进行自然占有,进行事实上的支配。以此类推,他们当然也能自然占有土地出产物的其他财物,只不过仅仅是占有而已,绝不能依据自然占有而享有市民法所认可的所有权。这可

---

① 参见[德]特奥多尔·蒙森:《罗马史》(第1卷),李稼年译,商务印书馆1994年版,第76~87页。

② 参见[意]维柯:《新科学》(上册),朱光潜译,商务印书馆1989年版,第89页。

③ 参见[法]库朗热:《古代城邦——古希腊罗马祭祀、权利和政制研究》,谭立铸等译,华东师范大学出版社2006年版,第224页。

从罗马法上对土地的时效取得制度可以看出。[①] 可见，略式物包含平民所有的一切，即自然占有的一切物。这也能说明，为何意大利土地以外的土地不能作为要式物，因为它们不能成为市民法所有权的对象，没有得到罗马家庭宗教的认可。因而它们不可能成为罗马法上的要式物。这些经由自然占有的土地及其出产物只能作为略式物而存在。随着罗马平民与贵族在法律上平等的出现，这个区分在历史上逐渐消失。不过，罗马的对外扩张又将诸多征服地纳入自己的版图，这就是各个行省的出现。由于行省居民与罗马人同一的意大利人在法律地位上的不平等，所以他们并不具有罗马法所赋予的所有权。此时，便出现了我们上文提到的未授予意大利权的土地也是略式物。

总而言之，从略式物的两个种类来看，这些物品之所以是略式的，主要在于它们是非神圣的，而非它们自身的经济价值。非神圣的物既包含所有权的对象，也包含仅仅是自然占有的对象。

五、代结语：要式物的消亡及其感想

随着罗马社会的发展和市民权的逐渐普及，尤其是公元 212 年《卡拉卡拉敕令》的颁布，罗马境内的公民权得以普遍化。家父们古老的宗教意识不再能对罗马法产生决定性的影响，此时，神物之外的一切物品都脱离了神圣性而为人所支配。意大利土地和行省土地的区别渐渐消失，土地之间不会因为宗教性而不平等。当土地皆以自然面貌出现时，基于神圣要素的要式物与略式物划分已经不

---

① 最初，外邦人进入罗马寻求庇护，成为罗马平民的来源。当时，氏族首领给被保护人一块田地，让他耕种并承担诸多开支。由于这些被庇护者并非奴隶，虽然不能成为罗马的市民，但却是自由人，尽管他们享有的只是宗教之外的自然自由。罗马王政时期的塞尔维乌斯为了扩充兵员且获得平民们的支持以抗衡贵族，通过改革将家父们分配给平民们耕种的土地，让平民们有时效取得的权利。显然，这是从政治角度以平民的自然自由为依托而来的所有权，由于没有宗教上的依据，因而贵族们不予承认。此时，时效取得只是一种自然占领权，并非法律上的所有权。经过平民们的不断争斗，终于在《十二表法》第六表第 3 条规定：使用土地的，其取得时效为 2 年，其他物件为 1 年。即使有法律的明文规定，也并不代表他们获得了真正意义上的所有权。由于平民们没有认定的宗教，因而不能举行正式的婚礼，因而他们的家庭是不被承认的。这导致了通过时效获得土地所有权并不能通过继承而移转。平民们在《十二表法》颁布后，通过经验观察到这种所有权不可能继承，所有权人死后必然回归到贵族的手里。参见［法］库朗热：《古代城邦——古希腊罗马祭祀、权利和政制研究》，谭立铸等译，华东师范大学出版社 2006 年版，第 255 页；［意］维柯：《新科学》（上册），朱光潜译，商务印书馆 1989 年版，第 89 页；［意］维柯：《新科学》（下册），朱光潜译，商务印书馆 1989 年版，第 520 ~ 532 页。

再具备意义。另外，根据罗斯托夫采夫的介绍，公元前 2 世纪的意大利，已经不再是一个受富有农民统治的国家了，不仅富裕的商人阶层开始兴起，城市资产阶级也渐成气候。① 农业越来越不受到重视，这也致使公元 1 ~ 2 世纪时罗马人对农业的看法较之于当初完全转向了其反面：轻视农业，将农业作为一种贱业。农业地位翻天覆地的变化必然使土地的地位一落千丈。② 这些都根本上改变了土地神圣性的基础。在优士丁尼编纂法典之前，这一区分应该已经在生活中绝迹，所以优士丁尼法典并没有对此进行规定。

要式物与略式物的区分提示我们，从经济角度看待一切似乎成了我们的思维习惯。确然，要式物在当时农业经济占主导地位的罗马社会而言，土地、牛马等生产资料与生产工具确实极为重要。也许，从之后来看，他们之所以选择这样一些物品作为要式物，正是考虑了经济价值上的重要性。然而，这仅仅是我们思维的一种强加。库朗热和涂尔干两位伟大的学者已经通过卓越的研究告诉了我们。纵观他们的研究，财产权的起源总是他们首先探讨的主题。在尚未文明化的罗马古代，人为的法律规则必定在强力面前丧失意义。秩序只能在神灵的干预下才有可能得以建立。当时的人不可能那么理性地像自然法理论家一样假定，他们为了更好地进行社会生活，于是坐在火堆旁逐一协商和讨论，终于达成一项分别对待各物的社会契约。因而，以经济价值的方式来讨论要式物与略式物的划分，只能说这是契合我们现代人思维的方式。易言之，当时确立所有权秩序的宗教禁忌观念，恰巧反映了后来社会规律的一个发现，但绝不是他们有意为之。于是，在讨论要式物与略式物的划分上就出现了一个尴尬之处：若不以经济决定论讨论，则明显不合乎事实与规律；但若以经济决定论探讨，则又不符合当时人们的观念。按照我们的哲学术语，正是因为社会存在与主体意识之间产生了分裂，所以才存在论述的撕裂。依笔者浅见，法律只是人与人之间的行为规则，必定以人的主观意识为准。我们对法律史的探讨，主要是去发现当时人们对法律的一般观念以及法律观念的流变。

回到要式物与略式物的划分上，要式物确实是当时经济价值较大的物，但这并未成为当时人们的自觉。同时，仅仅从经济价值这个角度不可能给遥远的古

---

① 参见[美]M. 罗斯托夫采夫：《罗马帝国社会经济史》，马雍、厉以宁译，商务印书馆 1985 年版，第 42 页。

② 参见杨共乐：《罗马社会经济研究》，北京师范大学出版社 1998 年版，第 52 页。

代带来任何秩序,因为野蛮的原初人类不可能因为经济价值较大就会停止侵犯的脚步。笔者之所以无法赞同这一个观点,在于要式物与略式物划分的前提是交易。而交易的前提是必定先有一个稳定的财物秩序,否则交易本身都会变得不可能。作为一个法律问题,经济价值理论无法让我们信服,它只是观察出了这个划分正好具有这样的现象特点而已。正如上文所述,它无法为要式物的封闭性提供解释,也不可能解决转让形式法律效力的根源问题。这些足以表明,经济价值决定论并未成为当时人们的意识。一言以蔽之,罗马初民并没有以此进行思考,因而也不应当作为探讨规范他们行为的法律的前提。笔者认为,当时人们自觉的法律意识只能是宗教意识,这也是罗马史家们的共识。基于此,要式物与略式物的划分标准是宗教而非经济价值。要式物是降格的神圣物,一切非神圣的物都是略式物。

第二编　近代大陆法系主要民法典:史与思

大陆法系又名成文法系、罗马法系。这一名称的来源说明,大陆法系渊源于罗马法。大陆法系的国家很多,最有影响力的莫过于法国与德国。因此,我们主要以《法国民法典》《德国民法典》和罗马法的关系作为重点,简单阐述其源流关系。

法国民法典

作为开启近代民法典先河的《法国民法典》，是宗教改革、启蒙运动与法国大革命的产物。它的存在，昭示近代人文主义思想已经统领民法典，基本宣告罗马法上市民法与万民法思维杂糅的结束。当然，在新旧文明转承之际产生的民法典，也不可避免地附带开创文明所具有的不成熟痕迹。

一、《法国民法典》的文明理念与制度

较之于优士丁尼民法，《法国民法典》的文明优势在于倡导近代人文主义思想，其具体体现则为自然法观念。下文拟从自然状态、奴隶制度的废弃、契约与物权变动三个方面予以阐述。

第一，自然状态。在《法国民法典》制定的时代，自然法理论甚嚣尘上，这正好为该法典的面世准备了灵魂。借鉴当时的自然法思想，《法国民法典》表现出了前所未有的精神面貌：自由。尽管优士丁尼民法中也有自由的规定，如根据自然法认定每个人生来自由，但优士丁尼民法中的自由与奴隶制并行不悖。《法国民法典》之所以为近代法典的开创者，是因为它表达了代表近代文明的自由理念。这可从法国大革命导师卢梭的

自然法思想管窥。①

在《爱弥儿》第一卷的开篇里,卢梭严苛地指责:“出自造物主之手的东西,都是好的,而一到了人的手里,就全变坏了。”②在《忏悔录》中,卢梭苦口婆心地布道:“我拿人为的人和自然的人对比,向他们指出,人的苦难的真正根源就在于人的进化……从那里我看到我的同类正盲目地循着他们充满成见、谬误、不幸和罪恶的路途前进,我以他们不能听到的微弱声音对他们疾呼:你们这些愚顽者啊,你们总是怪自然不好,要知道,你们的一切痛苦都是来自你们自身的呀!”③正是基于政治社会之恶的清醒认识,卢梭主张从遍地开满恶之花的社会状态回撤,回到人类原初的那片乡愁之地——自然状态。在《论人类不平等的起源和基础》这篇征文里,他对自然状态下的人进行了这样的表述:“漂泊于森林中的野蛮人,没有农工业、没有语言、没有住所、没有战争、彼此间没有任何联系,他对于同类既无所需求,也无加害意图,甚至也许从来不能辨认他同类中的任何人。这样的野蛮人不会有多少情欲,只过着无求于人的孤独生活,所以他仅有适合于这种状态的感情和知识。”④由于他们酷爱自由自在的生活,因而他们除了防备所面临的祸害的威胁外,他们为自然的怜悯心所制约,不会主动加害于人。亦即,野蛮人(自然人)不会作恶,因为他们还不知道什么是善,阻止他们作恶的,不是智慧的发展,也不是法律的约束,而是情感的平静和对邪恶的无知。

如此,卢梭将恶从人的本性即自然性剥离,推给了历史与社会。自然状态下的人本有人的本性:自由。依靠自由,人类本可以过上善良的生活,不会被恶所包围。但俯观整个社会,人类在恶的道路上越走越远、越陷越深。为了让人类过上真正属于人的生活,最好让其回到自然状态简单而自由。然而,往事不可追,理性已经点起了人类心中熊熊欲火,自然状态也成了人类心中永远的应当。既

---

① 1780年,有半个法国转向爱蒙农维尔,去凭吊卢梭。1786年,图卢兹科学院悬赏征文:《卢梭颂》。1789年,法兰西科学院悬赏征文的题目为《卢梭颂》。1791年,国民公会投票决定,给卢梭树立一座雕像。卢梭雕像的题词是:自由的奠基人。吉伦特派和雅各宾派虽然政见不合,但在接受卢梭道德理想上如出一辙。1791年、1799年宪法的设计者,被称为《法兰西制宪之父》的西耶士,在主要观念上也几乎是卢梭的信徒。参见朱学勤:《道德理想国的覆灭——从卢梭到罗伯斯庇尔》,上海三联书店出版社1994年版,第154~192页。

② [法]卢梭:《爱弥儿——论教育》(上卷),李平沤译,商务印书馆1978年版,第5页。

③ [法]卢梭:《忏悔录》,黎星、范希衡译,人民文学出版社1992年版,第366页。

④ [法]卢梭:《论人类不平等的起源和基础》,李常山译,东林校,商务印书馆1962年版,第106页。

然人类已经无法逃避社会性,注定只能生活在时间的长河里,那如何依据自然本性过上不违背自由的社会生活,便成了卢梭必然考虑的问题。于是,卢梭依托社会契约构建出了理想中的社会秩序。这一道德乌托邦正如他在《纽沙代尔手稿》中所说的:人是自由的,尽管是屈服于法律之下。这并不是指服从某个个人,因为在那种情况下我所服从的就是另一个人的意志了,而是指服从法律,因为这个时候我所服从的就只不过是既属于我自己所有,也属于任何别人所有的公共意志。①

这一观念深刻地影响到了《法国民法典》制定者的精神世界。该法典第 7 条规定:民事权利的行使不以按照宪法取得并保持的公民资格为条件。这一伟大的思想尽管在后来的法典修订中删除,但这足以表明当时自然法思想的强大辐射。显然,该条的意思就是:民法中的人不是公民,而是自然人。这种自然人正像《拿破仑法典》翻译者李浩培先生所阐释的,是完全独立和孤立的个人,是被想象为自然状态中的自由而平等的人。这样的人与由宪法设立的政治体系无关,完全独立于政治属性。②

将自然状态作为人类的原初状态,尽管常被国人诟病为虚幻,却为夷平君权神授的封建政治架构体系提供了理论上的可能。既然政治来源于自然状态下的个人意思,是社会契约的体现,政治便不会具有神圣的目的性和不可侵犯性。相反,人在自然状态下的权利与自由才是政治的目的,否则政治将异化于其本性而背离其初衷,革命成了政治状态下人的天生权利。这种将人类的自然状态与宪法架构下政治社会安排脱钩的理念,使民事权利成为一种自然权利,依据人性本身而无条件地自由平等。《法国民法典》第 8 条规定:所有法国人都享有民事权利。这一典型的自然法逻辑进程,颠覆了整个政治架构,废除了特权阶级,在私法上树立了人人自由而平等的法国大革命所追求的思想。

第二,奴隶制的废弃。自然状态学说的提出,不但是万民法以个人意思作为法律效力来源的结果,更是对万民法史无前例的超越。这一点可见于对待奴隶制的态度。万民法虽然认定法律来自人类理性,是人类意思的展现。但万民法对作为法源的意思或者理性并未进行价值评判,未升华出法律只能是正当理性

---

① [法]卢梭:《社会契约论》,何兆武译,商务印书馆 1980 年版,第 24 页、第 50 页。

② 《拿破仑法典》,李浩培、吴传颐、孙鸣岗译,商务印书馆 1979 年版,"译者序"第 4 页。后文的法条引用不再提供注释,因为可以按照法条顺序通过该法典找到。

的命令,而不是一般理性的命令。基于此,万民法只从理性的现象即普遍性认可法律,奴隶制度便顺理成章具有了万民法上的正当性。即使在近代自然法奠基者与国际法之父的荷兰法学家格劳秀斯那里,奴隶制度也具有存在的合理性。格劳秀斯认为,包含人身自由在内的所有权可以让渡,因而为了自我保存之故,任何人都可以为了生存而出卖自己的自由。他说道:"为了报偿生命所必需的食品和其他必需品,奴隶用一生的服务予以回报。这是完完全全的奴役。如果这只是因为自然限制的原因而发生,严格来讲,那奴隶制的存在也并非不合适。"这一理念遭到了英国哲学家洛克的攻击。洛克在《政府论》中认为,"一个人既然没有创造自己生命的能力,就不能用契约或通过同意把自己交由任何人奴役,或者置身于别人绝对的、任意的权力之下,任其夺去生命。谁都不能把多于自己所有的权力给予他人;凡是不能剥夺自己生命的人,就不能把支配自己生命的权力给予别人"。卢梭更是指出,"一个人抛弃了自由,便贬低了自己的存在"。①

基于自然状态的自然法观念,《法国民法典》突破了万民法固有传统,在法典中拒斥了奴隶制度。② 以此,我们可以比较自然状态下的自然人和古罗马法上的市民。在古罗马法上,市民这个概念从政治意义开始,最终仍在政治范围内存在,根本不可能脱离政治这个权力状态;而近代的自然人正好相反,它存在于前政治状态中的自然状况下,成为政治社会的前提与目的。所以,自然人的观念和罗马法上市民的观念完全颠倒。正是基于此,优士丁尼《法学阶梯》第三篇"关于人的法律"第4条"奴隶或者出生时是奴隶,或者后来成为奴隶"遭到了卢梭的猛烈抨击:"法学家们既郑重宣布了奴隶的孩子生下来就是奴隶,换句话说,他们也就肯定了人生下来就不是人","为了建立奴隶制,就必须违犯自然,同样地,为了使这种权利永存下去,就必须变更自然"。③ 易言之,优士丁尼民法中人法部分违反人性,是彻彻底底的反人道主义,完全不合于近代文明。

---

① 参见[澳]斯蒂芬·巴克勒:《自然法与财产权理论:从格劳秀斯到休谟》,周清林译,法律出版社2014年版,第45页、第166页、第137页。

② 当然,法国社会无法接受奴隶制度,并非单纯的自然法思想影响之故。毋宁说希腊文明和希伯来文明尤其是希伯来文明在近代的汇聚,造就了近代自然法思想,因而在观念上荡涤了奴隶制具有正当性的理念。

③ [法]卢梭:《论人类不平等的起源和基础》,李常山译,东林校,商务印书馆1962年版,第137页。

第三,契约与物权变动。《法国民法典》在第三编“取得财产的各种方法”中规定了各种契约。从这些契约类型来看,该法典沿袭了罗马法中万民法思维,继受与扩大了合意契约的范围。其第 1101 条明确规定,契约为一种合意。其第 1134 条规定:依法成立的契约,在缔结契约的当事人间有相当于法律的效力。前项契约,仅得依当事人相互的同意或法律规定的原因取消之。对于优士丁尼民法中订立契约最重要的要式口约,立法者并未将之编入法典,显示了立法者对罗马市民法形式主义的摒弃。从此,当事人间的法律不再来自外在的形式,而是本诸内在的自由意思。

《法国民法典》在物权变动上对万民法思维既沿袭也超越。该法典首先确定了物权变动基础的所有权神圣原则。该法典第 544 条规定:所有权是对于物有绝对无限制地使用、收益及处分的权利,但法令所禁止的使用不在此限。其第 545 条规定:任何人不得被强制出让其所有权;但因公用,且受公正、事前的补偿时,不在此限。所有权神圣的真正内涵在其第 537 条第 1 款得到了明确:除法律规定的限制外,私人得自由处分属于其所有的财产。基于这一理念,《法国民法典》第 1583 条对物权变动进行了规定:当事人就标的物及其价金相互同意时,即使标的物尚未交付、价金尚未支付,买卖即告成立,而标的物的所有权亦于此时在法律上由出卖人移转于买受人。这就是著名的代表法国民法的物权变动模式——意思主义。所谓意思主义,乃指当事人合意达成之时,不但成就合同债权,同时变动合同项下的物权。相较于优士丁尼民法需要通过交付才能发生物权变动这一理念,法国民法典也进行了扬弃,择取了交付背后的本质——权利人意思。由此,一切合同之债的形成与物权变动的发生,都取决于当事人的自由意思,除此以外的任何形式约束,都被《法国民法典》的革命精神荡涤殆尽。

二、《法国民法典》的时代局限

作为近代民法典的肇始者,《法国民法典》带有开创者无法摆脱的不成熟性。这一不成熟性主要表现在三个方面。

第一,民事权利作为一种自然权利并未贯彻到底。尽管《法国民法典》第 7 条将民事权利行使主体区隔于政治状态下的公民,但随后的第 8 条“所有法国人都享有民事权利”却中断了逻辑进程。假若民事权利主体是真正意义上的自然人，民事权利作为自然权利是一种真正意义上的私权，那国界之念当为误解。根据其第8条的规定，只有这个人成为法国人，才能使其成为真正的自然人，从而享有民事权利。如果该人不再是法国人，那此人也不得享有民事权利。果然，在《法国民法典》第一编第二节第一目“因丧失法国人资格而丧失民事权利”里，一旦法国人加入外国国籍、未经国王准许接受外国政府公职、在国外建立事业无意返国者等，该人即因丧失法国国籍而丧失民事权利。

《法国民法典》的这一困境其实也是现代文明之轭。虽然从自然法理论上人都是自由的，应当享有无限制的迁徙自由，但民族国家存在的现实明示，画地为牢的理念已经更改了自然自由的含义。即使你有自然自由，也是一定主权疆域下的自然自由。一旦丧失了政治国家权力的庇护，没有了政治意义上的自由，人就真的只能是自然意义上的自由，无法避免丛林规则的适用。叙利亚难民问题便是现代文明之光下的黑暗幽灵，其苦难倾诉的就是私权应有的自然性和现实政治确保之间的永恒阻隔。正如阿伦特在《极权主义的起源》里所说的，人是一种政治动物，因而必须生活在政治共同体中。如果没有政治权力的荫蔽，那人就只能享有自然权利，与野蛮人无异。[①] 此时，一旦人不作为政治动物而不能享有政治权力确保下的民事权利，尽管他从理论上依然享有人之为人所应该有的自然权利，但他不再是一个政治动物，变成为一个十足的动物。

另外，《法国民法典》也未从自然出发认定婚姻关系。《法国民法典》第213条规定，夫应保护其妻，妻应顺从其夫。其第19条第1款规定，法国妇女与外国人结婚者，依从其夫的地位。这些依托传统和现实而来的夫权理念，并未贯彻自然状态下自由而平等的思想。

第二，《法国民法典》的法律科学性不强。《法国民法典》在制定上尽管受到了自然法思想的激荡，但在体系化即法律的科学性上，该法典体现出时代的局限性。其在内容上采纳三编制：人、财产及对于所有权的各种限制和取得财产的各种方法。显见，该法典在编纂体例上依循的是罗马法的三编制，当然未将罗马法中的诉讼部分纳入民法。这种将人法与物法分列的编纂模式，实际上

---

① 参见[美]汉娜·阿伦特：《极权主义的起源》，林骧华译，北京三联书店2008年版，第389页。

并非像学者们描述的,是人本主义的真正表现。其实,这既是法典理论研究积累不够深厚从而无法突破罗马传统,也是对人法与物法尤其是人本身与物法关系内部结构未深入研究之故。从现在的角度看,由于法典未树立人格本身的原始地位,使法典无法构造出以人格为坐标原点的法律关系网络。因而,整个编纂结构里人其实并未被凸显。如果说法典体现了人本主义,绝不是通过法典结构体现,而是来自法条洋溢出的自然法思想。同时,物法部分也未像后来的《德国民法典》那样区分为物权和债权,当然,也无法构建出物权变动和债权变动相区分的原则。基于此,我们可以这样概括《法国民法典》。实用性的需要,使《法国民法典》具有很多政治、哲学和伦理的色彩,因此,整部法典承载了很深厚的人文主义特点,但是由于忽视了法律本身,使法典在结构上和对自身特点的揭示上缺少创新精神。

第三,未能关注现实中的社会团体。《法国民法典》在制定之初并未承认社会团体为法人。这并不是说当时不存在社会团体。根据伯尔曼教授的考察,自11世纪晚期,一种类似于现在股份公司的康美达即已出现在欧洲。在教会法上,自1122年"沃姆斯协约"以来,教会独立的法律地位得到承认,很多教会被界定为独立于其成员的财团。① 17世纪法国著名的法学家让·多马更明确指出,贸易公司被认可为人格,有自己的财产、权利和特权。这些情形表明,团体作为独立体现实地存在于法国社会。②

然而,法典制定者却不顾社会现实否定了社会团体可以成为民法主体。作为卢梭思想的继受者,人权宣言的作者,1791年宪法、1799年宪法的设计者,被称为"法兰西制宪之父""头号政治设计师"的西耶斯,在拟定法国宪政之路的《第三等级是什么?》这本宣传书里,针对团体能否存在进行了煽动性的立论:"处于自然状态的个人……不牵涉任何民事组织……最大的困难来自那种使一个公民仅与若干他人相一致的利益。这种利益促使人们共同商议,结成联盟;由此策划出危害共同体的计谋;由此形成最可怕的公众的敌人……社会秩序严格要求

---

① 参见彭小瑜:《教会法研究》,商务印书馆2003年版,第199~200页、第204页。

② See Jean Domat, *The Civil Law in its Natural Order*(*Volume* Ⅰ), translated by Willeam Strahan, Fred B. Rothman & Co. Littleton. Colorado. 1980, p. 148.

普通公民不组成行会……"[1]在这种立宪思想的指引下,《法国民法典》漠视团体的存在势所必然。可见,《法国民法典》制定者之所以不承认团体的人格,并不是因为当时不存在团体,而是基于个人自由这个价值标准有意忽略了团体人格的存在。这是纯粹的伦理标准,是为了让每个人的自由意志都直接体现为公意,因而取消各种团体的存在。

① [法]西耶斯:《论特权:第三等级是什么?》,冯棠译,张芝联校,商务印书馆1990年版,第61页、第80页。

德国民法典

在大陆法系的民法体系中,《德国民法典》地位举足轻重。从我国民法的继受历史看,《德国民法典》成了我们主要的借鉴对象。为了简要了解《德国民法典》,我们有必要从其制定史出发。

一、《德国民法典》的编纂背景

1871 年德意志帝国建立后,德国并无统一适用于全国的民法典。出于统一规范私人生活的需要,制定一部统一的民法典成为帝国的政治任务。但当时帝国的立法权限并未扩及全部,这在民事立法上尤为明显。俾斯麦时代的《宪法》第 4 条规定,帝国立法权仅限于债法。为了合乎帝国统一的需要,民族自由党推动了将帝国立法权扩大到全部民法的运动。1871 年 11 月 15 日,民族自由党议员拉斯克和米克维尔提出的扩大立法权的提案获得帝国议会绝大多数议员的赞同。在巴伐利亚的反对意见被排除之后,联邦参议院于 1873 年 12 月 12 日举行的会议通过了两个决议:联邦参议院同意帝国立法权扩大至全部民法和尽快设立德国民法典草案编纂委员会。在这个基础上,德意志帝国成立了制定民法典的预备委员会。预备委员会选择了一些法学家与法律专家组成了第一委员会和第二委员会。[①] 1896 年,德国议会通过了《德国民法典》。1900 年,《德国民法典》正式生效。

一般以为,决定《德国民法典》理念与制度的主要是康德人格哲学、浪漫主义思想与潘德克顿体系。深入揭示这些精神背景与法学背景,有助于我们更好理解德国民法典的文明理念与制度体系。

第一,康德人格哲学。私法史学者弗朗茨·维亚克尔《近代私法史:以德意志的发展为观察重点》一书里说道,早在 1800 年左右,康德人格哲学已经被对德国民法具有决定性影响的胡果、萨维尼等所认同。[②] 正如著名的德国民法学家拉伦茨所说,康德学说对《德国民法典》制定者的精神世界产生了深刻影响,其程度类似于 18 世纪的自然法学说对《普鲁士普通邦法》以及《奥地利普通民法典》的制定者们所产生的影响。[③]

康德哲学体系庞大而复杂,其学说对《德国民法典》的影响主要是理念上的影响,即通过其实践哲学中的人格理论奠定《德国民法典》的精神根基。康德通过《纯粹理性批判》告诫世人,我们的认识能力只能及于现象,无法触及现象背后的物自体。因此,我们无法单纯依据纯粹理性进行认识。通过对人类理性认识能力的批判,康德将人类的认知能力局限在一般理性范围内,不能脱离现象世界。既然,人类的认识能力无法带给我们超越,必然将我们束缚在现象这个现实的世界里,人类若只能依据认识进行实践,人类也将无法走向拯救,丧失对应当的能力。[④] 于是,康德写就了《实践理性批判》。[⑤] 在该书里,康德将自由作为实践的拱顶石,认定人类实践指向的目标是自由意志,是纯粹理性展现出来的完全超越现象世界自然规律的自由规律。由此,康德批判了实践中的一般理性,批判了依托现象世界中的理性即受到自然规律制约的理性实践,主张通过意志的回返,在可以见到的自由——道德律里,迫于道德律带给我们的震撼进行实践。据

① 参见[德]雅科布斯:《十九世纪德国民法科学与立法》,王娜译,法律出版社 2003 年版,第 123 ~ 124 页。

② 参见[德]弗朗茨·维亚克尔:《近代私法史:以德意志的发展为观察重点》(上),陈爱娥、黄建辉译,上海三联书店出版社 2006 年版,第 349 ~ 365 页。

③ 参见[德]卡尔·拉伦茨:《德国民法通论》(上),王晓晔、邵建东等译,法律出版社 2003 年版,第 45 ~ 46 页。

④ 参见[德]康德:《纯粹理性批判》,邓晓芒译,杨祖陶校,人民出版社 2004 年版,第 1 页。

⑤ 参见[德]康德:《纯粹理性批判》,邓晓芒译,杨祖陶校,人民出版社 2004 年版,第 1 页。

此,康德建立了一种责任伦理学,使人类的实践不再是基于苏格兰传统中的道德感的愉悦伦理学,而是一种对应当的责任。正如他在《道德形而上学原理》一书里所说,理性者必须服从这样的规律,不论是谁在任何时候都不应把自己和他人仅当作工具,而应永远看成目的。只有这种以自身为目的的存在才可能有尊严,才能被称作人格。①

德国法学家们和德国民法典接受了康德这一学说。萨维尼在《现代罗马法体系》第一卷里即认为:"所有法律皆为道德意义上之存在,即存在于每个人内在的自由意志当中。人格或者法律主体最原始的概念必须和人的概念完全一致……"②《德国民法典》第一章名称即为"人格",第1条为法律人格,即权利能力始于出生的完成。《德国民法典》第一草案说明书说道,承认每个人的法律人格是理性和伦理的戒律,与现实中自然人的个体性无关。帕兰特(Palandt)《〈德国民法典〉释义书》更是清楚道明,法律人格先于法律而存在,并非源于立法者赋予。③

第二,浪漫主义思想。德国的浪漫主义离不开法国大革命的影响。19世纪初年,当拿破仑横扫欧洲大陆时,莱茵河联邦诸侯们纷纷宣誓效忠拿破仑,《拿破仑法典》得以在德国若干邦国流行。通过推行《拿破仑法典》,拿破仑在统治区强力取消人身依附关系、等级制度以及贵族和僧侣的特权等。从今反观,拿破仑挟启蒙运动的普遍理性以图改变占领区落后的传统,可以说给他们带来了近代文明的福音。但拿破仑漠视了占领区的民族情感,强制遭遇了自由的反对。尤其是1806年8月26日法国占领者在不莱梅实行思想专制且将印发《德国惨遭蹂躏》一书的出版商捕杀并枪杀其他无辜,以及拿破仑在占领区强制推行法语,打破了德国人对拿破仑的幻想。人们要求摆脱法国人救世主式的民族主义,而代之以对于自身民族生活和政治活动的自主安排。④

雅克·巴尊在《古典的,浪漫的,现代的》著作中指出,人们不仅要从政治上记住,也要从文化上记住,德国曾经遭受法国的霸权统治有150年。在这种背景

① 参见[德]康德:《道德形而上学原理》,苗力田译,上海人民出版社2005年版,第47页。

② Savigny, System des heutigen Roemischen Rechts, Bd. 2. Berlin bei Deil und Comp 1840, S. 3.

③ Siehe Palandt, Bürgerliches Gesetzbuch, Bd1. verlag C. H. Beck München 2005, S. 9.

④ 此处资料主要参见[德]弗里德里希·卡尔·冯·萨维尼:《论立法与法学的当代使命》,中国法制出版社2001年版,第113页脚注。

下,自由的意义只可能是政治和文化上的民族主义。[①] 以赛亚·伯林在《浪漫主义的根源》一书里也指出,法国大革命尤其是拿破仑战争,引起了德国受伤的民族情感爆发,而受伤的民族情感则滋养了浪漫主义思潮,最终成为对民族意志的肯定。[②] 由于浪漫主义发端于对启蒙运动与法国大革命的反动,因而必然朝向背离普遍理性的方向前进。要想让民族理性摆脱普遍理性而独立自存,历史便是民族理性的唯一依靠。萨维尼在《论立法与法学的当代使命》里说道,只有通过历史,才能与民族的初始状态保持生动的联系,而丧失了这一联系,也就丧失了每一民族的精神生活中最为宝贵的部分。正是拿破仑依仗的普遍理性让德国民族情感受到伤害,使德国人无法在普遍理性里找到家园,他们便贬斥普遍原则而崇尚历史原则。

对《德国民法典》具有决定性影响的历史法学,正是浪漫主义进入法学的结果。萨维尼在《论立法与法学的当代使命》里说道,《法国民法典》为拿破仑提供了一个束缚其他国族的枷锁。即使该法典蕴含了一切内在精粹,却仍为恐怖之物,令人深恶痛绝。真正的法律不是普遍理性的产物,而是民族精神的流溢。"法律随着民族的成长而成长,随着民族的壮大而壮大,最后,随着民族对于其民族性的丧失而消亡。"[③]然而,历史法学的民族性即历史性存在两种截然不同的理解。尽管历史法学派中的日耳曼法学派主张从日耳曼人的生活习惯出发转译法律制度,但占据统治地位、主导《德国民法典》制定的罗马法学派并不这样认为。作为罗马法学派的扛旗手,萨维尼的研究具有代表性。萨维尼专注于罗马法研究,且主要是研究罗马私法。罗马私法既指优士丁尼《民法大全》,也指经过发展了的在现实生活中适用的现代罗马法。但萨维尼只研究《民法大全》中的原典罗马法,几乎不涉及被注释法学派和评注法学派加工改造过的罗马法,更不理会日耳曼民族的历史文献和地方习惯。

第三,潘德克顿体系。《德国民法典》之所以采用五编制(第一编:总则;第二编:债法;第三编:物权法;第四编:亲属法;第五编:继承法),源于历史法学派对

---

① 参见[美]雅克·巴尊:《古典的,浪漫的,现代的》,侯蓓译,何念校,江苏教育出版社2005年版,第29页。

② 参见[英]以赛亚·伯林:《浪漫主义的根源》,吕梁等译,凤凰出版传媒集团、译林出版社2008年版,第110页。

③ [德]弗里德里希·卡尔·冯·萨维尼:《论立法与法学的当代使命》,中国法制出版社2001年版,第9页。

古典罗马法文献的体系化研究。1789年,德国法学家胡果在《现代罗马法教程》一书里首次提出了五编制潘德克顿体系:物权法、债权法、亲属法、继承法和诉讼法。后来,胡果在《民法教科书》里将五编制改造为三编制:人法、物权法和债权法。真正奠定潘德克顿体系的应为哥廷根大学教授海瑟。1807年海瑟出版《普通民法体系概要:潘德克顿教程》,创立了新体系:总则、物权法、债务法、亲属法、继承法、恢复原状。自此,《德国民法典》五编制结构呼之欲出。

尽管在《德国民法典》起草委员会(第一委员会)的11个委员中,法官(6人)、行政官员(3人)占据了9人,法学教授只有2人。而且,法学教授中罗马法学派的只有一人即温德沙伊德,另一人为历史法学派日耳曼法派系的洛特。由于此时潘德克顿体系已经在德国取得支配地位,虽然潘德克顿学派只有一人参与,但温德沙伊德俨然成了第一委员会中的核心,成了最后的决定者。在这样一个学术背景下,《德国民法典》采纳五编制成了历史的必然。①

二、《德国民法典》的时代特点

基于上述三个背景而来的《德国民法典》,具有时代的鲜明特点。

其一,展现了近代文明的自由人格理念。这一来自康德人格哲学的理念,不但奠定了整部法典的精神基础,也是其谋篇布局的起点。《德国民法典》第1条规定"权利能力始于出生的完成"。这已经宣示法律人格这个权利能力只是来自出生,不附带任何社会、宗教、政治、经济等条件。只要一出生,每个人都基于自身而享有平等的人格。同时,该法典依托的法律关系结构,也是人格思维的结果。从民法视角规划世界,即是以个人作为世界的坐标原点,将世界划分为对人的世界和对物的世界。对人的法律关系可细分为自己对自己、自己对他人。由于萨维尼否定民法可以规范自己对自己的法律关系,否则人即可以支配自己从而为自杀埋下合法性因子。因此,对人关系只能划分为对他人的关系。对他人关系又可以进一步分为对他人的身份关系如婚姻、收养,以及对他人的财产关系即债法。对物的法律关系甚为简单,只包括如今的物权法,因为当时可以支配的

① 潘德克顿体系的相关资料,参见谢鸿飞:《法律与历史:体系化、法史学与法律历史社会学》,北京大学出版社2012年版。

物主要是有形物,尚未包括如今的智慧财产即知识产权。另外,以意思表示为核心的法律行为制度体系,深刻展示了当事人个人意思的法效作用,确立了当事人意思自治的独立人格精神。

其二,展现了高度概括性的法律科学精神。典型体现《德国民法典》这一精神的乃总则编的设置与法律行为概念的设定。民法总则的存在使《德国民法典》在法典编纂结构上具有了自己鲜明的特点,突破了罗马法人法与物法的编制体例,较之于《法国民法典》有了新的进展。通过民法总则的"人、物和动物、法律行为、期间和期日、消灭时效、权利的行使、自卫和自助以及提供担保"7 项内容,将分则的四编统统纳入麾下,体系化了整个民法。在高度抽象性上堪与民法总则相媲美的当属法律行为制度。本来,债权、物权、婚姻与继承乃独成一体的制度,之间甚少关联。在德国法学家的研究下,他们发现,无论是债权、物权还是婚姻、继承,其本质都是契约因而其债权行为、物权行为、婚姻行为与继承行为都是借助意思表示发生效力。基于此,潘德克顿法学家们运用提取公因式方法,找到了在本质上一统所有具体法律关系类型化的大纲。借助法律行为概念与制度的抽象,《德国民法典》不但设置了总则编,更使总则编成为名副其实的总则。可以说,潘德克顿法学家高度抽象的法律技艺,展现的正是科学理性的近代文明。另外,在财产法里区分为物权法与债权法,无疑也是《德国民法典》具有的贡献。

其三,法律技艺的娴熟运用。《法国民法典》为确保自然人的伦理性,从价值上否定了团体成为民事主体的可能。《德国民法典》通过娴熟的法律技艺——拟制,既确保了自然人人格的伦理性,也将现实存在的团体吸纳进民法中让其成为民事主体。为了面面俱到,《德国民法典》规定只有自然人才具有伦理人格,不但享有财产权,也享有人身权。至于团体,纯粹是为了财产目的才引进民法,因而法律只是拟制其成为一个人,只让它享有财产方面的权利义务。易言之,作为法人的团体不具备伦理性,因而法人可以被买卖、撤销、解散与人格否认。显然,自然人由于具备自身即为目的的伦理性,所以自然人不可能像法人那样可以被买卖、撤销与人格否认。

三、德国民法典的时代缺陷

当然,《德国民法典》也具有鲜明的时代缺陷。

其一,民族理性所带来的种族优越论。经由浪漫主义发酵而来的历史主义,为法律寻找到了民族理性这一来源。正如萨维尼在《论立法与法学的当代使命》中说,民族的共同意识才是法律的居所。他举出了罗马市民法相关婚姻、财产方面制度的例子。作为深受罗马法影响的法学巨擘,萨维尼的民族共同意识在思维上与罗马市民法思维完全接近。罗马市民法一开始纯粹就是罗马这个特定民族的习惯,并非普遍理性的产物。既然浪漫主义已经为德意志人找到了过去的归宿,那被认为与自己民族一脉相承的罗马当然是自己谱系的源头。正如海涅在《浪漫派》一书里对浪漫主义大师施莱格尔的批评,浪漫主义者对过去事物的过分热衷,使他们对现在的事物毫不了解。德国人已经不想再做一个世界公民,他就只想成为一个德国人。[①] 在回归过去的集体意识涌动下,德国法逐步回到了罗马市民法的属人性。弗莱曼在《如果我是皇帝:谈政治的真理与必然性》里说道,谁在日耳曼民族这个范围外,就对我们无足轻重。1938 年 2 月,帝国内政部"取得与失去德国国籍的法律草案"提出,一切"犹太人、混血犹太人、其他外国血统"的儿童"即使父亲拥有凭出生取得的德国国籍",也都不能获得德国国籍。[②] 依循这一进路,拉伦茨与基尔学派代表向纳粹帝国提交的修改《德国民法典》第 1 条的建议就不足为奇,即建议将第 1 条表述为:"法律同人仅为民众同人,而民众同人系指具有德意志血统者。"[③]

其二,过于着重历史素材而漠视现存实践。发端于历史法学派、潘德克顿学派的《德国民法典》,极端重视对罗马法原典文献的研究,对日耳曼生活习惯不屑一顾。这造成了该法典不尊重生活现实,封闭在罗马法制度的体系中。人格权便是其中一例。尽管《德国民法典》第 12 条和第 823 条涉及了人格权,[④]但一般认为第 12 条的姓名权在当时仅为身份权不属于真正的人格权,第 823 条则由于属于侵权行为领地而被认定为缺失逻辑性,即侵权行为乃对法定权利的侵害,在

---

① 参见[德]海涅:《浪漫派》,薛华译,中国法制出版社 2010 年版,第 21 页。

② 参见[美]汉娜·阿伦特:《极权主义的起源》,林骧华译,北京三联书店 2008 年版,第 319 页、第 379 页。

③ 参见卢谌:《德国民法专题研究》,法律出版社 2008 年版,第 32 页。

④ 《德国民法典》第 12 条规定:权利人的姓名使用权为他人所否定,或权利人的利益因他人无权地使用同一姓名而受到侵害的,权利人可以请求该他人除去侵害。有继续受侵害之虞的,权利人可以提起不作为之诉。第 823 条第 1 款规定:故意或有过失地不法侵害他人的生命、身体、健康、自由、所有权或其他权利的人,有义务向该他人赔偿因此而发生的损害。

《德国民法典》并无人格权的规定下直接由侵权行为规范,不符合德国人严谨的法律逻辑。以至于在保护一般人格权上,德国人无法向民法寻求根据而只能求助其《基本法》。之所以德国法未对人格权进行规定,并非当时现实生活中没有出现人格权,而是罗马法文献中并不存在人格权。正如日耳曼法学派著名代表基尔克的批判,罗马法学派以及由之而来的潘德克顿学派忽视了生活的日耳曼传统与习惯,只从罗马法古典文献出发认定法律素材,摒弃了德国现实中出现的丰富的人格权类型。

其三,过于着重体系化抽象而忽略生活。德国民法典最具特色的概念为物权行为。物权行为具有三个特点:形式性、独立性和无因性。所谓形式性乃指,物权变动必须具有特定形式,动产变动需要具备交付这个形式,而不动产变动则需要进行登记。所谓独立性是指,在基于合同发生的物权变动里,真正决定物权变动的不是合同,而是交付或者登记这个行为。易言之,交付行为或者登记行为本身即为一个法律行为,其自身便能决定物权变动效力的发生。所谓无因性是指,生效合同只能发生一个债权变动,并不能变动物权。物权变得原因不在合同中,因而即使合同无效而只要交付或者登记有效,也能发生物权变动。这一理论打破了生活的直观,遭到了很多批评。其实,物权行为理论的创建,既具有科学性,也具有缺陷性。其科学性体现在区分上,即通过将物权变动奠定在物权行为上,使合同效力只能指向债权变动。其缺陷性则体现在两方面。第一,无法被生活直观。从生活观之,在基于合同的物权变动里,物权变动不可能绝缘于合同。如果合同无效,无法想象物权变动依然可以合法发生。第二,体系上的矛盾。[①]虽然认定物权变动只来自交付行为或者登记行为,于合同效力无关,但认为在合同无效下交付行为或者登记行为发生的物权变动可以适用不当得利。从逻辑上讲,既然通过物权行为发生了物权变动,那意味着受让者已经合法取得该物权,具有法律上的正当性,否则便不能发生物权变动。不当得利制度的运用完全颠覆了这一逻辑。显然,之所以构成不当得利,不是因为物权行为本身无效,而是合同无效使物权取得不具有正当性。不当得利制度的适用足以表明,只要合同无效,物权变动实际上并不能真正发生,否则转让人不能适用不当得利要求受让人返还。

---

① 在此讨论的物权行为理论乃严格的物权行为理论,并非折中意义上的物权行为理论。所谓严格的物权行为理论,是指物权变动只来自交付或者登记行为,不受制于合同本身的效力,也不从合同本身的意思瑕疵角度分析交付或者登记行为的瑕疵。

拿破仑何以青睐民法典*

近代以来的民法典，大都以国家的名义命名，如《德国民法典》《瑞士民法典》《荷兰民法典》等。但作为开近代先河的《法国民法典》却是例外。1804 年生效的《法国民法典》于 1807 年 9 月 9 日被明令定为《拿破仑法典》，尽管 1814 年复辟后法典再度更名为《法国民法典》，但 1852 年 3 月 27 日《拿破仑法典》又得以重现天下。如今适用于法国全境的民法典，虽名之为《法国民法典》而不再称为《拿破仑法典》，但《拿破仑法典》和《法国民法典》同一的历史却为世人所熟悉。众所周知，拿破仑在位期间，实际上制定颁布过 1799 年《宪法典》、1804 年《民法典》、1806 年《民事诉讼法典》、1807 年《商法典》、1808 年《刑事诉讼法典》以及 1810 年《刑法典》等 6 部法典。在这诸多的法典中，拿破仑何以钦定 1804 年《民法典》而冠以御名？另外，他在生前的日记和谈话中，他也总是无比自豪地说起他的民法典。他在 1815 年 11 月 29 日的日记里写道："只说我所定的法典，因为是简单易行，殊有大功德于法国，盖过从前全部的法律。"1817 年 3 月 3 日的日记更是将之与其军事上的丰功伟绩相媲美："我打的大仗 50 次，几乎全部都是我打胜的。我制定一部法典，且

---

* 本文原载于肖厚国主编：《民法哲学研究》第 4 辑，法律出版社 2012 年版。

予以实施。我的声名,将流传于极远的后世。”①至于人尽皆知的“我的光荣不是在打过40次胜仗,因为滑铁卢的一败便可使这一切完全被人忘记。但不会被人忘记而且永垂不朽的却是我的民法典”这一段话,更是道出了民法典在拿破仑心中的地位。拿破仑如此钟爱民法典,颇令人费解,尤其是深处中国文化传统而研习法律者。从现在的法律体系看,宪法具有至高无上的根本法地位,民法仅是以宪法为纲的法律体系里的部门法,它与刑法、行政法、诉讼法等并为同一序列。何以充满智慧的拿破仑一世反倒舍本逐末?从我国的法制文化传统看,统治者眼里的法典只是刑律,至于民事法律顶多是不入流的“细事”,不足以由国家大典予以规制。这位手握乾坤的独掌权柄者,为何心智如此险隘而仅关注琐碎之事?当然,也许还有另一种可能,即如歌德所言:“拿破仑的童话恰似约翰启示录,每个人都感到其中还隐藏着一些东西,只是不知道那究竟是什么。”②

一、拿破仑为何未青睐宪法?

欲刺穿这层面纱,有必要借助雾月政变的刀光剑影。拿破仑从亚历山大港返回法国后,随即在雾月18日发动了政变。随着督政府的五位督政辞职或被辞职,旧政权立即土崩瓦解,法国社会亟待一个新政权的诞生。萧规曹随抑或另起炉灶,拿破仑及其支持者早就有了谋划。解散督政府后,拿破仑来到元老院接受自己为巴黎卫戍司令的任命,但对于1795年《宪法》却未曾宣誓效忠。棋高一着的背后,意味着1795年《宪法》随着督政府的终结而必将远逝。作为当时支持其政变的政治力量代表的督政西耶斯,利用拿破仑这把短剑就是借助其军力而给新宪法开道。在8天前的雾月10日,经时任五百人院议长拿破仑三弟吕西安的撮合,西耶斯和拿破仑进行了一夜的会晤。经过通宵达旦的密谋,双方达成了政变的共识和目标:以新的宪法取代《共和三年宪法》(1795年《宪法》),督政府、元

① [法]拿破仑·波拿巴:《拿破仑日记》,[英]约翰斯顿英译,萧石忠、许永健译,中共党史出版社2007年版。由于日记都是根据日期写作的,因此所有日记的引用都未标明页码。同时本书对该日记引用较多,后面出现时不作脚注,在此特别说明。

② [德]埃米尔·路德维希:《拿破仑传》,梁锡江、龚艳、周何法译,浙江文艺出版社2009年版,第1页。

老院和五百人院将被统统取消。[①] 遵循这一预定路径,在征服了元老院和五百人院后的当天晚上(雾月 19 日),元老院与五百人院随即决定成立临时立法委员会,从上述两院中各抽取 25 人与新成立的执政府一道完成制宪的使命。立法委员会根据第一执政拿破仑的意见提交了一份新宪法草案。12 月 13 日,新宪法即获得立法委员会和执政们的同意。12 月 15 日,新宪法予以公布。12 月 24 日,新宪法正式生效。这一宪法就是著名的 1799 年《宪法》,也叫作"共和八年宪法"。该宪法一改传统的做法,不再将《人权宣言》作为前言;该宪法规定政权几乎全由第一执政掌握,至于他自己给自己选定的第二执政康巴塞雷斯、第三执政勒布伦仅备咨询;该宪法回避了对于主权归属的规定,不再像以往宪法那样宣布主权在民。基于此,史家米涅指出,这部宪法只剩下西耶斯宪法的若干皮毛,真正的西耶斯宪法逐渐变成奴役的宪法。[②] 针对 1799 年《宪法》较少关注公民权利一事,瑟诺博斯一针见血地指出:"法国人不复是公民,他们又变成了臣民,他们不再是国王的臣民,而是政府的臣民。"[③]其实,倘若从后面的历史进程回顾,这仅是拿破仑野心的第一步。通过共和八年宪法,拿破仑正式走上政治舞台,但该宪法却对其野心的实现设置了一个很大的障碍。这一阻止拿破仑野心绵延的藩篱就是第一执政的 10 年任期。1802 年 5 月 5 日,根据保民院夏博·德·拉利埃的动议,法案评议委员会派出两个代表团,分别会见元老院和第一执政,希望授予拿破仑全国一致感戴的明确保证。第二天,元老院通过决议将第一执政的任期延长 10 年。但是,对于年仅 33 岁的第一执政而言,延长 10 年也是此世所看得见的尽头。他不愿意没有权力的感觉,哪怕是遥远的多年之后。很快,他的这一意愿又被立法院和保民院所洞悉。1802 年 8 月 2 日,时隔未至 3 月,元老院根据保民院和立法院的决议宣布拿破仑为终身第一执政。两天后,元老院又颁布了《元老院组织法令》。该法令一共 83 条,其第 42 条规定:一旦第一执政认为适当时,由他建议一位公民为他死后的继任者。这被史家称为"共和十年宪法""真正的宪法"。不过,尽管 1799 年《宪法》被该法令在某些甚至是主要的方面改得面目全非,但 1799 年《宪法》也没有被法令所取代,依然生效。随着 1803 年 5 月 15 日英国的

① 参见[美]艾伦·肖姆:《拿破仑大传》,贺天同译,江苏人民出版社 2009 年版,第 148 页。

② 参见[法]米涅:《法国革命史》,北京编译社译,商务印书馆 1997 年版,第 340 页。

③ Présentation par Jacques Godechot: Les Constiitutions de la France depuis 1789. 转引自郭华榕:《法国政治制度史》,人民出版社 2005 年版,第 215 ~ 216 页。

惠特沃思爵士离开巴黎，英法和谈彻底破裂，这意味着 1802 年 3 月 25 日所签订的《亚眠和约》不再发生作用。随后英法之间处于战争状态。英国一方面组织第三次反法同盟，另一方面极力支持法国保王党人进行反对拿破仑的活动。在英国政府提供充足经费的前提下，路易十八所领导的乔治·卡杜达尔于 1803 年重返法国，希望能在拿破仑数学老师皮什格鲁将军和威名赫赫的莫罗将军支持下，绑架或杀死拿破仑。尽管卡杜达尔受到了皮什格鲁的全力支持，莫罗将军却并不愿意波旁王朝复辟。当卡杜达尔感觉力量单薄而尚需在国内寻求自己的支持力量时，拿破仑警务部长富歇的密探已获悉了这一谋划。1804 年 2 月，警务部门逮捕了其中一名重要成员，他供认了“莫罗—皮什格鲁阴谋集团”。随后，皮什格鲁在狱中自缢，莫罗遭到流放，卡杜达尔被执行死刑。在内外交困的紧急情况下，在这法国大革命完全有被外国势力和保皇派力量绞杀的当时，仰仗拿破仑成了他们唯一的赌注。1804 年 3 月 27 日，元老院在接到关于这次阴谋的报告后随即向这位终身第一执政派去一个代表团。代表团团长纳夫夏托说了这样一段话：

第一执政阁下，你开创了一个新纪元，但你应该使它永远存续下去，昙花一现是毫无价值的……但是请你不要拖延了；时间、各种事件、阴谋分子、野心家，都在催促你；另一方面，法国人的惶惑不安也在催促你。当你创造出各种制度，使你的殿堂永远坚如磐石，使你为父亲一代建立的功业能够传之于他们的子孙，你就能掌握时间，控制各种事件，打击野心家，安定全国的人心。第一执政阁下，请相信，这是元老院以全体公民的名义在向你说话。①

1804 年 4 月 25 日，拿破仑自圣克卢答复元老院：“你们的建议正是我的夙愿，是我时常考虑的事情……为此，我请你们把你们的想法全部告诉我。”5 月 4 日，元老院明确地答复拿破仑：“元老院认为把共和国委托给世袭皇帝拿破仑·波拿巴掌理，是法国人民的最大利益。”1804 年 5 月 18 日，法兰西帝国在圣克卢宣告成立，拿破仑正式成为拿破仑一世。同一天，元老院颁布《元老院组织法令》。这一法令被称为《共和十二年宪法》，共 142 条。该组织法令主要在于宣布拿破仑为法兰西帝国的皇帝，皇位世袭罔替。

---

① ［法］米涅：《法国革命史》，北京编译社译，商务印书馆 1997 年版，第 353 页

不过，让人饶有兴趣的是，在拿破仑利用国内外形势和宪法作为阶梯，一步一步将自己推向皇帝宝座的同时，他并未隐藏自己的野心，而是坚决主张以合法的形式为依托。解散督政府后的翌日清晨，元老院和五百人院全都前往圣克卢召开大会，拿破仑也轻车简从去了两院。为了确保政变的成功，熟谙革命策略的西耶斯向拿破仑建议，暂时将革命派首脑予以逮捕，只允许温和派参加两院。拿破仑对此无动于衷。他坚定他的政变在新宪法尚未出台前，始终要遵守宪法的形式。在到达五百人院后，得知五百人院议员的反对情况，随行军官主张利用军队驱逐反对派时，拿破仑的答复也只是冷冷一瞥。他所有的亲信都十分不解，这位久经沙场的常胜将军，为何在政治上却只发言而不准许开枪？难道政治战场与军事战场真就迥然不同？也许这是一个见仁见智的观点，但拿破仑真就这么认为。这从他后面的一系列举动可以看见。在随后制定的《共和八年宪法》中，本来一经立法委员会和执政们同意即已生效，但拿破仑却多此一举地建议为只有 94 个条文的宪法文本增加第 95 条，即宪法应该获得“法国人民的批准”。基于此，1801 年 1 月全国举行新宪法的公民投票。2 月 7 日投票结果揭晓，赞成者 3, 011, 007 票，反对仅 1562 票，弃权票则多达 300 余万。尽管根据艾伦 · 肖姆的考证，事实上弃权的人数多达 500 万，同时，吕西安操纵了投票从中抽掉了 35, 000 张反对票。无论这里是否存在选举作弊，都表明拿破仑一直想将自己的政权建立在民意这一合法性的基础上。1802 年 5 月 6 日，元老院决议将第一执政任期延长 10 年，但第一执政对此并不领情，他不想从属于元老院，他认为自己的权力来自人民，即希望通过公民投票而获得更大、更久的权力。5 月 10 日，执政们决定进行公民投票。在执政府的组织下，5 月至 7 月底，各地针对“拿破仑 · 波拿巴是否为终身执政”一事进行投票。8 月 2 日投票结果显示：赞成者 350 余万人，反对者仅 8347 人。从此，拿破仑跃为终身执政。在确立拿破仑皇位的 1804 年 5 月 18 日的《共和十二年宪法》里，其最后一条一如既往地规定：“人民是否需要拿破仑 · 波拿巴直接的、正常的、合法的与收养的后代以及约瑟夫 · 波拿巴和路易 · 波拿巴的直接的、正常的与合法的后代，来继承皇帝的头衔”全由公民投票决定。11 月 6 日，投票结果公布：3, 572, 359 人赞成，2579 人反对。

这真是令人匪夷所思。这位攫取法国大革命果实的将军，竟然以法国大革命所要革掉的专制来作为投票的对象，并且，还奇迹般地获得了大部分民众的支持。正如 1801 年 7 月 15 日拿破仑在与罗马教皇庇护七世签订完《教务专约》后拿破仑与戴尔马将军的问答。第一执政问道:“你看今天的仪式怎么样?”戴尔马将军回答:“这是一次无聊的宣教仪式;只不过少了 100 万人参加,这 100 万人牺牲性命去推翻的,就是您今天所恢复的东西。”①

确实,拿破仑所要恢复的东西,正是法国大革命所欲推翻之物。关键是,他的恢复却为法国民众所接受。既然拿破仑称帝是民众认可的结果,为何拿破仑不专注于宪法的政治结构?为何拿破仑不以宪法所缔造的自己辉煌的时代为荣,而要以仅仅事关普通民众利益的民法为傲?这里必然有他对宪法的独特认识。在 1804 年 4 月 15 日的日记中,他写道:“世上并无永远不变的宪法。改变宪法全靠人力和形势。”从法国大革命后的几次制宪历程来看,情况恰如其所言。在短短的 10 年之内,法国人民先后制定了 1791 年《宪法》、1793 年《宪法》、1795 年《宪法》和 1799 年《宪法》。这些走马灯似的宪法背后,反映了宪法并不能奠定社会秩序和政治格局,哪怕这些宪法受到了全民一致的拥护,如 1791 年《宪法》。可见,徒宪法不足以自行,看似宪法在决定着政治的根本,但宪法只是政治根本的外在体现。具有伟大政治智慧的拿破仑不可能看不到这一点。

二、拿破仑为何未青睐刑法?

拿破仑深知,自己之所以能最终站在巴黎之巅,是因为已经站在了阿尔卑斯山之巅。不绝于耳的胜仗,是他获得如此支持的根本原因。他在 1802 年 12 月 30 日的日记里写道:“我的权力是从我的名誉而来的,我的名誉是从我屡战屡胜得来的。如果我不再有光荣,不再多打胜仗,维持我的权力,我的权力就要倒地了。是战胜征服使我得居今日的地位,亦惟有战胜征服可以保全这个地位。”这段话具有一定的蒙蔽性,在我们看来,也许这是最明显不过的真理,但要以之替代拿破仑心中的根本,恐怕需要深思。拿破仑确实发迹于行伍之中,但拿破仑的政治架构并非军人政府。其实,他一直以来都反对军人干政。他从政变时起首先想到的是合法的方式而非武力,他执政期间通过的宪法也都要取决于人民的同意。这正如埃米尔·路德维希在为拿破仑作传时所说的:“这位当时最伟大的统帅,无论是在巴黎还是休战调停或结盟会议上,从来都没有以武力胁迫

---

① [法]米涅:《法国革命史》,北京编译社译,商务印书馆 1997 年版,第 348 页。

的习惯。”①因为他坚信,剑只是所有武器中的一种,且不是最厉害的一种。剑总是被智慧所征服。早在1800年12月1日的日记中,他就记录了狄威米和自己的对话。狄威米要求推举一位将军作第一执政,但拿破仑否决了他。他甚至说道,如果三四年后他去世,他必立遗嘱以警告国人,要国人反对军人政府而应当以文官为元首。他在1802年5月4日的日记里更是说道:

> 无论在哪个国家,武力都应该对文治美德鞠躬……见到科学家,刺刀也要表示服从。我有言在先,除非法国遭受50年无知无识的退化,不然是绝不能接受军人政府的。士兵们无论如何尝试,必定是不能成功的。为首的人,必定首先牺牲。我现在治理法国,并不是因为我是一位将军,而是因为国人相信我有文治的才略,适宜于治国,不然,这个政府是不能维持其地位的。

这些卓尔不群的见识绝非一时心血来潮、瞬时即逝的产物,而是深思熟虑的结果,且在其执政期间也得到了坚守。他深刻地认识到,军人最大的特点在于专制,因为他们以服从命令为天职;但文人的特性却在于辩论,这样能使事理明晰、真理呈现。在1804年4月15日的日记中,他依然坚持,国人之所以让他治理法国,并非因为他是一个军人,而是因为他有适于治国的文官资格。既然军队并非他获取权力的根本,那什么才是根本?是否可以借用中国古代帝王的方式,通过严刑峻法,以刑律的恐怖性威力来为自己的政权开道?

当我们翻阅拿破仑主政时期的这段历史,对血腥的描述除发生在战场上外,在国内统治上,拿破仑几乎不使用暴力。若一定要寻找暴力的痕迹,我们会发现暴力的使用每次都和刺杀他有关系。第一次刺杀发生在一个剧院里,不过刺客还没来得及下手即被拘捕。第二次刺杀惊现于1800年的平安夜。在拿破仑去卢瓦宫歌剧院参加海顿大型圣乐《创世纪》首场演出的路上,拿破仑遭到了炸弹的伏击。尽管他毫发无损,但第一执政决定掀起复仇的火焰。他毫无理由地认定雅各宾党人、热月党人和左翼革命党人是事件的主谋,最终也错误地逮捕、审讯、枪决和流放了一些雅各宾党人,但这一事件并没有改变其政治风格,并没有将执政府带入恐怖统治时代。至于针对“莫罗—皮什格鲁阴谋集团”,拿破仑更

① [德]埃米尔·路德维希:《拿破仑传》,梁锡江等译,浙江文艺出版社2009年版,第145页。

是没有株连无辜。1808 年的追捕保王党人普里热事件,最终才使 65 人被捕,其中只有 10 名遭到枪决,多达 29 名被无罪开释。按照拿破仑的原意,由于普里热等中坚分子立有巨大功劳,本不欲追究其罪责,但民众不答应才不得已予以法办。至于诸多的个人刺杀事件,拿破仑更是轻描淡写地予以化解。在法军侵占德意志领土后,一个德国学生只身来到巴黎刺杀拿破仑,不过尚未进行即被巴黎警方拘捕。拿破仑一世在得知这一情况后,只是将其关押起来而不主张将其处死。他说道:“这个年轻人显然是出于一时的冲动,一个人不可能在这么小的年纪就成为冥顽不化的罪人……给他读一些好书,让他给自己的家人写信并让他和法学家康巴塞雷斯谈谈,想必会对他有所教益。”不久,这位学生便被释放。但这位学生并没有被他所感化,在 1814 年拿破仑重新回到巴黎的 100 天期间里,这位学生再度刺杀拿破仑未遂并受伤,拿破仑将其抓获后没有处罚他,反而被送往医院住了几个星期,最后被路易十八释放。面对一系列刺杀,拿破仑自信地说道:“我敢说,除了造物主希望我死以外,任何人也别想夺去我的生命。”在这份自信的背后,隐含的是他执政国内的一些价值方向。他应该清楚地记得,正是因为民众害怕雅各宾政治卷土重来,害怕恐怖势力逆流而上,他才有机会在雾月政变时赢得元老院的支持,这也是当时雾月 15 日他和西耶斯共同商讨对付元老院从而迫使元老院迁往圣克卢的最大事由。① 无论是其党羽议员科内特在元老院的发言,还是其本人在五百人院的发言,都以有可能回到国民公会时代和断头台时代相威胁。② 这一威吓起到预期的效果,争取到了元老院和大量温和派议员的支持。这些亲身的经历足以使他明白,恐怖统治只有可能导致最大的仇恨,不管恐怖统治以什么样的名义进行。暴力并不能挽救革命,在恐怖统治成为过街老鼠的法国社会,再主张强力完全与世情民意不符。在意识到暴力只能更快断送革命之后,拿破仑纵使在面对由阴谋集团或个人导致的生命危险时,也没有过激地采取全面恐怖政策。看来,以暴力为依托的严刑峻法与拿破仑的个性格格不入,与当时法国社会的情势形同陌路。也许正是基于此,刑法典一直没有受到应有重视,直到 1810 年才予以制定颁布,生效日期却在 1811 年 1 月 1 日。从拿破仑时代的 6 部法典来看,刑法典是最晚才得以制定和通过的法典。但是,有一个现

① 参见[法]米涅:《法国革命史》,北京编译社译,商务印书馆 1997 年版,第 328 页。

② 参见[美]艾伦·肖姆:《拿破仑大传》,贺天同译,江苏人民出版社 2009 年版,第 150 ~ 153 页。

象仍然让人难以捉摸,即拿破仑确立的专制统治既不依靠形式上的宪法,也不恃凭军队的武力,同样不倚仗恐怖的暴力,那究竟是什么搀扶着这一法国大革命初期的死敌走过了10余个春秋?倘若不是全欧洲的君主都联合起来反对他,拿破仑的专制还会走得更久远。难道在政制上,专制与代表民意的共和可以无缝连接?

三、拿破仑为何不青睐武力?

这又是一个成岭成峰的观点。尽管世人有难相统合的异见,但就作为个体的拿破仑而言,他的观点却单一而确定。在其被流放后的1816年5月1日的日记中,他写道:"我把法国的革命洗刷干净了,我抬高人民的地位,我巩固了君主制。"1817年3月3日的日记中,他更是总结性地说道:"我总认为主权在于人民,其实帝制本来是一种共和。全国的人民请我为国家的元首,我的格言就是有能者居之,无阶级之分,无财产之别,你们少数专制国家之所以如此恨我,就是因为这个平等制度。"这真是惊雷之语,人民地位提高和君主专制竟然可以并存,帝制下的一人专制竟然就是共和,其他专制力量之所以反对他,是因为他实行了展现共和的平等观念。看来,要想知晓拿破仑重视民法典的根本支点,有必要明察他独特的政制观念。

拿破仑通过1799年《宪法》、《共和十年宪法》和《共和十二年宪法》,终于实现了其一人专制的夙愿。尽管他每次的梦想成真都取得了法国人民的同意,但他清醒地知道,1791年《宪法》、1793年《宪法》、1795年《宪法》都取得过民众同意,有些宪法的同意率甚至远高于自己主持通过的宪法。为何民众同意的宪法也会发生接二连三的更替,他必定会得出一个结论:民众一时的同意并非终极缘由。正如他在1804年4月15日的日记中发出的对宪法的感叹:"最后拿一条船来比作一部宪法。如果你任由海风灌满你的帆,你就不知道船往哪里去,只能随风飘。但是你若用船舵,即使风向是吹你的船往甲处,你也可以将船驶往乙处。"经受了法国大革命洗礼的拿破仑,自然知道真正的海风是民意,真正的舵手也只能借助民意。法国大革命十年的经验告诉他,民众可载舟,亦可覆舟。无情而瞬时即变的民意迫使他寻找变化背后的永恒。那什么又是民意的永恒?回答这个问题的前提是了解究竟是什么促使民意多变。法国大革命的政治格局经验告诉他,党派政治才是民意白云苍狗的根由。1791年《宪法》的制定,乃第三等级中有产者阶层用以反对特权阶级、反对群众欲图建立资产阶级政权的结果;1793年《宪法》则是群众以之反对其他各个阶级,建立自己权力体系的尝试;至于1795年《宪法》,主要是坚持温和共和主义者所制定和通过的,对于保王党人和具有雅各宾倾向的左翼共和党人则采取坚决镇压和打击的策略。可以借用史家米涅之言来对此进行总结:“所有这些政权,没有一个能够巩固下来,因为它们都带有排他性。但是,每个暂时居于统治地位的阶级在争取政权的尝试中,都摧毁存在于较上层阶级中不能容忍的东西,以及与以平等权利和公平分配为基础建立法国新社会的宗旨背道而驰的东西。”①既然党派政治是造成政治动荡的根本原因,那党派政治必是民意变迁的根本原因。而党派政治之所以实难周全于民意,乃党派骨子里的排他性。

绝顶聪明的拿破仑终于抓住了法国政治动荡的根本。其实,这也是他本人在当时政坛的最大特色。因为其没有政治背景的背景,督政府最有实权的巴拉斯督政才极力擢拔于他;也因为其没有党派的纠葛,督政府最智慧的西耶斯督政才肯视之为政变的利剑;也正因为其几乎未掺和国内党派争夺,所以两院中的温和派才力挺他闯过政变、终身第一执政和皇帝难关。其实,拿破仑一开始就预见到了这一点,并坚定地以之作为自己施政的最大特点。政变前夕的雾月10日晚11时的日记中写道:“我当誓不做任何一党的人。保守的、元老的、自由的诸多观念,已经恢复其各自的地位。当我回到巴黎时,我看到政府分成党派……我不愿做任何一党的傀儡,为他们所利用。”在政变后不久,他自己就预见到自己的政变不会遭遇反对,因为“我既没有依靠任何一个政党的信誉,也没有依靠它的支持,因此我不欠任何人的人情……”②新政府成立后,他选定了国民公会时代平原派代表的康巴塞雷斯作为他的第二执政,指派波旁王朝时代大法官莫普的老部下勒布伦为第三执政,任命雅各宾党人富歇担任警务部长,委任旧贵族塔列朗担任外交部长。在他眼中,新任政府成员以前的派系并不重要,重要的是服从于他,如果能将他以前的派系同党号召过来,这更是他所愿意看到的。他甚至与后面几度组织刺杀他的保王党人卡杜达尔会晤,希望他能投身于他以抗外敌。在对

---

① [法]米涅:《法国革命史》,北京编译社译,商务印书馆1997年版,第292~293页。

② 参见[德]埃米尔·路德维希:《拿破仑传》,梁锡江、龚艳、周何法译,浙江文艺出版社2009年版,第152页。

待教会势力上，他也通过《教务专约》争取到一个效忠于自己的集团。对待军人，他则是以荣誉来获取他们的欢心。在司法实践上，他也事无巨细地苦苦告诫，要求司法者超越党派利益而务求公正。他殷切地希望，整个法兰西只有一个中心，而这个中心不应是一个派系，而是一个人。他不愿法兰西帝国被肢解为各个小集团，为此他下令不准成立俱乐部和党派。他不但渴求自己与法兰西融为一体，也希望与法国人民难解难分。其实，拿破仑在 1803 年 1 月 12 日的日记中表明了这一切："我从小到 16 岁，总是愿意替卢梭打抱不平，攻击所有一切维护伏尔泰的人。现在却不然，完全与从前相反。"伏尔泰主张开明君主制，而卢梭则主张完全的共和。从拿破仑的政治实践来看，他肯定认为伏尔泰与卢梭并无天壤之别。拿破仑觉得，伏尔泰主张下的君主制之所以开明，是因为符合卢梭论述下的民意，因而专制就是一种共和，因为专制也是民意的表达。共和制应当形式各异，只要民意认可的，哪怕实行一人专制，这也是一种共和形式。拿破仑获取权力的历程告诉我们，他始终不渝地在执行这一套理念。他掌握着当时欧洲最强大的军队，但他绝不愿从拥戴他的军队那里获取权力，而希望从对他感到陌生的民众那里获取权力。他一直想成为像古代或普鲁士国王意义上的专制君主，但他希望这是民意的自由展现，是人民自由选举并将权力转交给他的结果。正如他自己所言："向民众求助有两个好处：不仅执政的任期可以延长，而且也明确了我的权力的来源。若非如此，这个来源总是模糊不清。"①

四、拿破仑为何推进民法典制定？

然而，拿破仑的个人性仅仅表明可以不介入党争、不受制于集团利益，但并不能证成自己的专制统治超越了党派民主，否则路易十六就不会走向断头台。睿智的拿破仑一世醒悟，波旁王朝专制和法国大革命的党派政制之所以被人唾弃，之所以民众愿意自己登上宝座，是因为前者们都没有顾及全部民众，而自己却有一颗为全部法国民众且能为法国民众的心。自己的专制统治能否久远，帝制是否能与共和对接，关键不取决于民众一时的认可，而是真正实现权力源泉即

---

① 参见[德]埃米尔·路德维希：《拿破仑传》，梁锡江、龚艳、周何法译，浙江文艺出版社 2009 年版，第 162～163 页。

全部民众的利益。只要自己一心为公、全力为民,拿破仑世系将永固其根基。但问题是,如何才能证明自己是所有法国人民利益的代表?从法律上来看,只有两个层面可供选择。或者从公法上以自己的权威确保民众的政治权力,让民众真正实现当家做主的自由权利,在有必要时甚至学习华盛顿抑制自己的权欲以开始一个全新的政治格局;或者在私法上将自己打扮成所有法国人利益的保护者和代言人,不分派系、一视同仁地全部纳入私法的保护范围。对于前者,拿破仑是不可能做到的。一则法国大革命让他看到民众当家做主只有两种表现模式,或者党派之间惨烈的争夺,或者以道德为名义的恐怖统治。自己之所以受到信任而登极法兰西,就是民众对这些厌倦的后果。二则也是最重要的,他不愿没有发号施令的感觉。他在1800年4月27日的日记中写道:"我是喜欢揽权。"但他给出的理由却不是权欲熏心,而是希望用他的权力从混乱的社会中造出秩序,就像优秀的指挥家从繁杂的乐器中奏出和谐的乐章一样。当政变后西耶斯在设计政府结构时,希望拿破仑担任仅具有形式意义的国家元首一职,让其以凡尔赛宫作为其居所,享有一笔600万里弗的年俸,拨给他一支3000人的卫队。拿破仑对此愤然说道:"你们怎么能设想,一个有点才干和荣誉的人,会甘心当一个拿几百万里弗的造粪的猪崽呢?"显见,拿破仑不可能将自己梦寐以求的权力拱手相让。既然无法在政治格局上有所突破,同时,又要能获得民意的永恒支持,拿破仑唯一能突破的地方只有在私法领域。

其实,这一领域也是民众之所需。1789~1795年的6年,各个政治派别相继登台,希望以此给法国社会带来新生。但法国民众感受到的除了更迭、战乱还是更迭和战乱。即使各个党派也明显感觉到对政治自由的拥有也真如白驹过隙,法国大革命所追求的自由此时带来的只是心灵的创伤。也许,当一个事物不能被长久支配时,无论看上去它有多美,这个事物是否还有价值,在普通大众看来这是深有疑虑之事。而法国大革命时代所宣扬的那些价值,确实疯狂地让人们的目光离开了私生活而关注公共价值,但残酷的现实摆明抽象的公共价值几乎不可能得到实现。正如当时罗德雷的评论:"我发誓,在那些日子里人人都如此惧怕,他们宁可让魔鬼来统治他们,如果魔鬼能够许诺使大革命的动乱一去不复返的话。"①在这样的大背景下,根据史家米涅的记载,法国大革命在1795年督政

① 参见[美]艾伦·肖姆:《拿破仑大传》,贺天同译,江苏人民出版社2009年版,第204页。

府时期终结了第一阶段,进入放弃自由而关注私生活的第二阶段。街市新兴的车水马龙和灯红酒绿宣示,旧时的舞会、宴会和放荡的生活重新开张。那激荡的峥嵘岁月留给民众的只是对安定秩序更多的向往。浓缩了智慧的拿破仑紧紧地扣住了时代的心弦。他在1800年7月4日的日记中说道:"我的政策,是用大多数人所愿意怎样受治的方法治人。我看这就是承认民权的办法。"抓住了法国社会对秩序安定的亟须和法国人民对私生活关注的转向,第一执政迅速地将自己的全部精力投入到国内建设上来。他自己深深地知道,经过10年动荡的法兰西,要想治理好它实为不易。拿破仑上台甫始,便打消了人民的顾虑和担忧。他在1799年12月15日"共和国执政公告"里说道:"宪法建立在代表制政府的真正原则上,建立在所有权、平等、自由的神圣权利上……革命已稳定在革命开始时提出的各项原则上,革命已告结束。"这一终结革命的"公告"起到预期的效果,人们以为没有革命便不会有社会动荡,安居乐业的日子也许又会临幸他们。当他们听到英法两国进行和谈且于1802年3月25日签订了《亚眠和约》后,法国人民肯定会对这位遏制自己扩张野心的第一执政心怀感恩之心。

然而,只有稳定人心的举措,并不能让民众感到满意。既然民众兴趣已经转向私生活,仅仅安定是不够的,富足才是追求的目标。可当时的现状却让拿破仑不寒而栗。执政府建立时,国库现金只有16.7万法郎,这对于一个国家来讲几乎一文不名。揭不开锅的第一执政为了摆脱困境,迅速废除了督政府时期某些类似恐怖年代的经济政策,如军需品征发、强制公债等。这些举措稳定了有产者情绪,赢得了他们的信任。随后,财政部部长戈丹进行了力度空前的财政改革,先将财政管理权集中到中央,然后将税收权也从地方收回。1799年11月27日,执政府颁布了恢复期票证券制度的法令,交易所重新活跃起来。1800年2月13日,两家大银行合并组建了法兰西银行,拥有资金3000万法郎。在工商业方面,拿破仑推行了重商主义的政策,统一了度量衡,成立了全国工业促进会、商业管理总委员会,举办了工业博览会。在对外贸易上实行保护主义政策,通过征收高关税使得法国贸易总额获得大幅度增长。一系列成功的经济政策的实施,执政府的财政预算到1802~1803年度便奇迹般地实现了收支平衡,并略有结余。这是从旧制度时期以来所从未有过的。① 如此显赫的成就充分展示了拿破仑无与

① 参见吴于廑、齐世荣:《世界史:近代史编》(上卷),高等教育出版社1992年版,第410~411页。

伦比的政治才华,也获得了法国民众空前的拥戴。如他在1802年11月6日的日记里所写的:“一路上我被民众成群成团地包围,往往被迫停留。他们欢迎我的情形,不是亲眼所见,简直难以想象。”说到此处,也许我们就能明白,拿破仑总是执意要让他的权力来自民众的缘故。

拿破仑明了,自己之所以能受到民众如此拥戴,是因为自己已经成了他们利益的代言人。尽管自己屡次宣告革命已经结束,但大革命以来形成的动荡惯性不会因此刹车。倘若不能长久维护他们的利益,无法制动的大革命便会风起云涌。为了让自己的统治具有永恒的基础,一劳永逸地确保所有民众的利益是当务之急,也是永恒之本。如何才能让民众确信自己是他们利益的永恒代表?在当时的情境下,立法成了不二选择。拿破仑深知,只有制定和颁布保护所有法国人利益的法典,让人民从内心里感受到永固利益的做法,法国人那颗躁动不安而时需革命之心才能得以安定。为此,拿破仑极力推进民法典的制定和通过。

五、《拿破仑法典》的诞生

在当时的法国,民法的适用并不具有统一性。根据《比较法总论》一书的考察,当时法国地区在适用民法上南部侧重于成文法而北部偏向习惯法。它们具体的分界线大致与卢瓦尔河平行而处于纪龙德河口向东至日内瓦湖之间。据此,今日法国北部3/5受习惯法管辖,南部的2/5则由成文法统领。尽管波旁王朝在记录习惯法上功不可没,但消极的记录并未能推动民事习惯法的统一,更未能与成文法合二为一,尽管它们之间并不排斥。不过其导致的荒诞也如伏尔泰俏皮话所示:“此事在这个村庄是正确的,而在另一个村庄却变为错误的。难道说这不是一桩荒唐可笑而又令人畏惧的事情……每当你从这个驿站到另一个驿站就出现这种情况,在每次换乘马匹的时候,(适用的)法律也就变了。”基于此,法国社会一直翘首以盼一部普遍的民法典。法国大革命爆发初始,巴黎第三等级即在其陈情书中主张“制定一种能包括一切事项及能治理法国治下一切财产与人事的、遍效的法律”,①1790年制宪会议宣布“立法机关将检讨和改革民事法

① 参见《十八世纪末法国资产阶级革命》,吴绪、杨人楩选译,商务印书馆1989年版,第22、49页。

律，并制定一部易理解的、明确的、符合宪法的法律之总法典”，1791 年《宪法》也提出“应制定一部为全王国所共同的民法典”。为了呼应法国新社会所需，康巴塞雷斯分别于 1793 年、1794 年和 1796 年提出了三个民法典草案，尽管皆未获通过，却从实际上开创了统一民法典立法的先河。接手法国大革命权杖的拿破仑，雾月政变后随即组织了起草民法典工作的事宜。

他在 1800 年 2 月 27 日的日记中写道：“宣布下期讨论民法典，把办事人员的姓名列出并交给我，把命令稿拟好。”1800 年 8 月 12 日，司法部部长任命特隆歇、比戈·德·普雷亚梅纳、波塔利斯和马勒维勒四位著名法学家为起草委员会成员，着手民法典起草工作。4 个月后，《民法典（草案）》写成并于 1801 年 1 月 1 日印出。根据第一执政的命令，完成的草案被分别送到各个法院征求意见，由参政院立法委员会按照审查意见进行修改并由参政院全体会议逐条加以讨论。为此，参政院共召开 102 次会议以讨论民法典，让人很难想象的是，其中有 55 次由拿破仑担任主持。第一执政的主持不是为了作秀，他非常激情地参与参政院每个条文的讨论，且其讨论也总是能给人留下深刻的印象。这可以从他自己记录的参加讨论关于是否准许离婚一事可以看出。1801 年 3 月 21 日，拿破仑参加了参政院讨论婚姻法的相关问题，其间，他和著名的大法学家波塔利斯发生了争辩。第一执政对波塔利斯说，如果你大权在握，你是绝不被准许离婚的，因为离婚并不体面。波塔利斯回答道：“如果我为新民众立法，我当然不许离婚。”拿破仑马上反驳：“如果夫妇不快乐，民法是不承认高尚的圣礼道德的，难道民法就不应该立有条文，以个人的快乐为基点考虑？”以此管窥，难怪年界八十的大法学家特隆歇也很佩服这位年仅 32 岁的第一执政所具有的分析能力和法律理念。同时，拿破仑如此看重这部法典并多次亲身主持，使这部法典具有鲜明的特色，即简单、清晰和易懂。因为每次的讨论，法条都必须经得起拿破仑似的门外汉的追问，能够让他们一目了然。为此，《拿破仑法典》也获得了高度的文学声誉。据悉，司汤达“为了获得其韵调”上的语感，每天都要读几段法典条文。保尔·瓦莱里更是称其为一部“出色的法国文学著作”。①

然而，这部在后世享有盛誉的民法典，在当时却几乎面临难产的危险。根据

---

① 参见［德］康拉德·茨威格特、海因·克茨：《比较法总论》，潘汉典等译，贵州人民出版社 1992 年版，第 169 页。

当时的立法程序,民法典起草完毕后先交由执政府下的参政院讨论通过,然后再依次经过保民院、立法院和元老院,最后再由第一执政颁布。参政院的29名参政员全由拿破仑任命,民法典草案获得参政院的通过毫无悬念。但后面的立法三院成员绝大多数都是革命以来各届议会的代表,并不全凭拿破仑的摆布。当草案提交给保民院和立法院讨论时,议员们群起攻击草案缺乏创造性、屈从旧传统、背离革命原则等,结果保民院以65票对13票、立法院以152票对139票否决了草案。很让人意外的是,拿破仑并没有当即作出反弹,而是立即撤回了全部立法方案规划。按照当时的政治构架,立法三院中除元老院终身任职以外,其他两院每两年改选其中1/5。1802年4月,第一执政利用立法院和保民院改选的机会,毫不犹豫地将贡斯当、多努、舍尼埃等20余名反对派清除出保民院。经过清洗的保民院对拿破仑表现出了顺从,其他两院同样如此示好于第一执政。同时,拿破仑也费尽心机将整部法典化整为零,分解为36项单项立法,以图缓解来自立法三院的冲击力。在第一执政强力和巧妙的推进之下,这36项立法分别在1803年2月5日到1804年3月15日这一期间里得以通过。1804年3月21日,拿破仑签署法令正式颁布实施。梯也尔就此说道:"第一执政的主要贡献在于为实现这一卓越的不朽事业提供了决心和坚忍不拔的意志。"①倘若没有拿破仑的权威和决断力,《法国民法典》的完成与通过是不可想象的。

六、《拿破仑法典》的历史功绩

尽管《拿破仑法典》在内容上受到过各种各样的批判,但其开先河的辉煌功绩更是有目共睹。《拿破仑法典》确立了近代以来民法的三大基本原则:私法自治、所有权神圣和契约自由。《拿破仑法典》第7条规定:民事权利的行使不以按照宪法取得并保持的公民资格为条件。本条是典型的自然法思想的体现。自然状态优先于政治状态,自然法就是私法。作为私法的自然人迥然有别于政治状态下的公民,他享有的自然权利即民事权利不是来自国家的赋予,而是浑然天成的。较之于人为的政治架构,民法乃基于人性自然,其享有的自由是基于出生而非来自外在权力。所以,《法国民法典》第8条规定:所有法国人都享有民事权

① 参见《十八世纪末法国资产阶级革命》,吴绪、杨人楩选译,商务印书馆1989年版,第159页。

利。这一典型的自然法逻辑进程，颠覆了整个政治架构，废除了特权阶级，在私法上树立了人人自由而平等的法国大革命所追求的思想。该法典第544条规定：所有权是对于物有绝对无限制地使用、收益及处分的权利，但法令所禁止的使用不在此限。其第545条规定：任何人不得被强制出让其所有权；但因公用，且受公正并事前的补偿时，不在此限。该两条对所有权神圣不可侵犯的意义不言而喻，对于财产秩序的稳定起到不可估量的作用。《法国民法典》第1134条规定：依法成立的契约，在缔结契约的当事人间有相当于法律的效力。前项契约，仅得依当事人相互的同意或法律规定的原因取消之。这一契约自由原则对于当事人主体地位的维护提供了充足的保障，交易总量迅速膨大，交易秩序通过当事人自己的意思自由得以确保。拿破仑一世在1806年3月1日的日记中写道："我们要成立一个国家，必须迅速用法典和诸多主要的立法区域，以资调整。民法典虽不完备，却是有功于社会。现在是人人都知道的行为第一准则，就是按照法典治理财产和事业。"迄今为止已两个世纪有余，《法国民法典》依然受到法国人民的喜爱，同时，也被世界上很多国家所借鉴甚至移植。这再一次证明，伟大的拿破仑·波拿巴具有无比卓越的判断力，他总是能预见到事物的趋势，也总能把握到事物的根本命理。他如此偏好民法，不仅是其卓越的治国理念的体现，更是其对时代脉搏精准把握的能力。一言以蔽之，因为拿破仑独特的政制观念，注定了其在私法上的共和精神，因而契合了新时代的精髓，使其流芳于后世。

西方传统中的自然人*

自我国《合同法》第2条规定自然人以来，在民法领域，“自然人”已经取代《民法通则》中的“公民”。需要警醒的是，词语这种语言符号的替换固然有不可磨灭的历史功绩，却也隐藏着似是而非的模棱两可。自清末始，至少民法总则、债权和物权三编采纳了以西方文化为基础的德国模式。清末的制新律之路，总是伴随礼法两家的激烈辩论。究其缘由，无他，唯两种文化势成水火而难握手言和。迄至今日，我辈在接受奠基于西方思维之上的法律理念和制度时，总是不加反思地接受，是否意味着中西法治传统并无鸿沟？事实说明，尽管我们引入了大量的制度，甚至还创造性地建立了很多有针对性的制度，可我们也只是处在法治的征途上。看来，表面上的介绍与引用，即使在词语上完全等同，也不能表明在理念转化上有多少值得骄傲的效果，法治的功效自然也难遂心愿。秉承此种理念，笔者认为，文化传统遗留下来的思维模式始终在骨子里制约着我们的世界观，当然包括法律观。由此，法律的译介和制度的引进，都需要经得起矗立于现时而根植于深远的文化传统的辩难。换句话说，引进西方制度只是给两种文化传统提供了一个对话的平台。所

---

* 本文原载于梁慧星主编：《民商法论丛》第44卷，法律出版社2009年版。纳入本书时，进行了一定的添加与修改。

以,法律的译介和制度的引进必然要展示出两种制度文化的深层对话。在中国,探讨法律就应当是探讨两种文化传统的可沟通性。

探讨两种文化传统,在法律领域来看,当然有它的依托点:法律理念与制度。通过法律理念与制度探讨文化传统,其前提必然是首先了解双方各自的传统,然后在这个基础上进行整合。笔者以自然人这个民法理念作为切入点,也正想展现这样的信念。(但是,本书在此只是探讨其一部分,至于自然人的中国传统本书会在后面进行阐述。)之所以会有这样一个选题,主要是基于民法学界在这个方面的探讨有待细致化和完善。从笔者所掌握的资料来看,对于自然状况以及自然状况向市民社会转化的过程缺乏精细的探讨,因而对自然人的本性以及自然人如何向市民转化几乎惜墨如金。要么就只直接探讨市民社会,①要么就匆匆地从霍布斯跳跃到黑格尔,②要么就干脆根据自己的理解来探讨,不接入传统。③本书正是基于此而展开的。

一、罗马法中的市民

众所周知,“民法”一词源自古罗马的市民法。在言必称罗马的法学界,自然人的源头是否也可追溯到罗马的市民法?若能于彼处寻根,我们是否可以推断“自然人”即古罗马法上的“市民”?这些看上去似乎合逻辑的推断,却总是以近代以来的民法完全因袭罗马法传统为前提的。以作为民法学基础的权利能力术

---

① 如孔祥俊的《民法上的人·自然人·公民》,几乎只探讨黑格尔法哲学中的市民社会部分,并没有就“象法、道德法和伦理法”三者的关系进行阐述,也没有从自然法传统来进行追溯。朱晓喆的文章几乎没有涉及自然状况下的探讨,并且他认为,市民社会中的市民就是霍布斯笔下的野蛮人。他认为,自然人的本性就是“自然本性”,因此,他反对一切利用人的“社会性”来改造人的企图。同时,他也认为,市民就是黑格尔笔下的理性经济人。参见孔祥俊:《民法上的人·自然人·公民》,载《法律科学》1995 年第 4 期;朱晓喆:《自然人的“隐喻”——对我国民法中“自然人”一词的语词研究》,载《北大法律评论》编辑委员会编:《北大法律评论》第 4 卷第 2 辑,北京大学出版社 2002 年版。

② 参见徐国栋:《论市民——兼论公民》,载《政治与法律》2002 年第 4 期。

③ 这里典型的就是胡玉鸿教授的文章,他认为,现代化社会是一个“去自然化”的社会,表现于外的我们,以一种不自然的方式来行为。之所以如此,是我们这个社会过于强调“文明”与“教养”,使我们在很大程度上成为一种异化的存在。这很有一点卢梭风格,但是他认为,就西方而言,古希腊、罗马及中世纪的思想家们,虽然有关人的观念并不一致,然而,也大多是从生物意义的角度来看待人、研究人的。因此,我们对自然人的理解,也就是从这个生物体来进行的。参见胡玉鸿:《“自然人”的社会与“自然人”的法律》,载《法律科学》2006 年第 4 期。

语为例,也许能清楚地追明古罗马法和现代意义的民法之间有大相径庭的基础观念。在动辄追溯至罗马的民法学界,作为如今民法学基础的“权利能力”也会到罗马法的“人格”那里去认祖归宗。由此,考察古罗马法上和如今的“权利能力”相近的“人格”概念实有必要。在罗马法上,要作为完全的权利义务主体,需要具有自由人、市民和家长三种身份。如果完全不具备或者不完全具备这三种身份,就会导致人格丧失或者人格变更。因而,周枏先生说:

> 当时,还不曾使用现代的“权利能力”一词来概括这种资格,而用人格或人格权来总称这三权。罗马法上人格的含义不完全等同于现代法中的权利能力,后者因一人的死亡而终止,但在罗马法上,被继承人的人格原来是由继承人继承的。①

看来,由于罗马法严格区分自然意义上的人和法律意义上的人,同时又承认身份差异,还保留有奴隶制度,所以它不可能产生出现代意义上视每个人都为人格的权利能力概念。要形成每一个人都成为法律主体的权利能力这个概念,只有在承认人人都有人格的近代哲学里才可能。正如拉伦茨教授所说,每个人都作为法律主体,这是伦理学上对人的理解。而这一伦理学看法,系统地反映在康德创立的伦理人格主义哲学中。② 因此,笔者认为,研究罗马法当然是一种学术底蕴,但支撑起近代以来民法学理的并非由身份而定人格的罗马法精神,而是宗教改革、文艺复兴和法国大革命以来所形成的主体理念。实际上,维亚克尔在考察以德意志为主的近代私法发展史时发现,一些相当有前瞻性的法律思想家,其中最重要者如胡果、费尔巴哈和萨维尼,早在1800年左右即基于各种不同的观点认同康德的学说。自此,实证法之正义问题乃根植于康德的人格及其伦理人格之自律性的伦理学,及其法秩序为实现最大自由并使法律成员之自由得以并存之观点。透过康德的批判,特别是透过其《纯粹理性批判》,这些思想家了解到

---

① 周枏:《罗民法原论》(上),商务印书馆1994年版,第107页。

② 参见[德]卡尔·拉伦茨:《德国民法通论》(上),王晓晔、邵建东等译,法律出版社2003年版,第45~46页。

社会伦理学之先验条件与哲学上被正当化之实证法学的形式条件问题之间的关系。①

尽管自然人观念并不能溯源于罗马法上的市民,但我们仍然有必要对罗马法上的市民进行定性,以便区分于后面自然人的探讨。定性罗马法上的市民,首先取决于罗马人对罗马市民法的看法,因为罗马市民在市民法上的权限来自市民法的赋予。何为罗马的市民法?优士丁尼在《法学阶梯》中说道:"每一民族专为自身治理制定的法律,是这个国家所特有的,叫作市民法,即该国本身特有的法。"②所以,在开始时,"市民法是纯粹为罗马人民所特有的法律制度总和,而万民法是罗马人与其他民族共有的法"。③ 公元212年,卡拉卡拉皇帝颁布《卡拉卡拉敕令》④,使所有居住在罗马帝国境内的居民都取得了市民权,从而市民法失去了原初特定身份法的含义,变成了一个普遍性的概念。此时,再把法律划分为"市民法"与"万民法",在法律适用上已明显不合时宜。于是,优士丁尼采纳了公法与私法的分类方式:"法律学习分为两部分,即公法与私法。公法涉及罗马帝国的政体,私法则涉及个人利益。"⑤根据彼德罗·彭梵得和朱塞佩·格罗索的看法,公法与私法处于相互对峙的状态,并昭示了国家与个人之间的对立。⑥ 可见,在罗马法的发展史上,由市民法与万民法的分立到公法与私法的二元结构,展示了罗马人对人本身认识的变化。学者由此得出结论,"虽然在古罗马近代意义上的市民社会的概念尚未形成,但'国家与个人的对立'隐含着市民—公民……的对立"。⑦ 笔者也表示赞同。但需要补充的是,古罗马的这种公私对立,

---

① 参见[德]弗朗茨·维亚克尔:《近代私法史:以德意志的发展为观察重点》(上),陈爱娥、黄建辉译,上海三联书店2006年版,第349~365页。

② 参见[罗马]查士丁尼:《法学总论——法学阶梯》,张企泰译,商务印书馆1989年版,第6~7页。

③ 参见[意大利]彼德罗·彭梵得:《罗马法教科书》,黄风译,中国政法大学出版社1992年版,第13页。

④ 卡拉卡拉皇帝在公元212年公布了有名的《安东尼安宪令》,把罗马公民权赋予一切异邦人。这个著名的宪令也叫作《卡拉卡拉敕令》。

⑤ [意大利]彼德罗·彭梵得:《罗马法教科书》,黄风译,中国政法大学出版社1992年版,第5~6页。

⑥ 参见[意大利]彼德罗·彭梵得:《罗马法教科书》,黄风译,中国政法大学出版社1992年版,第9页;[意大利]朱塞佩·格罗索:《罗马法史》,黄风译,中国政法大学出版社1994年版,第109页。

⑦ 朱晓喆:《自然人的"隐喻"——对我国民法中"自然人"一词的语词研究》,载《北大法律评论》编辑委员会编:《北大法律评论》第4卷第2辑,北京大学出版社2002年版,第484~485页。

是在城邦制的前提下发展起来的。《卡拉卡拉敕令》颁布以前,市民法仅仅适用于罗马公民,具有典型的政治意义;公元 212 年以后,卡拉卡拉皇帝只不过是把原先只能由特定人享有的公民权推及至所有帝国的人民,因而主要表现的也是一种政治意义。[①] 并不是说,在不再区分本国人与外国人的情形下,私人领域就成了公权力无法干预的自由地,如优士丁尼在《法学总论》序言中所说的:"皇帝的威严光荣不但依靠兵器,而且须用法律来巩固……"[②]因而可以说,罗马法上的市民也是在国家这个层面上出现,覆盖在公权力这个卵翼之下。正是不存在远离政治的另一块飞地,才使市民归属于国家公权力的控制。可以断言,在罗马法上,如今的自然人还未诞生,充塞城邦的只是与公民等同的市民。

二、自然状态下的自然人

既然罗马法的"市民"仅具有政治意义,那么我们现在使用的"自然人"一词,是否也比照政治意义而生?这需要回到自然法学者在自然状况下对人的论述。霍布斯说道,自然使人在身心两方面的能力都十分相等。由于许多人同时想要同一样东西,这东西却既无法被共享,也无法被分割,其结果就是它只能归属于强者,人与人之间必定展现为一种战争的关系。出于这样的互相疑惧,自然状况下人人自危。由于人在自然能力方面天生的平等性,加上资源稀缺,人与人之间这种相互为害之心必定不可避免。为了安全感,人们只好以契约的方式把自然权利整体转让,成立一个利维坦。[③] 在霍布斯笔下,自然状况下的人并不具有任何政治意义,相反,它是前政治意义下的存在者。因此,他不能享有任何实定法的保障,他只享有由理性所发现的自然律,依据这个自然律而享有自然权利。他的自然权利就是每一个人按照自己所愿意的方式运用自己的力量保全自己的天性——也就是保全自己的生命——的自由。[④] 无论我们怎样评判霍布斯的学说,但我们必须明白一点,霍布斯自然状况下的人不是依据自然规律出生的

---

① 徐国栋教授解释了市民法与万民法的二元体制演变为市民法一元体制的原因。参见徐国栋:《民法典与民法哲学》,中国人民大学出版社 2007 年版,第 277 页。

② [罗马]查士丁尼:《法学总论——法学阶梯》,张企泰译,商务印书馆 1989 年版,第 1 页。

③ 参见[英]霍布斯:《利维坦》,黎思复、黎廷弼译,杨昌裕校,商务印书馆 1985 年版,第 92 ~ 108 页;[英]霍布斯:《论公民》,应星、冯克利译,贵州人民出版社 2003 年版,第 3 ~ 14 页。

④ 参见[英]霍布斯:《利维坦》,黎思复、黎廷弼译,杨昌裕校,商务印书馆 1985 年版,第 97 页。

人,而是依据自然律生活的人。此种自然律即自由。通过将自然人定性为依据自然律生活的自由人,自然人摆脱了政治的事先主宰。自然人获得了罗马法所没有的内容——独立于政治且成为一切政治的根据。但是,霍布斯的自然人出于自我保存的天性最终将自然状况导入战争,为了自我保存,从自然状况走出来的自然人只能进入政治的奴役下。

作为开创英美政治理论先河的洛克并未接受霍布斯的学说,尽管他也是以自然状态作为论证政治起源的前提,但他设置的这个逻辑基础却源于对王权独裁的摒弃。洛克在《政府论》上篇驳斥了菲尔麦神父的"君权神授"和"王位世袭"观点,为政府的真正起源扫清了障碍。他在《政府论》下篇第一章对上篇进行总结时说道:

> 现在世界上的统治者要想从以亚当的个人统辖权和父权为一切权力的根源的说法中得到任何好处,或从中取得丝毫权威,就成为不可能了……他就必须在罗伯特·菲尔麦爵士的说法之外,寻求另一种关于政府的产生,关于政治权力的起源和关于用来安排和明确谁享有这种权力的方法的说法。[1]

洛克所寻找到的政治的基础就是"自然状态","为了正确地了解政治权力,并追溯它的起源,我们必须考究人类原来自然地处在什么状态"。[2] 自然状态是一个什么样的状态?对这个问题的回答就是定义自然状态下人的本性。按照洛克的说法,在自然状态下,人人平等、自由,即"按照他们认为合适的办法,决定他们的行动和处理他们的财产和人身,而无须得到任何人的许可或听命于任何人的看法"。若此,是否会造成一个相互战争的状态?洛克认为,自然状态虽然是一种自由的状态,但不是放任的状态。"在这状态中,虽然人具有处理他的人身或财产的无限自由,但是他并没有毁灭自身或他所占有的任何生物的自由",所以,"自然状态有一种为人人所应遵守的自然法对它起着支配作用;而理性,也就是自然法,教导着有意遵从理性的全人类:人们既然都是平等和独立的,任何人就不得侵害他人的生命、健康、自由或财产"。[3] 可见,洛克的自然状态并非每个

---

① [英]洛克:《政府论》(下篇),叶启芳、瞿菊农译,商务印书馆1964年版,第3~4页。
② [英]洛克:《政府论》(下篇),叶启芳、瞿菊农译,商务印书馆1964年版,第5页。
③ [英]洛克:《政府论》(下篇),叶启芳、瞿菊农译,商务印书馆1964年版,第5~15页。

人自然本能所服从的自然规律,而是由上帝置于我们内心的理性。可理性之光相当微弱,以之并不能照亮人生的秩序,仅仅依凭它,人类最终将堕入完全任意的自由。为了避免任性的自由可能带来的伤害,于是人类组成社会而脱离自然状况。政府的产生就是针对自然状态的种种不方便情况而设置的正当救济办法。可见,在洛克的自然状况下,人也不是一个纯粹的动物而只依据自然规律行动,其本质特性毋宁在于自由。如他所说:

> 我们既赋有同样的能力,在同一自然社会内共享一切,就不能设想我们之间有任何从属关系,可使我们有权彼此毁灭,好像我们生来是为彼此利用的,如同低等动物生来是供我们利用一样。①

对法国政治理论影响至深的卢梭同样以此作为论证起点。在递交给第戎科学院那篇震撼全世界的征文中,针对人类不平等的起源这个主题,卢梭重新探讨了自然状况。他一头钻进圣日耳曼的原始森林,②去体验那真正的自然状况。在这个升腾至神明的境界里,他猛烈地抨击了人们对自然状况的误解。他说道:

> 我拿人为的人和自然的人对比,向他们指出,人的苦难的真正根源就在于人的进化……从那里我看到我的同类正盲目地循着他们充满成见、谬误、不幸和罪恶的路途前进,我以他们不能听到的微弱声音对他们疾呼:你们这些愚顽者啊,你们总是怪自然不好,要知道,你们的一切痛苦都是来自你们自身的呀!③

他在《爱弥儿》第一卷开篇说道:"出自造物主之手的东西,都是好的,而一到了人的手里,就全变坏了。"④即使从这些中也可以看出,他对自然状况褒扬有加。在具体阐述自然状况的《论人类不平等的起源和基础》这篇征文里,他对自然人进行定义:

---

① [英]洛克:《政府论》(下篇),叶启芳、瞿菊农译,商务印书馆1964年版,第6页。

② 这是凡尔赛附近的一个风景区,有幽美的林泉和华丽的宫室。转引自[法]卢梭:《忏悔录》,黎星、范希衡译,人民文学出版社1992年版,第365页。

③ [法]卢梭:《忏悔录》,黎星、范希衡译,人民文学出版社1992年版,第366页。

④ [法]卢梭:《爱弥儿——论教育》(上卷),李平沤译,商务印书馆1978年版,第5页。

漂泊于森林中的野蛮人,没有农工业、没有语言、没有住所、没有战争、彼此间没有任何联系,他对于同类既无所需求,也无加害意图,甚至也许从来不能辨认他同类中的任何人。这样的野蛮人不会有多少情欲,只过着无求于人的孤独生活,所以他仅有适合于这种状态的感情和知识。①

可见,自然人酷爱自由自在的生活。除防备所面临的威胁外,他们为自然的怜悯心所制约,不会主动加害于人。亦即,野蛮人(自然人)不会作恶,因为他们还不知道什么是善。阻止他们作恶的,不是智慧的发展,也不是法律的约束,而是情感的平静和对邪恶的无知。所以,在自然状况下,真正起作用的就是这种情感,它在自然状态中代替法律、风俗和道德。与其说原始人是邪恶的,不如说他们是粗野的。② 随着时间的迁移,许多外部原因也偶然汇合。在这些偶然事件的作用下,"人的理性虽然趋于完善,但是在使人成为社会人的同时,也使人变成了邪恶的生物,并把人和世界从那么遥远的一个时代,终于引到了今天这个地步"。③ 所以,应当回到最古老的时代,探索人类的自然本性,以警醒现时代的人。基于此,伏尔泰在1755年写给卢梭赠书的一封致谢信里说道:"从没有人用过这么大的智慧企图把我们变成畜生。读了你的书,真的令人渴望用四只脚走路了。"④显然,伏尔泰完全误解了卢梭的真实意图。卢梭的自然人绝不是要把人的理性去掉,而是要回到理性之源,然后重新探究作为人本性的理性。正如他所说:

因此,在一切动物之中,区别人的主要特点的,与其说是人的悟性,不如说是人的自由主动者的资格。自然支配着一切动物,禽兽总是服从;人虽然也受到同样的支配,却认为自己有服从或反抗的自由。而人特别是因为他能意识到这种

---

① [法]卢梭:《论人类不平等的起源和基础》,李常山译,东林校,商务印书馆1962年版,第106页。

② [法]卢梭:《论人类不平等的起源和基础》,李常山译,东林校,商务印书馆1962年版,第99~148页。

③ [法]卢梭:《论人类不平等的起源和基础》,李常山译,东林校,商务印书馆1962年版,第109页。

④ [法]卢梭:《论人类不平等的起源和基础》,李常山译,东林校,商务印书馆1962年版,"引言"第31页。

自由，因而才显示出他的精神的灵性。①

借此可以判断，卢梭笔下的自然人绝非生物式的自然人，而是自由人。正是自由，才是人的自然本性。所以，"一个人抛弃了自由，便贬低了自己的存在"。②生前，卢梭几乎成了人类的公敌，但是在其死后，殊荣累获。③ 原因在于，卢梭提出了自由的观念，正如卢梭在《纽沙代尔手稿》中所说：

人是自由的，尽管是屈服于法律之下。这并不是指服从某个个人，因为在那种情况下我所服从的就是另一个人的意志了，而是指服从法律，因为这个时候我所服从的就只不过是既属于我自己所有、也属于任何别人所有的公共意志。④

这个自由的原则成了法律的指导性原则。李浩培先生在《拿破仑法典》⑤的译者序中说道，《拿破仑法典》的三编法律，可以用三个原则予以概括：自由平等原则、所有权原则和契约自治原则。李浩培先生认为，《拿破仑法典》第 8 条"所有法国人都享有民事权利"和第 488 条"满二十一岁为成年，到达此年龄后，除结婚章规定的例外外，有能力为一切民事生活上的行为"的规定足以表明"自由和平等原则"。其实，光从这两条并不能得出这个结论。最关键的就是第 7 条：民

---

① [法]卢梭：《论人类不平等的起源和基础》，李常山译，东林校，商务印书馆 1962 年版，第 83 页。

② [法]卢梭：《论人类不平等的起源和基础》，李常山译，东林校，商务印书馆 1962 年版，第 137 页。

③ 参见朱学勤：《道德理想国的覆灭——从卢梭到罗伯斯庇尔》，上海三联书店出版社 1994 年版，第 154 ~ 192 页。

④ 同时他还说道："法律的对象永远是普遍性的，我的意思是指法律只考虑臣民的共同体以及抽象的行为，而绝不考虑个别的人以及个别的行为。"（参见[法]卢梭：《社会契约论》，何兆武译，商务印书馆 1980 年版，第 24、50 页。）同时从康德的法律体系来看，"先验法"才是整个法律的起点，"获得法"是建立在这个基础上的。先验法（天赋权利）就是每个人的人格，是一切法律的基础。从黑格尔来看，这就更明显，《抽象法—道德法—伦理法》完全可以看出，权利能力就是所有法律的基础。（参见[德]康德：《法的形而上学原理——权利的科学》，沈叔平译，林荣远校，商务印书馆 1991 年版，第 49 ~ 50 页及其"目录"；[德]黑格尔：《法哲学原理》，范扬、张企泰译，商务印书馆 1961 年版，"目录"。）

⑤ 这里要说明的是，《拿破仑法典》就是《法国民法典》。但在这里，笔者仍然就此进行了区分。前者指的是没有修正的《法国民法典》，后者指的就是经过修正的《法国民法典》。

事权利的行使不以按照宪法取得并保持的公民资格为条件。① 显然，该条的意思为：民法中的人不是公民，而是自然人。这种自然人正像李浩培先生所阐释的，是完全独立和孤立的个人，是被想象为自然状态中的自由而平等的人。② 这样的人与由宪法设立的政治体系无关，因而独立于政治。《拿破仑法典》正是基于对自然状况的预设，从而在第 544 条规定了所有权神圣原则："所有权是对于物有绝对无限制地使用、收益及处分的权利，但法令所禁止的使用不在此限"，同时，在第 1134 条规定了意思自治原则：依法成立的契约，在缔结契约的当事人间有相当于法律的效力。但是，其第 8 条规定的"所有法国人都享有民事权利"一点并没有严格遵循自然人的预设。因为既然自然人是完全孤立和独立的个人，就不会心存国界之念。由此可见，自然就是自由。至少从这里我们可以作出结论，那就是现代意义上的自然人和古罗马法上的市民是两个不同的概念。在古罗马法上，市民这个概念从政治意义开始，最终仍在政治范围内存在，根本不可能脱离政治这个权力状态；而现代使用的自然人正好相反，它是存在于前政治状态中的自然状况下，而政治正是基于此而产生，其目的在于更好地维护这个状态下的自由与平等。所以，自然人的观念和罗马法上市民的观念完全颠倒。正是基于此，优士丁尼的《法学阶梯》才会在第三篇"关于人的法律"第 4 点规定：奴隶或者是出生时是奴隶，或者是后来成为奴隶的。③ 这一点正像卢梭所抨击的："法学家们既郑重宣布了奴隶的孩子生下来就是奴隶，换句话说，他们也就肯定了人生下来就不是人。""为了建立奴隶制，就必须违犯自然，同样地，为了使这种权利永存下去，就必须变更自然。"④

虽然我们依据对人定性的不同区分开了罗马法上的"市民"与近代的"自然人"，但我们现在讨论的法律意义上的自然人与完全自然状况下的自然人却迥然相异了，毕竟公共权威的法律悬挂在了每个自由者的上空。此时，自然人又应当如何定性？

这仍然涉及对自然状况的理解。在康德看来，所谓自然状态就是"无分配正

---

① 此条在 1889 年 6 月 26 日修改为："行使民事权利独立于行使政治权利；政治权利之取得与保有，依宪法与选举法。"参见《法国民法典》，罗结珍译，中国法制出版社 1999 年版，第 3 页。

② 参见《拿破仑法典》，李浩培、吴传颐、孙鸣岗译，商务印书馆 1979 年版，"译者序言"第 4 页。

③ ［罗马］查士丁尼：《法学总论——法学阶梯》，张企泰译，商务印书馆 1989 年版，第 12 页。

④ ［法］卢梭：《论人类不平等的起源和基础》，李常山译，东林校，商务印书馆 1962 年版，第 137 页。

义的非法律状态",而并不是说不存在任何法律形式。① 所谓分配正义,就是由法院来主持的国家正义,从而在具体的个案中,根据立法来确定什么是正义。② 那么,是否这种分配正义没有任何必要?若如此,自然状况就是一片乐土,无须迈向文明状况。且不说主张在自然状态下人与人之间就如狼与狼之间的霍布斯,即使是带有一份乐观的贤明的洛克,也认为在自然状态下侵害不可避免。

为了约束所有的人不侵犯他人的权利、不互相伤害,使大家都遵守旨在维护和保卫全人类的自然法,自然法便在那种状态下交给每一个人去执行,使每人都有权惩罚违反自然法的人,以制止违反自然法为度……而如果有人在自然状态中可以惩罚他人所犯的任何罪恶,那么人人就都可以这样做。③

若如此,人们就自己充当了案件的审判者,"自私会使人们偏袒自己和他们的朋友,而在另一方面,心地不良、感情用事和报复心理都会使他们过分地惩罚别人,结果只会发生混乱和无秩序"。④ 可见,若只遵循自然理性,只能导致强制与犯罪。原因就在于,自然状态下的人,"在行使它的权利时,只按照它的个人判

① 这里要解释的问题是,在康德的意义上,什么叫作"法律状态"。在康德看来,所谓法律状态,是存在于一定条件的人与人之间的相互关系中,每个人有着自己的权利范围,并且这个状态根据普遍立法意志而认定为可能性的形式原则,此时的法律状态也叫作公共正义。他之所以说,即使在自然状况下也存在法律状态呢?这涉及这样一个观点,他认为,自然状态不能与社会状态或者人为状态相对立,而应与应当存在分配正义的公民社会相对立。所以,根据这样一个分类,在自然状态下,也是有可能存在法律社会的。例如,婚姻、家庭和父母的权威等。那么这种法律社会与法律状态的区别在哪里呢?他认为,在这种法律意义上的社会形式里,并不适用先验法则的规定:你应当进入这个状态。因为在法律状态里,先验法则的命令就是:所有处于法律关系中的人,不管是否愿意,都应当进入这个状态。See Siehe Kant, Kants Werke[Band Ⅵ], Walter de Gruyter & Co. Berlin 1968, S. 305 – 306.

② 康德把正义区分为三种,即保护的正义、交换的正义和分配的正义。第一种为"保护的正义",即什么样的关系在内在形式上具有合法性;第二种为"交换正义",即关系的什么内容也是合乎外在法律的,亦即什么样的占有是合法的。第三种为分配正义,即法律通过法庭,根据现行法律,对任何一个具体案件所作的判决,说明什么是正确的,什么是公正的以及在什么程度上如此。Ibid.

③ [英]洛克:《政府论》(下篇),叶启芳、瞿菊农译,商务印书馆1964年版,第7页。

④ [英]洛克:《政府论》(下篇),叶启芳、瞿菊农译,商务印书馆1964年版,第10页。从康德来看,同样是如此的。在自然法的结尾处,就是强制与犯罪。(Siehe Kant, Kants Werke[Band Ⅵ], Walter de Gruyter & Co. Berlin 1968, S. 307 – 308.)费希特在自然法和国家法的过渡阶段讨论的也是强制与犯罪。参见[德]费希特:《自然法权基础》,谢地坤、程志民译,梁志学校,商务印书馆2004年版,第124 ~ 150页。黑格尔更是明显,抽象法迈向道德法的中介也就是强制与犯罪。参见[德]黑格尔:《法哲学原理》,范扬、张企泰译,商务印书馆1961年版,第95 ~ 109页。

断上的正确与否而不顾其他人的意见,因此,在公共法律状态建立之前,每个人、每个民族和国家都不可能安全,而仍将处于相互之间的暴行当中”,所以,自然人应当作出一个决定,弃绝自然状态而进入公共状态,去服从一个由公共意志设定的外部强制。此时,人就必须无条件地进入公民状态。[①] 这也正如洛克所说的,“所以上帝确曾用政府来约束人们的偏私和暴力”。[②] 而这一切就在于自然人只是任意自由行动的人,[③]按照黑格尔的说法,“人这作出决定的和直接的单一性,是与眼前存在的自然界处于相互关系之中的,因之自然界是跟作为某种主观东西的那意志的人格对立的”。[④] 也就是说,自然人作为自由任意的人仅将自己作为主体,而从不把别人当作主体。如果取决于这样的自然人,法律的禁令就会被废除,最终导致一个非法律的状态而人人自危。所以,费希特在他的法权概念演绎的前三个定理里讲授的就是,“一个有限理性存在者不认为自身有一种自由的效用性,就不能设定自身”,“一个有限理性存在者不认为其他有限理性存在者有一种自由的效用性,因而也不假定在自身之外有其他理性存在者,就不能认为自身在感性世界中有自由的效用性”以及“一个有限理性存在者不把自身设定为能与其他有限理性存在者处于一种确定的、人们称之为法权关系的关系中,就不能假定在自身之外还有其他有限理性存在者”。[⑤] 由此,自然人既然不可避免地要和别人相处,因此,他就不能只服从自己的先验理性,应当从自然状态进入一个文明状态。在完全私人状况下的自然状态中,自然人所遵循的自然法也不可能得到实现。易言之,真正的私法只能存在于公共状况下;真正的自然人也只能生活在公共状况下,才会有保障地按照自己的自然理性行动。

---

① Siehe Kant, Kants Werke[Band Ⅵ], Walter de Gruyter & Co. Berlin 1968, S. 312.

② [英]洛克:《政府论》(下篇),叶启芳、瞿菊农译,商务印书馆1964年版,第10页。

③ 康德所说的,只要人们有意继续生活在没有外部法律的、任意自由行动的状态中,就可以说根本没有什么对别人做错了或不公正的事情,即使他们彼此进行格斗。事实上,所有这样的行为,从根本上说都深深地陷入最大的错误和最不公正的犯罪中,因为他们使权利的有效性丧失殆尽,放弃了一切,使用野蛮的暴力,如同行使法律自身一样,其结果是普遍地推翻了人的种种权利。Siehe Kant, Kants Werke[Band Ⅵ], Walter de Gruyter & Co. Berlin 1968, S. 307.

④ [德]黑格尔:《法哲学原理》,范扬、张企泰译,商务印书馆1961年版,第47页。

⑤ [德]费希特:《自然法权基础》,谢地坤、程志民译,梁志学校,商务印书馆2004年版,“目录”第ⅰ~ⅱ页。

三、公共状况下的自然人

那么,这个公共状况是一个什么样的状况?公共状况下的法是否仍然是私法?公共状况下的人是否还是自然人?这一切都还是疑问。要探讨这样一个问题,首先要寻找到整个法律的入口。近代以来,社会契约论始终是整个法律的根基,尤其是卢梭的社会契约论传统。卢梭在《社会契约论》第六章的"论社会公约"当中说道:

自然状态中不利于人类生存的种种障碍,在阻力上已超过了每个个人在那种状态中为了自存所能运用的力量。于是,那种原始状态便不能继续维持;并且人类如果不改变其生存方式,就会消灭……为要寻找出一种结合的形式,使它能以全部共同的力量来卫护每个结合者的人身和财富,并且由于这一结合而使每个与全体相结合的个人又只不过是在服从自己本人,仍然一如既往地自由。①

可见,社会契约所要解决的根本问题就是,通过签订一个社会契约从而在大家不得不生存于其中的社会里卫护每个人的自由。要达到社会契约论这个宏旨,在卢梭看来,必须使每个结合者及其自身的一切权利全部都转让给整个的集体。② 这个由全体个人结合而成的集体具有了公共人格。对这个公共人格的命

---

① [法]卢梭:《社会契约论》,何兆武译,商务印书馆1980年版,第22~23页。

② 从我们现在看来,这种转让是完全可能导致极权政府的,如霍布斯的一样。但是,卢梭并不这么认为。在他的学说中,每个人既然是向全体奉献出自己,他就并没有向任何人奉献出自己;而且,既然从任何一个结合者那里,人们都可以获得自己本身所让渡给他的同样的权利,所以人们就得到自己所丧失的一切东西和等价物以及更大的力量来保全自己的所有。(参见[法]卢梭:《社会契约论》,何兆武译,商务印书馆1980年版,第24页。)反之,若不这样做,而凡是想在社会秩序中把自然的情感保持在第一位的人,是不知道他有什么需要的。如果经常是处在自相矛盾的境地,经常在他的倾向和应尽的本分之间徘徊犹豫,则他既不能成为一个人,也不能成为一个公民,他对自己和别人都将一无好处。[参见[法]卢梭:《爱弥儿——论教育》(上卷),李平沤译,商务印书馆1978年版,第10~11页。]当然,从现在看来,由于卢梭对这种社会状态赋予了极大的道德性,如他所说的,"我们还应该在社会状态的收益栏内再加上道德的自由,唯有道德的自由才使人类真正成为自己的主人",而人类要成为自己的主人,只有成为公共人格的一部分才是可能的。只要有公共意志,公共人格的人民是绝不会犯错误的。(参见[法]卢梭:《社会契约论》,何兆武译,商务印书馆1980年版,第25页、第30页、第41页。)

名，以前可以叫作城邦，现在可以叫作共和国或者政治体。[①] 在这个集体中，每个人都是作为全体不可分割的部分而存在，亦即，作为公民而存在。因为，个别地，作为主权权威的参与者，就叫作公民。[②] 是以，通过社会契约，自然人一跃而成为公民。

显然，自然人与公民最大的区别在于：自然人完全为他自己而生活；他是数的单位，是绝对的统一体，只同他自己和他的同胞才有关系；而公民只不过是一个分数的单位，依赖于分母，它的价值在于他同总体即同社会的关系。换句话说，真正的公民，就是把“我”转移到共同体中去，以便使各个人不再把自己看作一个孤立的人，而只看作共同体的一部分。[③] 那么，在公共的社会状态下是否就没有了个人自由的空间？亦即，在公共状态下，是否还存在个人的自然权利？卢梭认为，作为道德人格的国家，其生命在于成员的结合，最主要的关怀就是保存自身。但是，其成员却具有双重属性，除了具有公民这个身份而外，成员还是一个人。所以：

> 除了这个公共人格而外，我们还得考虑构成公共人格的那些私人，他们的生命和自由是天然地独立于公共人格之外的，因此，问题就在于很好地区别与公民相应的权利和主权者相应的权利，并区别前者以臣民的资格所应尽的义务和他们以人的资格所应享有的自然权利。[④]

由此，“每个人由于社会公约而转让出来的自己一切的权力、财富和自由，仅仅是全部之中其用途对于集体有重要关系的那部分”。[⑤] 基于此，他在法律的分类中，首先把法律分为政治法，然后分为民法。民法是规范成员之间的关系和成

---

① 在《纽沙代尔》手稿中，卢梭对公共人格进行了定义：“什么是公共人格？我回答说，它就是人们所称为主权者的，由社会公约赋之以生命而其全部的意志就叫作法律的那个道德的人格。”[法]卢梭：《社会契约论》，何兆武译，商务印书馆1980年版，第25～26页。

② [法]卢梭：《社会契约论》，何兆武译，商务印书馆1980年版，第26页。

③ 卢梭在此举了两个例子来说明公民。我这里列举出他其中的一个。有一个斯巴达妇女的五个儿子都在军队里，她等待着战事的消息。一个奴隶来了，她战栗地问他：“你的五个儿子都战死了”。“贱奴，谁问你这个？”“我们已经胜利了！”于是，这位母亲便跑到庙中去感谢神灵。[法]卢梭：《爱弥儿——论教育》（上卷），李平沤译，商务印书馆1978年版，第9～10页。

④ [法]卢梭：《社会契约论》，何兆武译，商务印书馆1980年版，第41～42页。

⑤ [法]卢梭：《社会契约论》，何兆武译，商务印书馆1980年版，第42页。

员对于整个共同体的关系。各个成员(公民)之间完全独立、自由,但却依附于城邦,因为公民的自由只有通过国家的强力才能真正得到实现。①

康德继续推进了卢梭的研究。他认为,自然状况下的人群通过一个原始契约,扬弃了他们天赋(angeboren)的外部自由,从而获得了作为一个共同体(eines gemeinen Wesens)成员的自由,从此人民就被认定为国家(des Volks als Staat)。因此,他扬弃的只是那种粗野的无法律状态的自由,获得却是没有丝毫减少的法律上的自由。② 可见,康德在这里的指导思想和卢梭并无二致。问题是,在法律状态里自然状况下那种任意的自由已经不再存在,那么,适用于自然人的那种先验法则的自然法是否还存在?在他看来,我们称之为私法的东西,就是那无法律的自然状况或者虽然有法律上的社会形式但并不能适用"你应当进入这个状态"这个先验法则的自然状况。③ 所以,自然法的上位划分不是自然法和社会法,而是自然法与市民法。第一种叫作私法,第二种叫作公法。因此,自然状态并不是

---

① 当然卢梭这里的法律分类不止两种,而是有四种。第一种就是政治法,即整个共同体对于自身所起的作用,也就是说全体对全体的比率,或者说主权者对国家的比率;第二种就是民法,至于何以定义,正文有述;第三种就是刑法,关于不服从与惩罚的关系,即个人不服从法律导致的;第四种就是宪法。参见[法]卢梭:《社会契约论》,何兆武译,商务印书馆 1980 年版,第 72 ~ 73 页。

② Siehe Kant, Kants Werke[Band Ⅵ], Walter de Gruyter & Co. Berlin 1968, S. 314. 汉译本把"aufgeben"译成了"放弃"或者"抛弃",其实应当是"扬弃",即把自然状况下的那种任意的自由束之高阁,代之以法律状态下的先验自由。并不是说,自然状况下的自由就完全不存在了,它仍然是存在的。汉译本参见[德]康德:《法的形而上学原理——权利的科学》,沈叔平译,林荣远校,商务印书馆 1991 年版,第 143 页。如卢梭所说的,"这个社会公约一旦遭到破坏,每个人就立刻恢复了他原来的权利,并在丧失约定的自由时,就又重新获得了他为了约定的自由而放弃的自己的天然的自由"。参见[法]卢梭:《社会契约论》,何兆武译,商务印书馆 1980 年版,第 23 页。

③ Siehe Kant, Kants Werke[Band Ⅵ], Walter de Gruyter & Co. Berlin 1968, S. 306. 这里也许会有一个矛盾,那就是,为什么说自然人有天赋的权利,但却没有先验法则的适用呢?正如他说的,天赋权利是唯一的,仅仅是独立于任何他人任意的自由,因而是与生俱来的,不是依靠某个外部力量赋予的。因而是"内在的"我的和你的关系。在笔者看来,"das angebornen Recht"这个词,指向的就是仅属于每个人单个的自由。这种自由是基于人的本性而产生的。而"Gesetz a priori"这个词,指的应当是先验法则,即每个人不应当只活在自己的"das angebornen Recht"中,即只活在自己单个的自由任意当中,而应当和其他人一起进入一个普遍的生活中去。要进入这个普遍的生活,就必须踏入这个人与人之间的关系中去,此时就需要有一个先验法则来在这个关系中保持每个人的自由任意都能得到存在。所以,笔者认为,"das angebornen Recht"这个词指的就是单个的自由任意;而"das angebornen Recht"这个词就是指的"自由任意之间相互协调一致所遵循的普遍法则"。所以,为什么说自然状况下虽有法律但不适用这个先验法则,指的就是如在婚姻、父母权威等这块,不是按照先验法则,而是根据自然属性。Siehe Kant, Kants Werke[Band Ⅵ], Walter de Gruyter & Co. Berlin 1968, S. 237, 238, 306, 315 – 316. 汉译本参见[德]康德:《法的形而上学原理——权利的科学》,沈叔平译,林荣远校,商务印书馆 1991 年版,第 49 页、第 50 页、第 133 页、第 143 页。

与社会状态,而是与市民状态相对立的状态:因为在自然状态里虽然完全可以是一种社会状态,但绝不可能是市民状态(由公法来确保我的和你的的状态)。[1]由此,自然法叫作私法,而市民法却叫作公法。在康德的意义上,私法只适用于自然状况。只要我们从自然状态下走出,每个人必须和其他人一起不可避免地处于一个共处关系下的法律状态中,亦即处于一个分配正义的状态下,[2]此时,这种法律的状态就是一个公法的状态。公法状态对应的社会状态就是市民社会(Bürgerliche Zustand)。[3] 市民社会的这种状态就是在人群当中处于相互关系中的每个人(der Einzelnen)的状态。每个人的作为成员组成的整体就叫作国家。因此,私法只适用于自然状况下每个独立的个人的那种先验自由的情况,而公法包括所有由分配正义下的外部强制组成的人与人之间的关系状况。当自然人进入市民社会后,按照康德的说法,就变成了国家公民(Staatsbüger)。国家公民具有三种属性:宪法规定的自由、公民的平等和独立。同时从自然状况下的占有的暂时性到市民状况下的永久性,表明调整市民社会的公法状况也要调整每个人自己的占有这一块。[4] 可惜的是,康德并没有在市民社会里探讨自由个人之间的关系。从《法的形而上学原理——权利的科学》的第二部分“公法”来看,他主要探讨了三个方面的内容:国家的权利(法)和宪法、民族权利(法)和人类的普遍权利(世界法)。可见,虽然康德指出了仍然存在这样的自由,但是并没有就这种自由的法律进行探讨。很显然,对进入市民社会后的法律分类,康德还不如卢梭那样清晰。不过,从康德那里我们可以得出一个结论:自人类从自然状况进入市民社会后,法律就完全没有任何私性了。[5]

费希特同样从契约论开始。不过,他的契约的名字叫作结合契约,并就此批

---

① 参见[德]康德:《法的形而上学原理——权利的科学》,沈叔平译,林荣远校,商务印书馆1991年版,第51~52页。

② [德]康德:《法的形而上学原理——权利的科学》,沈叔平译,林荣远校,商务印书馆1991年版,第134页。

③ [德]康德:《法的形而上学原理——权利的科学》,沈叔平译,林荣远校,商务印书馆1991年版,第133页。

④ [德]康德:《法的形而上学原理——权利的科学》,沈叔平译,林荣远校,商务印书馆1991年版,第138~140页。

⑤ 这里仍然要作说明的是,进入市民状况下,法律全部是公法,并不是说康德就认为任何个人就没有自由。一定要从他对法律的定性开始说起,那就是只有自然法才是私法。

判了卢梭的契约理论。[①] 基于此,费希特把个人与国家的关系从“个人是否有责任贡献给国家的东西”出发,认定在国家这个公共状态下,也存在完全独立的个人。

> 从个人不为国家目的贡献出来的东西看,个人是完全自由的;在这个方面,个人不是与整个国家机体交织在一起,而依然是个人,是自由的、完全独立于自己的人,而且国家政权给个人保护的也正是这种自由,唯独为了这种自由,个人才加入了这个契约……但是,只有个人经过国家阶段,人类才能达到这个境界……[②]

所以,“就我的公共本质特征而言,我只是主权的参与者;就我的私人本质特征而言,我只是自由的个人,但决不是臣民”。[③] 可见,即使在公共状态的国家下,也并不是说只存在一个公民身份,还可以自由个人的独立人格存在。那么,适用于这种个人的法到底是什么法呢?费希特在他“国家学说”第二节里讨论的就是民法。在“论民法”这一节里,包括“关于民事契约或财产契约的精神”、“上述财产原则的充分运用”以及“论刑法”。也就是说,费希特承袭了康德法律状况的理解,认定真正的法律状况实际上只存在于国家状态下。由于在国家中的成员有两种身份,因此,关于自由个人之间的关系,应不同于国家法。这种法律就叫作民法。是以,民法是调整在国家中自由个人之间关系的法律。费希特不但在康德的基础上明确了民法的存在,而且还区分了“自然状况下的人与民法中的人”。

> 在离群索居的人和公民之间也存在同样的关系。前者的行动仅仅是为了满足自己的要求;不依靠他自己的行动,他的任何需求都不会得到满足;他的表现仅仅依靠他自己。反之,公民则须做许多不同的事情,但不是为了他自己,而是为了他人,他的各种最大需求不是依靠自己的作为,而是依靠他人的行动得到满

① 参见[德]费希特:《自然法权基础》,谢地坤、程志民译,梁志学校,商务印书馆2004年版,第206页。

② [德]费希特:《自然法权基础》,谢地坤、程志民译,梁志学校,商务印书馆2004年版,第207~208页。

③ [德]费希特:《自然法权基础》,谢地坤、程志民译,梁志学校,商务印书馆2004年版,第207~208页。

足的。①

在费希特眼中,由于每个人不可避免地处于共同体中,维护好自己在整体中的位置规定就等于维护好整体。因此,承认就是非常重要的东西,如他在“上述财产原则的充分运用”里谈及劳动权利时就是这样认为的。② 显然,费希特完全承袭了卢梭和康德传统,一切法律全部放在国家法状态下进行探讨,因此,也有理由认为,他的民法也是一个公法,这也可以从“论民法”这一节里包括了“刑法”内容而推断出。可见,费希特虽然论述了康德本应当论述而没有论述的东西,但是却由于未反思“民法”本身的性质及其和国家法的关系,即仍然是在卢梭、康德的大前提下进行,这正好给了黑格尔一个颠倒重来的机会。

和卢梭、康德和费希特一样,黑格尔也以自然法为探讨起点,只不过在此自然法变成了抽象法。抽象法包括“所有权、契约和强制与犯罪”三个部分。在抽象法阶段,自由意志不断地外在化。首先在自然界当中找到定在,形成所有权;然后在他人身上找到定在,就是契约;最后在强制与犯罪当中结束了外部定在的真实可能性,通过抽象法状况下的惩罚,自由意志由外部定在转向自身。正如他在第104节“从法向道德的过渡”中说的:“在抽象法中,意志的人格单单作为人格而存在,如今意志已把人格作为它的对象。这种自为地无限的自由的主观性构成了道德观点的原则”,“这样,在犯罪中被扬弃了的直接性通过刑罚,即通过否定的否定,而导向肯定——导向道德”。③ 可见,道德法超越抽象法的地方在于,自由意志已经有了自我意识,即意识到自己与自己同一,自己既是主体又是客体,不再把自己理解为与外部定在是同一的。依据这种纯粹主观形式实施的行为就是故意,因为此时还只是单纯的自我意识,只对这个主观形式意识到,不关涉客观内容,所以责任也只建立在其主观范围内。“我只对属于我的表象的东西承认负责。这就是说,人们只能以我所知道的事况归责于我。”然而,这种纯粹主观的故意虽然在形式上是单个的、直接的,但是作为行为体现于外,必然发生

① [德]费希特:《自然法权基础》,谢地坤、程志民译,梁志学校,商务印书馆2004年版,第210~211页。之所以作出这样的判断,是因为他是在国家状态下探讨这个问题的。而在他作出该区分的前面,他区分了国家成员的两种身份。

② [德]费希特:《自然法权基础》,谢地坤、程志民译,梁志学校,商务印书馆2004年版,第220页。

③ [德]黑格尔:《法哲学原理》,范扬、张企泰译,商务印书馆1961年版,第108~109页。

一定的后果。“这些后果就构成了包含于个别的、直接的东西中的普遍物。我固然不能预见到那些也许可以防止的后果,但我必须认识到个别行动的普遍性质。”[①]此时,纯粹主观的故意就实现出来而具体化。这种具有了内容的故意就叫作意图。于是,自我意识就从它的纯主观状态过渡到客观化的状态,也就是说,从故意到意图仅仅说明了行为不仅仅停留在主观状态,也要把客观结果看作自我的,即自我意识的行动如今在外在世界中实现出来了。所以,意图的法可以叫作行为的客观性的法,就是行为的法,以肯定自己是作为思维者的主体所认识和希求的东西。[②] 任何意图都是意图什么,由于意图来源于主观的自我意识,因此,自我意识行为的内容就是我的特异主观定在的目的。一旦我的主观故意通过行为具有了内容,此时,这个内容就属于这个特殊的主观自我。主观自我就与客观定在一致,而享有福利。[③] 由于福利也仅仅是单个的特殊意志的自由的满足,因而有可能与生命发生冲突。

> 当生命遇到极度危险而与他人的合法所有权发生冲突时,它得主张紧急避难权(并不是作为公平而是作为法),因为在这种情况下,一方面,定在遭到无限侵害,从而会产生整个无法状态;另一方面,只有自由的那单一的局限的定在受到侵害。因而作为法的法以及仅其所有权遭受侵害者的权利能力,同时都得到了承认。[④]

也就是说,由主观的单一自由意志产生而出的福利,还只停留在单一自我的意识范围内,无法在自身中设定一个非我来与自己对立,因而自己的福利与他人的生命就出现了背离。此时,自己的福利就要为他人的生命让道。如果“一人遭到生命危险而不许其自谋保护之道,那就等于把他置于法之外,他的生命既被剥夺,他的全部自由也就被否定了”。[⑤] 显然,自我就要在意识的范围内安置“非

---

① [德]黑格尔:《法哲学原理》,范扬、张企泰译,商务印书馆 1961 年版,第 121 页。

② [德]黑格尔:《法哲学原理》,范扬、张企泰译,商务印书馆 1961 年版,第 123 页。

③ 参见[德]黑格尔:《法哲学原理》,范扬、张企泰译,商务印书馆 1961 年版,第 117 页、第 125 页。

④ [德]黑格尔:《法哲学原理》,范扬、张企泰译,商务印书馆 1961 年版,第 130 页。

⑤ [德]黑格尔:《法哲学原理》,范扬、张企泰译,商务印书馆 1961 年版,第 130 页。

我”,从而使自我脱离出自身的单一性而迈向普遍性。[1] 此时,就进入了道德法的最高境界:善和良心。由于善仅仅是个人福利和他人生命搏斗中意识到的道德境界,因此“善是自由的实体性的普遍物,但仍然是抽象的东西”,[2]必然要客观化。

这样,当道德法发展到善并实现时,法律就变成了伦理法。所以,“伦理就是成为现存世界和自我意识本性的那种自由的概念”。[3] 整个伦理状态也由三个部分构成:家庭、市民社会和国家。自婚姻而始的家庭,其伦理性展示在,双方意识到这个统一体是各自的目的,从而双方人格同一化为家庭这个人格。[4] 所以,在这个统一体的人格中,个人的任性受到了理性的钳制。由于家庭作为伦理仍然具有极大的局限性,因此,走出家庭,走入一个更普遍的世界,是自由的更高一层的要求。而这首先需要从家庭中走出来,以独立自由个人的身份进入市民社会。[5] 此时,市民社会中的每个人,都是作为独立人格而存在,不像家庭那样统一到家庭这个人格当中去。亦即,在市民社会中,每个人都以自身为目的,其他一切在他看来都是虚无。但是,如果他不同其他人交往,就不能达到他的全部目

① 这里要说明的问题是,应当这样去理解黑格尔的普遍性。如故意迈向意图的普遍性,指的实际上就是作为主观意志的客观化。但是这种普遍性仍然停留在单一意志的根据内,而作为行为结果体现出来后,就为后一阶段的普遍性做准备。既然外在化出来了,就成为所有单个自由意志的中介。通过这个中介发生真正的普遍性:应当在单个的自由意志当中安置非我,即要超越原来的自我意识,超越那个只认为自己是主体的意识,还要意识到有其他的自我存在。

② [德]黑格尔:《法哲学原理》,范扬、张企泰译,商务印书馆1961年版,第161页。

③ [德]黑格尔:《法哲学原理》,范扬、张企泰译,商务印书馆1961年版,第164页。

④ 黑格尔在此批判了婚姻是契约的观点。理解这一点,需要去理解伦理这个环节是怎样来的。他的相关论述参看[德]黑格尔:《法哲学原理》,范扬、张企泰译,商务印书馆1961年版,第178~179页。

⑤ 是否市民社会的出现,意味着伦理性的丧失呢?这仍然要从黑格尔的哲学理念出发。伦理作为道德法的实在化,最终目的就是要在现实中把每个人都看作主体。即实现自由意志真正的普遍性。家庭虽然被视为同一个人格,但是家庭之间却是以独立的具体的人自居,因而也是相互外在地对待着的。也就是说,伦理在家庭阶段,其普遍性受到自然的限制。如果由家庭扩大,不把家庭的成员独立出来,就成为出于共同的自然渊源的民族,从而使自由意志摆脱不了自然的约束。所以,作为自由意志实在化的伦理,只能是自由的实在化,是要从自然当中脱离而出的,所以就需要击溃一切自然属性,首当其冲的就是家庭。所以,结合在家庭的统一中的各个环节必须从概念中分离出来而成为独立的实在性。这种独立的特殊性并不是说和普遍性无关。普遍性仍然是基础,但只是内部的基础,潜藏的基础。因而这种普遍性以特殊性的方式显现出来,不是真正的伦理的丧失,而是迈向一个超越以自然为结合纽带的家庭的必经阶段。“所以我终究还是在假象的阶段上,并且当我的特殊性对我说来还是规定者,即还是目的的时候,我也正因此而为普遍性服务,正是这种普遍性归根到底支配着我。”[德]黑格尔:《法哲学原理》,范扬、张企泰译,商务印书馆1961年版,第195~196页。

的。所以,这个独立的个人的特殊目的,要想得到实现,必须进入与他人的普遍性的形式中。是以,市民社会中的人,也是特殊的个人,他总是以各种需要的整体和自然必然性与任性的混合体形式出现。由于其需要不是通过其自然必然性所能得到满足,所以就必须无条件地通过他人的中介。也就是说,他自己的福利和他人的福利是紧密地联系在一起的。这样,通过需要的满足,进入一种普遍性的生活中,在这个普遍性的生活中肯定自己,当然也肯定他人。此时,它已经完全不同于家庭。因为家庭这种统一体不是通过需要体系建立起来的,而是通过自然需要。由于在普遍的相互需要中建立起了互相承认人格的普遍法则,因而自由第一次在如此普遍的人群中得到实现。作为自由的现实物,法律得以存在。"法律是自在地是法的东西而被设定在它的客观定在中。"基于此,法就成了实在法。市民社会具备了自己的法律,并且由法院来实行。虽然在普遍需要中法被实在化,但是人仍然控制不了自己的偶性,所以在市民社会的第三阶段也就是最后一个阶段,需要借助外部的强制力——警察来进行,同时,也要用同业公会这种普遍形式来继续驯化残留在个人身上的任性。经过这个阶段后,市民社会就进入国家状态。① 也许,从这里的论述可以看出,黑格尔在讲述市民社会时,实际上是在家庭和国家中间讲授它的。那是否只有在市民社会之后,国家才产生?"其实,作为差别的阶段,它必须以国家为前提,而为了巩固地存在,它也必须有一个国家作为独立的东西在它面前。"②可以推断,市民社会仅仅是逻辑阶段。可见,黑格尔较之于费希特,更明确地把进入公共状态的人区分为两种角色:市民和公民,并且从逻辑上否定了民法也必然属于国家法的定性。于是,虽然市民社会在理论上以国家为前提,但是由于根植于自由的人格,所以市民社会的法直接来自这个进入普遍需要中各个自由人的自由意志的体现。因而和国家法无关。③这样,黑格尔实际上颠覆了康德以来(也许是卢梭以来)的传统:国家状态下的法律都是公法。虽然黑格尔没有明说,但是我们可以进行这样的断定:市民社会的

① 参见[德]黑格尔:《法哲学原理》,范扬、张企泰译,商务印书馆1961年版,第197~253页。

② [德]黑格尔:《法哲学原理》,范扬、张企泰译,商务印书馆1961年版,第197页。

③ 根据黑格尔的理解,国家法包括:"一、内部国家制度本身:(1)王权;(2)行政权;(3)立法权;二、对外主权。"[德]黑格尔:《法哲学原理》,范扬、张企泰译,商务印书馆1961年版,"目录"第2页。

法直接来自自由人的自由意志,即单个意志,因而是私法。①

由此可知,自然人在跨入公共状况后,自然人由任性的自由人一跃而为市民。在社会契约论背景下,虽然市民社会实际上必然以国家的建立为前提,但以宪法为构架基础的政治秩序仅仅展现为权力制衡以限制政府权力,其目标仍然在于市民有较之于自然状况下自然人更大的自由。因此,以宪法为依据的公共秩序取决于宪法的授权和限权,但绝没有以政治秩序去作为所有进入公共状态下一切人的依据和归宿。易言之,市民社会秩序的形成有赖于每个面对其他主体市民的自律,只是主体性的自觉,亦是道德教养在法律层面的现实化。所以,自由仍然是公共状态下市民的本质特征,这一点与自然状态下的自然人无异,唯一区别在于市民社会的市民应当意识到主体性,并自觉地以之作为自身和面对他人的标准,而不能像自然人那样只意识到自身的主体性,他人只被当作客体来对待,因而自然状况才最终必然导致犯罪,而市民社会则因为有了公共性的权威——法律才能更好地确保无论自然人还是市民本性的自由得以更大化地实现。黑格尔的名言完全可以概括市民的本质特点:作为一个人,并尊敬他人为人。②

四、结　　语

综上,我们可以依据其法哲学传统对自然人进行一个小结。古罗马法上的市民和我们现代谈论的自然人并不相同,它起源于政治且归结为政治。可以说,古罗马的市民一直处在社会状态中,在那里,罗马的政权笼罩在社会之上。真正

① 这里要说明的是,市民社会法的私法性和自然法的私法性是不同的。其不同点至少有以下几点:(1)自然法下的人只顾及自己的任性,没有经过道德状况的洗礼,所以不可能把另外一个人设定为人格,换用黑格尔的话来讲,自然状况下的人是没有教养的,市民社会里的人是有教养的。(2)市民社会处于国家状态下,自然状况没有国家这个公共状况。(3)市民社会中的人在需要中相互中介,从而能使这种有教养的自由实在化,也就有了实在法,从而使市民可以过一个真正的法律状态下的生活;自然状况没有这种需要,一切靠自己来满足。(4)这样,市民社会有司法机关,可以实行分配正义;自然状况没有,实行的几乎是复仇。可见,市民社会的私法性,是相对于国家法的公共权力来源而言的。市民法的私法性,在于市民自身就是法律,这些交往中的互相承认的自由意志就是法律;而国家法的王权、行政权等,这些法不是来自王、行政本身,而同样也是来自这些交往中互相承认的自由意志。

② [德]黑格尔:《法哲学原理》,范扬、张企泰译,商务印书馆1961年版,第46页。

作为罗马社会开启者的不是个人天赋的自由,而是罗马帝国无上的权力。因此,真正的自然人首先应当从自然法学者的自然状况开始谈起。自然状态中的自然人不是一个完全自然属性的自然动物,而是服从自己理性、服从自然律而生活的自由人。但是,这种自由人是纯粹的任意,并没有真正地意识到自己人格的超越性、意识到自己的主体性而自律,所以这种自然人因缺乏尊重人格的教养而只能在任意里走入战乱,必然要终结自然状态而进入市民社会。当自然人从自然状况下走出而迈入市民社会时,自然法也就被理性法所取代,此时自然人也被名之为市民。在市民社会中,自由成员之间的关系就是市民之间的关系,而之所以能发生市民之间这种交往关系,是因为市民意识到了人格本身的主体性,从而能尊重人格。可以说,市民社会中的市民,不但拥有自然状态下的任意,同时,由于意识到人格本身的神圣性而能自律,不再基于朦胧的自然状况下的自由任意行事,而是立足于人格本身的超越性以自由意志去作为实践的根据。因此,自然人可以作如下定义:自然人就是指处于国家状态下,在人与人的交往关系中相互被承认为人格的特殊个体。所以,德国民法典就被表述为"Bürgerliches Gesetzbuch(BGB)"。我们所谓的自然人在德文里被表达为"Bürger"。而"Bürger"这个词的意思就是国家市民(Staatsbürger),[①]即不再处于自然状况而位于国家状态下的自由人格,德文也可表述为"Natürliche Personen",即自然人格。[②]

---

① Siehe Palandt, Bürgerliches Gesetzbuch, Bd1. verlag C. H. Beck München 2005, S. 1.

② A. a. o. S. 9.

第三编　新中国成立前的民法：史与思

讨论民法起源时，我们总是回溯于古罗马而非夏商。由此，中国古代民法究竟是真的不存在，还是过于神秘而无法为我们所知？这确实是一个问题。无论史海钩沉还是发微探幽，绝非吾侪力所能及。唯有站在史家肩膀，借助他人史料，方可简思于万一。因此，本编诸多简陋片思的基础，都是来自学术前辈提供的史料。

古代中国有无民法的国际之争及其评述

在强调依托文化传统与国情制定民法典的当下，讨论中国古代的民法当然深具时代意义。但是，中国古代是否有民法，不但在国内学界，甚至在国际学界都是没有定论的重大学术命题。下文拟介绍其中的一些代表性观点，并略陈己见。

作为调整民事生活的规范体系，民法总是对人身关系（人格关系、婚姻、收养等）和财产关系（债权关系和物权关系等）进行调整的结果。尽管这是一个依托现代文明背景的定义，如人格权关系便是近代文明尚未着重讨论的话题，但可以明确的是，只要存在人与人之间的身份关系、财产关系以及人与物之间的产权关系，民事生活便确定无疑存在。至于中国古代是否具有民事生活，这并不存在争议。有争议的是中国古代是否存在对民事生活进行调整的民法规范。

民法规范分为形式民法与实质民法。所谓形式民法，即民法通过法典形式表现出来，即使这个形式是以习惯法典的方式出现。所谓实质民法，即指虽然没有通过法典形式表现民法，但民事生活事实上得到了某些规范的调整。讨论中国古代是否有民法，首先关注的是中国古代是否有形式民法。众所周知，封建法典都是刑律，即使其中“户律”规定有户婚田土钱债等内容，大都是以刑法面目出现，无法明辨其民法性质。因此，至少在正式颁布的法典形式上,民法并不存在于古代中国。但是,就古代中国是否有习惯法上的民法形式,学界有一定的争论。

一、古代中国有无民法的国际之争

日本著名法史学者滋贺秀三认为,清代审判官员基本上并不将“习惯”视为一种“法源”,而是将其视为一种融汇在“情理”之中的替代物,有关清代民事纠纷的司法审判,实际上只是一种“调解”,而不是一套具有私法性质的规则。他断言,清代中国没有“习惯法”或“作为法源的习惯”,只存在风俗、俗例、土例、土风等乡俗。① 我国台湾地区学者邱澎生解析道,滋贺秀三否定习惯对清代中国审判的作用,其实只是强调习惯在清代中国审判中起的作用与西方有所不同,是一种情理、调解而非私法规则,并非意指习惯对传统中国审判不起作用。② 我国著名学者梁治平对此表示了反对。他认为,所谓习惯法乃是由乡民长期生活与劳作过程中逐渐形成的一套地方性规范,虽然并未形诸文字,但并不因此而缺乏效力和确定性。由此,他将滋贺秀三的观点颠倒过来,认定乡例、俗例、乡规、土例等乡俗正是习惯法的表达形式。③ 美国学者费正清也认为中国存在习惯法。他说,虽然中国历代法典对民事规定甚少,但钱田户婚等事未经律文规定者,皆归习惯法支配。④

这些争论表明,大家在习惯法的认定上产生了分歧。滋贺秀三从审判视角判断,由于审判者并不受民事习惯的约束,因而事实上存在的民事习惯因为不能对审判者产生拘束力,所以习惯始终未能成为法。梁治平则从习惯法的习惯形式与法的形式上分析,乡例等既具有普遍遵循的习惯性,且在内容上展现出了权利义务的分配,将之定性为习惯法也并非不可行。可见,大家在习惯法的法形式认同上产生了龃龉。毋宁说,滋贺秀三乃是从形式习惯法上进行的论述,参照的是西方意义上的习惯法。若习惯未经有司编纂而变成习惯法典从而可以拘束审

---

① 参见[日]滋贺秀三:《清代诉讼制度之民事法源的考察——作为法源的习惯》,载王亚新、梁治平编:《明清时期的民事审判与民间契约》,法律出版社1998年版,第54~96页。

② 参见邱澎生:《法学专家、苏州商人团体与清代中国的“习惯法”问题》,载《北大法律评论》编辑委员会编:《北大法律评论》2009年第10卷·第1辑,北京大学出版社2009年版,第68~88页。

③ 参见梁治平:《清代习惯法:社会与国家》,中国政法大学出版社1996年版,第38页。

④ 参见[美]费正清:《美国与中国》,张理京译,世界知识出版社1999年版,第113页。

判,则不宜认定存在习惯法。梁治平则从实质习惯法视角进行的认定。他认为,只要民间遵循这些具有权利义务内容的乡例、俗例、乡规、土例等,则事实上便存在民事习惯法。拙见以为,系争清代中国的民事习惯并不能成为习惯法。一为不具备法适用所应当具备的属地性。由于民事习惯未经有司编纂在适用上无法通行全域,具有十足的当地特色,具有属人性。就主权国家而言,若其不能通行全国,难说该习惯具有法的特性。二为不具备法所应当具备的强制性。民事习惯未经有司编纂无法拘束审判,使对违反民事习惯的惩罚只能交由舆论。因而即使具有民事权利与义务内容,由于其不具有法所特具的强制性,难说具有法的属性。

在认定是否存在实质民法时,学界争论异常激烈。赞成者主张,中国古代存在实质上的民法。美国加利福尼亚大学教授黄宗智在所著《清代的法律、社会与文化:民法的表达与实践》一书里透过档案资料指出,虽然清代官方没有民法的表达,但州县审判的案件中约有 1/3 为民事案件。尽管大清律例没有所有权之类的名词与概念,但州县在惩罚侵犯他人财产或破坏合法土地买卖行为时,其主观虽在维护皇统秩序,客观却保护了产权。因此他得出结论,无论其表达如何,清代法律中有保护产权的实质。基于此,他否定按照西方大陆法律传统来界定民法,认定即使法律未能独立于行政权力而是像清律那样把法律看作统治者绝对权力的产物,即使未以权利而是像清代那样以禁与罚来定义民事制度,也应当认定清代中国事实上存在民法。①

反对者则主张,中国古代不可能存在实质民法。法国里昂东亚学院研究员巩涛在《失礼的对话:清代的法律和习惯并未融汇成民法》一文里指出,以黄宗智为代表的美国学者一反经典地从当地习惯中寻找民法的做法,从司法程序、民事案件和民事判决里寻觅完整的民法体系并不可行。因为在古代中国的案件审理中,民事案件都只是细事,其审理程序与刑事案件无甚差别。易言之,清代州县并不能通过审理民事案件创造一个民法体系。一则在于具有强制适用力的只是刑律;二则中国当时并未形成习惯法,无法通过审判确认一个事实上的属于习惯

---

① 参见黄宗智:《清代的法律、社会与文化:民法的表达与实践》,上海书店出版社 2007 年版,第 5~17 页。

法范畴的民法体系。[①] 这一观点与滋贺秀三、梁治平前述观点一致。他们认为,清代审判者并未视习惯为法源,而是依托是否合乎情理定夺民事案件。因此,习惯既未通过编纂成为具有约束作用的习惯法,也未事实上对审判者产生约束力。审判者并不能通过审判发现一个事实上存在的民法体系。

二、争论的实质:文化抑或文明?

拙见以为,在论争清代中国是否有实质民法时,务必先行清晰实质民法的含义。若只是将实质民法定性为一种民事审判现象,以此指陈是否存在民法,那其论所指为民法文化。若将实质民法定性为一种公私对立下强调个人自由的权利义务规则体系,则是在民法文明视角上探讨民法。如许纪霖《新天下主义与中国的内外秩序》一文所指,文化与文明截然不同。文化只关心"什么是我们的",而文明则关心"什么是好的"。易言之,文化关注人的归属与认同,将"我们"与"他者"区别开来;文明则超越国族的认同而从普遍视角回答"什么是好的"。[②]

若以文化与文明分野视角评议清代中国有无民法之争,我们会发现,正反双方实际上是在不同层面讨论民法的有无问题。详阅黄宗智所著《清代的法律、社会与文化:民法的表达与实践》一书,我们可以总结其结构为:民事生活事实—民事案件审理事实—民事审判达到的后果。展而言之,代表古代中国的清代社会具有民事生活,也具有审理民事案件这一不争的事实,且达到了西方民法同样的保护契约、产权的效果,因而理当摒弃西方中心论下的民法概念,从实质上认定古代中国也具有民法。若局限于此,似乎黄宗智是从西方民法文明角度探讨清代民法的有无。实则不然。他在揭开表达与实践间不一致初始即进行了论证悬搁,即将民法的西方背景进行了悬置,只从是否有民事审判事实与保障后果进行揭示。他说道,抛开西方民法应有的背景,只从是否具有民事审判以及是否现实地保护了产权与契约角度,清代中国也具有民法,尽管与欧洲大陆民法

---

① 参见巩涛:《失礼的对话:清代的法律和习惯并未融汇成民法》,邓建鹏译,载《北大法律评论》编辑委员会编:《北大法律评论》2009 年第 10 卷 · 第 1 辑,北京大学出版社 2009 年版,第 89 ~ 120 页。

② 参见许纪霖:《新天下主义与中国的内外秩序》,载《知识分子论丛》第 13 辑,世纪出版集团 · 上海人民出版社 2015 年版。

不同。[①] 可见,黄宗智讨论的清代中国民法为一种属于清代中国人的民法文化,并非民法文明。

之所以其论为一种民法文化,可从其独特的研究方法说起。如巩涛所言,黄宗智对民法的确信完全与经典方法不同,不从习惯或者习惯法当中寻踪觅迹,而是直接取材于州县的裁判档案。这一方法也决定了他不再从形式上认定民法的存在,因为中国传统表明,官方或者法律专家并无编纂习惯法的沿革,自然无法在形式上提供一部供州县裁判民事案件的民事习惯法典。尽管民事生活中有习惯甚至某些地方有尤其是商人团体草拟而出的近似于习惯法的条例,但州县审判民事案件时不必然受其约束。正如具有审判实践经验的汪辉祖在《学治臆说》里所言:"初到官时,不可师心判事,盖所判不协舆情,即滋议论,持之于后,用力较难。"[②]反言之,一般官员在审判民事案件时都是"师心判事",即按照自己内心认定的情理判决,并非按照习惯裁断。之所以习惯对其有约束力,只是考虑在审判的执行力上,可能会多少有所顾忌。由此,真正决定民事审判的乃审判者心中的情理,如果有违其根本情理,习惯自然会根据情理取舍。梁治平在《清代习惯法:社会与国家》里说得好:"从文化内部的观点看,只有一种法,那就是国家法。我们所谓习惯法不过是民情土俗的一部分,其当存当废,端视其美恶而定。"[③]可见,审判者审判时所依据的不是从民事生活中发觉出的民事习惯,而是审判者内心师从的人伦之情与王权之理。这样的情理必然是特定文化价值下的产物,不是一个本真的事实状态,更非一个举世公认的文明体系。以上足见,黄宗智是在民法文化上论证清代中国民法的存有。

作为否认中国古代存在民法的大陆学者代表,梁治平在《寻求自然秩序中的和谐》一书里指出,认定一个社会是否有民法,不是看这个社会事实上是否出现了民事关系,而是看人们如何看待、处理他们。[④] 因此,民法着重于民事关系的效果,以占据统治地位的法律观为前提,因而必是一定社会特定价值体系的表现。

---

① 参见黄宗智:《清代的法律、社会与文化:民法的表达与实践》,上海书店出版社 2007 年版,第 6~8 页。

② (清)汪辉祖:《学治臆说》。转引自巩涛:《失礼的对话:清代的法律和习惯并未融汇成民法》,邓建鹏译,载《北大法律评论》编辑委员会编:《北大法律评论》2009 年第 10 卷·第 1 辑,北京大学出版社 2009 年版,第 89~120 页。

③ 参见梁治平:《清代习惯法:社会与国家》,中国政法大学出版社 1996 年版,第 132~133 页。

④ 参见梁治平:《寻求自然秩序中的和谐》,中国政法大学出版社 2002 年版,第 108 页。

中国古代的家国文化,使个人无处藏身,因而不可能存在张扬个人自由、权利的私法文明,当然不可能存在民法。尽管他在《清代习惯法:社会与国家》中承认,清代中国也存在具有民事权利义务内容的乡例、土例等“习惯法”,但这种所谓的民事习惯法并不能自证存在文明意义上的民法。可以这样揣测梁治平观点。作为一种文化,代表古代的清代中国存在民法;但作为一种文明,代表古代中国的清代并不存在民法。

综上,拙见以为,古代中国有无民法之争,主要是一种文化与文明之争。作为一种文化现象,大家基本都认同古代中国存在民法;作为一种文明,无论是代表肯定中国古代有民法的黄宗智,还是否认中国古代有民法的梁治平,基本上都持否定态度。

三、评　　述

以文化视角论断古代中国民法有无,实则对民事审判或民事习惯进行的事实认定,无法依托应有的文明予以评判。若悬搁每种民法文化现象背后的价值支撑,不从基础予以品评,自当不可能界定出文明得失。若以罗马法以来大陆法系主要的民法文明价值为视角,中国古代民法将呈现另一面相。为此,我们有必要先行了解民法文明的基本内涵。

民法文明的一切内涵皆可以浓缩为两个字:私法。私法由“私”与“法”两部分构成。要想真正理解“私法”,须分别了解“私”以及“私”与“法”的关系。

所谓“私”,并非意指主体上的私,因为公法主体同样可以作为私人出现在民法中,如政府采购工程、货物与服务。所谓“私”,亦非其不涉及国家利益。国家利益是一个抽象而不可名状的概念,它总是要通过具体的主体利益得以体现,或者体现为政府利益、军队利益,或者体现为国有企业、事业单位利益等。若说涉及国家利益的都不能由民法调整,岂不将排除这些代表国家利益的主体于市场经济之外?显然,这既不符合时代潮流下的法律理念,更不符合制度现实。如政府建设市政项目、国有企业、事业单位进行建设工程的招投标等,这些都必须通过签订民事合同的方式才能得以实现。我们绝不能说这些项目是由财政或者国企等出资便认定其享有特权,从而可以不按照民法的平等原则进行处理。只要进入民法领域,国家便要遵循民法领域所应有的平等规则,根据合同分配权利义务。据此,“私”并非一个外在比对或者界定的结果。

要洞悉真正的私法,必然要从外在现象评判视角转向内在倾向去认定“私”。所谓“私”,乃是“私法”中的“私”,即“私”乃“法”之源。“私”要表明的是“法律”效力的根源不在外部,而在于每个人的内部。它并非商鞅刻在城墙上进行赏罚的外部规则,全靠外部目标的吸引或者恐惧驱使人的行为,而是内部油然而生的自我意识的产物。因此,“私”首先是一种私人性,即无法被任何外在力量捉摸的任意性。相对于外在必然性建立的规则体系而言,“私”即是一种偶然性。它有能力使自己摆脱一切外部必然性,因而可以否定一切外在强制力量。所以,“私”首先表现为免受一切外在力量控制的可能性,即“free from...”正因为“私”的这一基本表现,使“私法”中法律效力的根源只能到每个人的内在性中找寻。民法之所以是人本主义的法,仅因为民法具备了私法思维,从而将法律效力的根源奠定在每个人所具有的内在能力之上,让每个人都成为适用于自身法律的立法者。我们之所以遵守法律,并非我们是某种外在力量的工具,而是因为我们是在遵循我们自己的意思表示。唯有如此,法律才能建立在人性之上,才能让人在法律规制中找到尊严。

“私法”之“私”仅界定了法律效力源于个人意思,并未表明个人意思这种任意性会带来社会生活所需要的秩序。将社会秩序系于个人意思之上,从理论上看是一种冒险,可能使人类陷入万劫不复。但若不将社会秩序奠基于人性的始基之上,而是引进外部力量扼杀人性中的任意性,必将使社会秩序背离人性而将人拖向外部力量的虎口。因此,社会秩序的建立从终极性来讲也是一种赌博。只有将社会秩序建基于人性中的这种偶然能力之上,人性才能从自己的本性出发走向拯救。所以,“私法”展现出了人类的实践图景。人类要想通过自己获得拯救,唯有从内在性中的任意性出发,努力超越自己的任意性构建出确定性,将人性提升到公共性的高度,让自己构建的秩序与他人构建的秩序达成一致,从而自由而有尊严地栖息于社会生活中。

由此,“私法”展现出的是首先认定“私”是法的根源,然后在此基础上人类不断克服自己的“私”性,将自己行为所依托的准则建立在具有公共性的“法”之上。唯其如此,方可认定具备了私法内容,民法才是一种文明。

从罗马民法到法国民法、德国民法,民法文明跃然纸上。在古老的《十二表法》中,已经出现了处理私人事务的成文法。优士丁尼《法学阶梯》吸收了业已出现的成果,将法律区分为公法与私法,认定涉及罗马帝国政体的为公法,仅涉私人利益的为私法。尽管彼时的私法与近代私法还有一定区别,但在万民法主导的优士丁尼民法体系中,法律已然从市民法古老的形式转向了个体理性的自然。历史已为强调自然人性为法源的近代自然法准备了最充分的素材。法国民法为近代文明的端倪初露,其第7条的规定,让自然人享有的民事权利脱离了外在政治秩序的赋予,彻底弃绝了君权神授理念,使民事权利完全奠定在个体自由的基础上。建立在康德人格哲学基础上的德国民法,始终以个体自由作为民法体系的根基与目的,尽管这个个体偶尔会驶入民族主义的港湾。正是基于此,民事权利成为构架整个民法体系的核心。民法典以权利义务为出发点表明,民法只是个体自由的展开,个体人格才是享有权利和承受约束的来源。个体人格不再屈从外部权威,将自己行为的一切标准内在化,将行动依据建立在了自己神圣的人性之上。正是通过让自己成为行为的基础,使自我保存确立在每个人固有的内在能力之上,民事权利变成了一个因为内在性而自足的体系,可以对抗一切外部权威,无论它借助什么名义。

在中国法律文化体系中,法典只是刑律,民事争议皆为细事。清代官员方大湜在《平平言》中说道:“户婚田土钱债偷窃等案,自衙门内视之,皆细故也。”①易言之,作为国家大典的各朝律例只是从刑法视角规范个人行为,并无暇顾及民事生活此等小事。这会给人误解,似乎朝廷有意让民众自主民事生活,培育一个独立自主的民间社会。其实不然。之所以将民众之间的事情定性为细故,并非认定这是一块朝廷管理的飞地,而是认为其不会构成对封建秩序的挑战,不会危及封建人伦秩序与皇权统治。一旦发现这些细故有违封建人伦与皇统,朝廷必然会予以干涉。所以,对这些细故各朝律例都是分而治之。如梁治平在《寻求自然秩序中的和谐》一书里所说:“一方面,至少是部分出于重义的考虑,而将户婚田土中与人伦有关的事情采入法典;另一方面,因为轻利的缘故,而降大部分户婚田土事项视为‘细故’,不予重视,交由地方官乃至家族、乡里处断。”②这表明,刑律不对民事生活进行规范,并非承认在这些领域的个人自主。个人并不能自立于社会,成为社会的单元。

---

① (清)方大湜:《平平言》。转引自黄宗智:《清代的法律、社会与文化:民法的表达与实践》,上海书店出版社2007年版,第164页。

② 梁治平:《寻求自然秩序中的和谐》,中国政法大学出版社2002年版,第112页。

这正是古代中国家国一体文化的集中表现。家国一体的古代中国文化表明,国是家的扩大,家是国的缩小。离开家庭即走向朝堂,离开朝堂又只能回到家庭。家与国之外并无其他单位存在的余地,个人始终被系缚在家国之中,无法独立,更遑论自由。这种人伦文化织造的天罗地网,使个体无法伸张人格,只能被家国吸附。在家庭中,子女不得不顺从家长权威,以孝为主;在国家中,臣子不得不俯伏于皇权,以忠作核。无论如何,个人不得以个人意思而独行其是,个人总是被绑定在家庭之中。中国古代之所以实行连坐制度,表明社会的单位不是个人而是家庭。个人不能成为主体,只有作为家庭成员时方可识别。即使只从法律现象的连坐制度论,这种文化也一直延续到清朝末年。光绪三十一年(1905年)三月,沈家本、伍廷芳上《删除律例内重法折》后,清政府才将凌迟、枭首、戮尸和缘坐、刺字三项重刑废止。

可以想象,受决定于家国文化的各朝律例,既不可能以个人自由为依归,也不可能指望这些律例会以保护个人自由为立法目的。既然无法自立于社会而只能归附家庭,那对个人行为进行的规范,不是去肯定其行为,而是要求其行为符合家国文化中的根本价值。因其如此,古代律例都以禁与罚作为出发点。"禁与罚"的独特法典结构表明,法典不是去肯认个人行为所带来的法律效果,而是站在一个正确价值的基础上,严禁个体行为背离已有价值规范的轨道,一旦出现偏离,等待的便是法典规定下的严苛刑罚。较之于"权利义务"出发点的对个体行为的肯定,"禁与罚"的动机是对个体行为的否定。两者基本上截然相对。以此观之,古代中国律例中的文明与民法文明相距甚远。

也许让人念念不忘的是,古代中国毕竟存在民事审判,且民事审判在结果上确实保护了产权、契约。尽管民事审判没有使用所有权等概念,但只要达到了这一效果,是否理当认可存在民法意义上的文明?对此,拙见以为,这并非古代中国存在民法文明的证据。

其一,审判所依据的情理并非具有民法文明的价值体系。古代州县在审判民事案件时,主要依据的并非刑律,也非事实上存在的民事习惯,而是审判者具有的情理。这些情理就是我们所讲的价值体系。就完全沉浸于家国文化的审判者而言,即使其秉公裁判,所秉之"公"也只能是忠孝文化下的价值观。在这种价值观下,不可能真正存在个体自由下的权利义务。梁治平对此一针见血:

中国历史上敢于抨击苛政、反对滥杀的人代代皆有,但是对于传统的法律观提出质疑者却始终不能有一人。问题不在于是否有人敢于提出这种质疑,而在于根本没有人能够提出这种疑问。这是历史加于思想的界限,是任何个人无法逾越的文化范式。①

也许,下述《刑案汇览》中的案子能说明一二。

有一何姓人家,老祖母何田氏溺爱孙儿何开祥。一日何开祥玩耍回家,泥污衣服,被母小何田氏用竹片责打,负疼啼哭。恰祖母探亲回家,问知原委,说媳妇不应殴打孙儿,嚷骂欲殴。小何田氏不敢回话,进房躲避。祖母被族邻劝止,回房后怒欲未息;向丈夫何允福唠叨,说孙儿被打,又痛又气,不如早死,免得受气。何允福劝慰许久。何田氏乘夫睡熟,竟投缳自缢。刑部初将何田氏比照子孙违犯教令致父母自尽例拟绞,声明情节,奏请改减流。②

这是援用情理审判案件的典型事例。若从今日法律审判此案,小何田氏既不应承担刑事责任,也不应承担民事责任。之所以审判者让其承担刑事责任,是类推适用(比照)子孙违反教令致父母自尽。亦即,只要律例对此没有明文规定,审判者审判的依据便是根据情理。从这个案例可见,根据情理会有两个倾向。第一,情理即忠孝文化理念。不管是否具有正当理由,致死长辈即为不孝。既为不孝,当然有违人伦,属于禁止的行为范畴。只要被认定为不孝,个人几乎没有辩解余地。若准许个体为不孝辩解,相当于认可个人可以脱离家庭而独立存在,可以怀疑孝文化本身的正当性。这不可能为家国文化所容。第二,违反情理必招致刑罚。在审判者眼中,不合情理首先比附的是刑律,而不是民事习惯。在民刑不分的传统中,本来应当作为民事案件甚至不构成法律争议的案件,会在刑法主导思维下习惯性地当作刑案处理。这也是古代法典"禁与罚"思维的一种必然。

其二,民事审判结果难证民法文明的存在。黄宗智认为,不论清代律例中是

---

① 梁治平:《寻求自然秩序中的和谐》,中国政法大学出版社2002年版,第60~61页。

② 《刑案汇览》340。转引自瞿同祖:《中国法律与中国社会》,中华书局2003年版,第131页。

否有民法规则如所有权之类概念的表达，只要审判者在实践中处理民事案件时保护了产权、契约，即使其主观意图在于维护封建秩序，也足以认定实质上民法规则的存在。① 显然，黄教授在此设立的逻辑大前提是，民法必然保护产权、契约。只要案件审判在最终结果上保护了产权、契约，那案件审判所依据的理念与规则也属于民法。通过清代裁判档案资料，黄宗智发现很多案件中最终也保护了契约与产权，由此认定民法存在确定无疑。尽管我们将黄宗智的民法认定归结为民法文化，但他在此有以殊途同归的模式证成古代中国民法文明存在之意。因此，需要对其观点进行检视。

拙见以为，黄教授这一推导值得商榷。民法效果并非一个孤立的结果现象，它只是因果链条中的末端。忽视起因与因果联结只取其末端的做法，无异于断章取义。以保护产权为例。只要人类开始创造社会财富，产权概念便即产生，保护产权的理念自然也应运而生。只要人类已将抢劫和偷盗作为一种道德恶予以谴责时，保护产权便是社会秩序的必然之意。若社会不对产权予以保护，人类便不会劳作，便不会有动力创造社会财富，人类也将不会存在。因此，产权被保护只是承认产权的必然，绝非认定其为高度发达文明的标志。正如民法也保护婚姻一样，不是有婚姻就可以认定有民法文明。所以，绝不能以产权是否得到保护来作为民法这种文明存在的明证。只有将产权的根基确定在权利的终极基础——个体人格上，使个体意思完全可以支配产权，我们才能认定这样的产权规则为发达文明代表的民法规则。如果像黄宗智所讲的，清代处理民案的主观意图可能只是维护封建秩序，那他们保护产权的目的不是出于对个体人格的尊重，而只是为了维护社会稳定、坚固皇统秩序，使万民不至于因为被剥夺生存资料而危及封建皇权。此时对民众产权的承认乃至保护，只是一种工具意识，完全被稳固封建秩序这一目的所吸收。依循这一逻辑，民众产权无法在自身中找到根源，自然只能是皇权赐予的结果。既然产权来自外部的赐予，当然也可以被外部权威所剥夺。正如“普天之下，莫非王土；率土之滨，莫非王臣”一句所表达，民众之所有实为王权所有。若产权丧失了抵抗外部权威的力量，这样的产权也只是徒有其表，不可能具备民法所赋予的产权含义。因此，仅从结果上认定保护了产权

① 参见黄宗智：《清代的法律、社会与文化：民法的表达与实践》，上海书店出版社 2007 年版，第 5 ~ 17 页。

便认定与民法价值理念下的产权概念相同，从而反推存在民法文明，并不令人足信。

综上所述，在古代中国的家国文化下，个体未能成为存在的本源，法律效力来源于外部权威，私人无法成为法律的源泉，私法不可能在这种文化下存在。正如梁治平在《寻求自然秩序中的和谐》里所说：

中国古代法“公”的另一方面是将所有私人关系都公共化了。就其性质而言，法动辄以刑罚的面目出现，法之所及，刑罚随之。这即是说，法律所及之处，没有纯粹的私人事务，一切都与国家有关，与社会有关，与王者有关。中国历史上没有能产生出诸如古代罗马私法那样的法律体系，与此大有关系。①

由此，古代中国并不存在罗马法以来大陆法系主要民法典意义上的民法文明。

① 梁治平：《寻求自然秩序中的和谐》，中国政法大学出版社2002年版，第59页。

炮声隆隆与民法启程

古代中国民法文明的缺失，让我们在追溯民法历史时，往往只能从鸦片战争的隆隆炮声开场。一般认为，列强通过坚船利炮在华取得的领事裁判权，是我们中华法系走向近代化的直接动因，当然也是民法文明发端的直接动因。

一、鸦片战争与领事裁判权丧失

根据近代以来法律常识，主权国家适用本国法律时一般按照属地原则进行管辖。进入一国的外国人或者无国籍人士，只要行为地在该国，该国即可以对其适用本国法，除非其享有豁免权。然而，清代中国在法律文明上与列强的法律文明差异甚大，无法令列强接受清代的严刑峻法与民事纠纷上的无法可依。列强既希望与中国进行商贸，同时，也不愿意接受中国法律的调整。由此，中国境内根据属人性适用法律，成为鸦片战争后的实况。

早在 1833 年，英国众议院议员史汤登即向众议院提议案，要求英国政府在中国设立法院以审理与英国居民有关的各类案件。不久，英国在香港设立法院，按照英国法审理有关英国人的案件。1843 年《虎门条约》的《中英五口通商附粘善后条款》第 6 款规定：英国船只中之“水手船上人等，俟管事官与地方官先行立定禁约之后，方准上岸。倘有英人违背此条禁约,擅到内地远游者,不论系何品级,即听该地方民人捉拿,交英国管事官依情处罪,但该民人等不得擅自殴打伤害,致伤和好”。尽管表达较隐晦,但英人对领事裁判权的要求昭然若揭。1843 年《中英五口通商章程》第 13 款规定:其英人如何科罪,应由英国议定章程、法律发给领事官照办。1858 年《中英天津条约》第 15 款规定:英国属民相涉案件,不论人产,皆归英官查办。第 16 款规定:英国民人有犯事者,皆由英国惩办。1876 年《中英烟台条约》将皆由英国惩办明确为由英国领事官或他项奉派干员惩办。

二、领事裁判权收回与法律启程

领事裁判权的丧失,标志着国家主权的不完整,不但让清政府颜面无存,也迫使近代精英对自己文化进行反思。传统中国文化强调的天下理念,在地理空间上表现为以华夏为中心、四方蛮夷臣服的“差序格局”秩序。正是这种自我中心且以民族国家不平等为基础的天下秩序,封闭于自己想象中的文化优越感,漠视了其他文明的存在,反过来也遭到了其他文明的漠视。面对列强的枪口,朝廷手足无措。为救亡图存,洋务运动开始兴起。“师夷长技以制夷”的洋务运动,以中体西用为支撑,仍然留存传统天下秩序中的文化优劣。洋务派认为,西方文化长于器物而暂居优势,至于其义理则远逊中华文明。若取长补短,将西方的器物文明与中华文明结合,必能强强联手而驱逐列强。但是,历史背离了洋务派的构想,中日甲午海战宣告洋务运动彻底失败。精英们开始转而考察日本,认为日本之所以强盛,是因其明治维新首先是政治维新,而非技术维新。于是,戊戌维新开始。然而,历史假慈禧之手违逆了他们设想的进程,政治改革很快随着维新志士流淌的血液消失殆尽。义和团的兴起,让清政府看到了借用民间武装收回列强在华权利的希望。然而,八国联军的大炮将慈禧与光绪轰出了紫禁城,逃亡西安。

多次抵抗的失败迫使清政府认识到,依恃武力并不能成事。迫于列强剥夺权力还政光绪的恫吓,同时也受日本政府 1899 年以和平方式收回领事裁判权的鼓励,慈禧决定进行变法以求新政。1900 年 10 月 10 日,光绪在西安下诏,令内外大臣总督巡抚条陈朝章国政、吏治民生、学校科举、兵政财政等改革事项,限两个月内具奏,准备变法。12 月 10 日,光绪发布了变法诏书。变法诏书的下达,引来了大小臣工的陈疏。其中,最著名的当属两江总督刘坤一、湖广总督张之洞的“江楚会奏变法三折”。在第二折中,江楚两督以学习西法为要,提议制定矿律、路律、商律和交涉刑律。该奏折得到朝廷赞赏:“事多可行,即当遵照所陈,随时设法,择要举行”,“择西法之善者,不难舍己从人;救中法之弊者,统归实事求是”。1902年3月11日,清政府下诏:“……近来地利日兴,商务日广,如矿律、路律、商律等类,皆应妥议专条。著各出使大臣,查取各国通行律例,咨送外务部……总期切实平允,中外通行,用示通变宜民之至意。”1902年2月23日,袁世凯、刘坤一、张之洞连衔保举沈家本、伍廷芳二人主持修订法律的奏折里说道:“内治必可改观,外交必易顺手,政权、利权也不难次第收回。”清政府1902年5月13日发出上谕:“现在通商交涉,事益繁多,著派沈家本、伍廷芳,将一切现行律例,按照交涉情形,参酌各国法律,悉心考订,妥为拟议,务期中外通行,有裨治理。俟修定呈览,候旨颁行。”1902年9月5日订立的《中英续订通商航海条约》第12款规定:“中国深欲整顿本国律例,以期与各西国律例改同一律,英国允愿尽力协助,以成此举。一俟查悉中国律例情形及其审断办法及一切相关事宜皆臻妥善,英国即允弃其治外法权。”1905年3月20日,沈家本向清政府上的《删除律例内重法折》也指出:方今改订商约,英、美、日、葡四国,均允中国修订法律,首先收回治外法权,实变法自强之枢纽。即使在宣统年间,收回领事裁判权仍在指引清政府的旧律修订。如《修正刑律草案》上奏后引来劳乃宣等礼教派人士的反对,修法的法理派持有的驳斥理由依然是收回领事裁判权。宣统年间的报刊《国闻报》对此进行了记录:法理派首先提出法权问题,谓中国欲收回领事裁判权宜改良法律,以期中外适用。若老所持异论,为极不人道,外人岂能承认此种刑律。因此中国领事裁判权,亦永无收回之日。以此足见,中国法律近代化的开启与领事裁判权的收回具有直接关系。

三、《大清民律草案》的诞生

当然,肇因于领事裁判权收回的法律近代化进程,其并非始终只是以收回领事裁判权为要旨。从1902~1906年清政府预备立宪前,法律大臣的主要任务是修订旧律,以期与列强法律类同。因而,此间修法旨在收回领事裁判权。但从清朝宣布预备立宪始,制定符合宪政时代的新律成了预备立宪阶段的主要任务,因此,收回领事裁判权被制定合乎宪政的新律吸收。基于此,清末民法典起草不可能开始于预备立宪前,因为修律阶段的任务在于修订旧律,而民法并无旧律可修。一般以为,1907 年清政府才着手起草民法典。根据 1908 年宪政编查馆九年筹备宪政事宜清单规定,从 1908 起,由修订法律馆编订民、商、刑诉、民诉诸法典,1911 年由宪政编查馆加以核订,1913 年颁布,1915 年施行。宣统皇帝继位后,迫于形势紧急,责令缩短筹备年限,要求 1911 年颁布民法典,1912 年实行。1911 年 10 月 26 日,俞廉三等将总则、债权、物权三编共计 1316 条合编成册,定名《大清民律草案》奏呈清政府。未及清政府颁布施行,清朝已然崩塌。《大清民律草案》始终未能生效。

反观包括《大清民律草案》在内的清末民法典制定,我们可以总结其两个特点:

其一,中西合体。就清政府而言,民法典为全新之物,无法仰仗于传统律例。尽管受到修律阶段收回领事裁判权的惯性作用,但清末民法典在制定上并未照搬西方模式。自清政府进入预备立宪阶段后,法典编纂宗旨有了改变。在 1907 年光绪重新任命的修订法律大臣谕旨里,虽一如既往地要求参考各国成法,但附加了必须"体察中国礼教民情"一句。宣统元年(1908 年)的修律谕旨则明确规定三纲五常为修律宗旨。俞廉三在 1911 年 9 月奏呈民法典的编纂原则时便指出,以"注重世界最普通之法则""求最适于中国民情之法则"指导民法典编纂。1911 年 10 月 26 日,俞廉三在前附奏折中又予以了强调,编纂《民法典(草案)》一方面采用最好最新的西方司法理论和原则,另一方面针对婚姻、亲属和继承则是"维持数千年民彝于不敝"。据此思想,清末民法典在编纂上分为两部分。民法总则、债权与物权三编假手日本而仿效德国,由东京高等法院法官松纲义正编纂;亲属、继承两编则在会商礼部后由国人朱献文和高种和编纂。以此可见,在清政府的计划中,民法典编纂本应采取中西合璧模式,财产领域移植西制,人身领域则沿袭传统。

其二,后出最精。俞廉三在 1911 年 9 月奏呈民法典编纂时,便将"原本后出最精之法理"纳入编纂原则。秉承这一原则,起草委员会决定了至今的两大民法传统。第一,采纳德国模式。中华法系的成文法传统,注定其只能接受欧洲大陆法系的法典编纂体系。大陆法系中最有影响的当属《法国民法典》和《德国民法典》。《法国民法典》制定较早,尽管开创了近代民法典的先河,但在科学化与体系化上逊于晚近一个世纪的《德国民法典》。因此，当时编纂委员会人员一致认为，作为晚出的《德国民法典》由于吸收了《法国民法典》的立法经验，因而显得更成熟和先进，最后选择了《德国民法典》作为大清民律草案的模板。第二，采取民商分立模式。采取民商合一还是民商分立模式，当时具有一定的争议。翰林院侍讲学士朱福诜于光绪三十三年（1907 年）十一月二十二日奏称："日本修正民商法时，梅谦次郎曾拟提议合编，以改约期近，急欲颁布而不果。中国编纂法典之期后于各国，而所采主义学说不妨集各国之大成为民商法之合编。"但是，沈家本、俞廉三不同意民商法典合编之议。他们认为："自法国于民法外特编商法法典，各国从而效之，均别商法于民法各自为编，诚以民法系关于私法之原则，一切人民均可适用。商法系关于商事之特例，唯商人始能适用。民法所不列者，如公司、保险、汇票、运送、海商等类，则特于商法中规定之。即民法所有而对于商人有特别推行者，如商事保证契约利息等类，亦于商法中另行规定。凡所以保护商人之信用而补助商业之发达，皆非民法之所能从同。"①自此，中国民法以民商分立为传统。

① 本文有关清朝的诸多史料来自李贵连先生所著的《沈家本评传》一书，其中一些则来自黄宗智先生所著的《法典、习俗与司法实践：清代与民国的比较》。如果大家想更详细和深入了解，参见李贵连：《沈家本评传》，南京大学出版社 2005 年版；黄宗智：《法典、习俗与司法实践：清代与民国的比较》，上海书店出版社 2007 年版。

民法文明与中国传统文化冲突管窥

始于领事裁判权收回的中国法律近代化运动,实为外力刺激而引发的内在需求。然而,作为文化表层的法律,并非像日常使用的器物一样只有工具意义。法律作为一种制度体系,其根总是深植于提供滋养的文化土壤。若不能在文化上互通而并存于同一文明层次,即使全盘移植,法律也将水土不服而生桔枳之变。清末修法对于文明的意义,正在于透过法律展现了西方文化与中国传统文化的不和谐。下文拟从清末修律中号称"第二次礼法之争"的文化辩难中管窥民法文明与中国传统文化的冲突。

一、"第二次礼法之争"缘起简述

1901 年 6 月 4 日,江楚两督刘坤一、张之洞会奏变法第二折,提出 12 条建议整顿中法。其中一条为"恤刑狱",重提禁止刑讯之议。① 1905 年 3 月,受命核议的沈家本、伍廷芳上《议复江督等会奏恤刑狱折》,赞同有保

---

① 本文有关清朝的诸多史料来自李贵连先生所著《沈家本评传》一书。如果大家想更详细和深入了解相关内容,参见李贵连:《沈家本评传》,南京大学出版社 2005 年版。对中国文化中相关资料的运用,参见瞿同祖:《中国法律与中国社会》,中华书局 2003 年版;梁治平:《寻求自然秩序中的和谐》,中国政法大学出版社 2002 年版。

留地废除刑讯。刑讯被明令废止后，御史刘彭年上奏要求恢复刑讯制度，同时建议制定诉讼法。沈家本、伍廷芳批驳了御史刘彭年要求废除禁止刑讯的奏折，但赞同了其编定诉讼法的建议。1906 年，沈家本、伍廷芳奏呈《刑事民事诉讼法》草案。这是中国历史上第一部诉讼法草案，全文共五章 260 条。该草案规定了西方的罪刑法定、公开审判、陪审和律师等制度，在交发各大臣讨论时遭到激烈反对。所谓的"第二次礼法之争"开始。

1907 年 7 月，湖南巡抚岑春蓂以对审案不利为由反对陪审制度与律师制度。同月，礼教派代表张之洞上《遵旨复议新编刑事民事诉讼法折》，极力反对草案。奏折云："盖法律之设，所以纳民于轨物之中，而法律本原，实与经术相表里，其最著者为亲亲之义，男女之别，天经地义，万古不刊。乃阅本法所纂，父子必异财，兄弟必析产，夫妇必分资；甚至妇人女子，责令到堂作证。袭西俗财产之制，坏中国名教之防，启男女平等之风，悖圣贤修齐之教，纲论法斁，隐患实深。至于家室婚姻，为人伦之始；子孙嗣续，为宗法所关。古经今律，皆甚重之。中国旧日律例中，如果审讯之案为条例所未及，往往援三礼以证之，本法皆阙焉不及无论。勉强骤行，人情惶惑，且非圣朝明刑弼教之至意。此臣所谓于中法本原似有乖违者也。"张之洞此折可谓晚晴保守派之代表作，其中体西用思想溢于言表，且多有从实体法与程序法关系视角进行的阐述。如奏折有言："西洋各国，皆先有刑法、民法，然后有刑事、民事诉讼法。即日本维新之初，亟亟于编纂法典，亦未闻诉讼法首先颁行"。在礼教派的极力阻击下，《刑事民事诉讼法(草案)》即被搁置始终未能颁布。

1907 年 9 月，沈家本等进呈《大清新刑律草案》。尽管沈氏认为此次修律虽"折中各国大同之良规，兼采近世最新之学说"，但在指导思想和内容上"仍不戾于我国历世相沿之礼教民情"，却仍遭礼教派的百般阻挠。军机大臣兼掌学部的张之洞对《大清新刑律草案》再次发难。学部批驳新刑律的奏折云："我国以立纲为教，故无礼于君父者，罪罚至重。西国以平等为教，故父子可以同罪，叛逆可以不死。此各因其政教习俗而异，万难强合。"1910 年宪政编查馆审议《修正刑律草案》与 1910 年 10 月开始的资政院议决《大清新刑律》时，受到以劳乃宣为代表的礼教派的抨击。即使在 1911 年 1 月 25 日清政府颁布《大清新刑律》，礼教派们仍然不依不饶对法理派进行弹劾，迫使沈家本在 1911 年 3 月辞去修订法律大臣和资政院副总裁之职。

上述有关修法上的激烈争论,俗称“第二次礼法之争”。当然,对此,绝不能按照春秋战国时代儒法之争来理解。根据直接参加这场争论的陈宝琛说:“《新刑律草案》于无夫奸罪之宜规定与否,或主礼教,或张法理,互相非难,未有定说。”据此可以说,所谓清末修律的礼法之争,是指礼教派与法理派之争。他们所争论的乃是究竟依据传统儒家文化还是西方近代思想来作为修订法律的原理。尽管看上去此场论争与民法毫无关系,但若深入探究,实际上论争关涉民法文明价值的根本。

二、“第二次礼法之争”实质

尽管概括有挂一漏万之处,但基本上可以概其大观。可以说,是否采取平等思想,乃是第二次礼法之争的实质。法理派主张采取西方法律中的平等精神修订旧律和制定新法,礼教派则指斥平等精神违逆儒家基本人伦,万不可接纳。张之洞早在反对《刑事民事诉讼法(草案)》中便指出,草案“袭西俗财产之制、坏中国名教之际、启男女平等之风、悖圣贤修齐之教”。在反对《大清新刑律草案》的学部奏折里,也提到“西国以平等为教,故父子可以同罪,叛逆可以不死”。1911年2月京师大学堂总监督刘廷琛上书清政府,指斥法律馆所修刑律与民律草案专取欧美平等之法,有违父子之名分,溃男女之大防。请求朝廷再定国是。至于后期礼教派劳乃宣观点,则更是明确平等为西方道德代表,与中国重人伦关系的道德格格不入。由于他主张法律只能依循道德,因而认定中国的法律只能重人伦而不能采平等。正是基于这些思想的指导,奏呈的《大清民律草案》才不敢包括亲属与继承两编。

也许,今天的我们已经习惯了民法以平等为基本原则。但清末礼法之争在“平等”上的对峙我们也不得不察。绵延五千年的文明说起来令人神往,总让我们想起其辉煌灿烂的历史。但如今的法治状况再一次告诉我们,虽然我们的法律并不十分完备,但法律体系相对而言齐全。真正影响法治实现的,不是法治理念与体系不先进与不完善,而是近现代法律理念与制度并未深入我们内心。于是,我们一方面,高呼法治且制定越来越多的法律文本;另一方面,在实践上却并未重视法律,甚至意图超越于法律之上,享有法外特权。之所以在规制人们行为上存在潜规则与显规则的撕裂,是因为我们未经反思的实践观与言语体系发生了偏离。这种分裂笔者不认为都是有意完成的,也不能认为都是为了谋求自己的私利。很多时候是因为认识不到现代思想背后的文明价值。尽管笔者不完全同意柏拉图“德性即知识”的观点,认定无人自愿为恶,但一旦实践者不能意识到规则背后的文明理念,他便无法按照文明规则行为,当然只能沿袭生活经验中的惯行实践,自然产生了根据规则实践与未反思实践之间的断裂。因此,即使我们制定了最先进、最文明的规则体系,但只要我们意识不到规则体系背后的先进性和文明性,规则始终只是遮羞布。鉴于此,假手平等观念反思我们古老的传统文化,实有必要。

三、“第二次礼法之争”的传统文化土壤

儒家文化代表中国古代文明,这当无异议。作为规范社会的儒家文化,其核心即为礼。《论语·为政》指出:殷因于夏礼,周因于殷礼。《礼记·礼器》亦曰:三代之礼一也,民共由之。可见,作为儒家文化的礼,其由来已久,乃是古代典章制度、礼仪、乐舞乃至风习的总汇。《礼记·乐记》云:“乐者为同;礼者为异。”《荀子》之《乐论篇》有云:“乐合同;礼别异。”《礼记·礼器》又云:“礼不同。”因此,瞿同祖先生在《中国法律与中国社会》一书中,将礼的含义等同于“异”,其功用在于借其不同以显示贵贱、尊卑、长幼、亲疏。可以说,儒家的理想社会便是一个贵贱、尊卑、长幼、亲疏区分得非常清楚的社会。《荀子·非相篇》云:“故人道莫不有辨,辨莫大于分,分莫大于礼。”《礼记·哀公问》亦云:“非礼无以节事天地之神也,非礼无以辨君臣、上下、长幼之位也,非礼无以别男女、父子、兄弟之亲,婚姻疏数之交也。”若模糊了它们之间的界限,这个社会必定背离儒家的价值而备受诟病,甚至违背者被斥为乱臣贼子。据此,在儒家看来,天下要臻于治平,只有人人都严格遵守礼而固守社会地位不平等之实。易言之,只有人人不平等的社会才是儒家心目中的理想社会。一旦夷平等级而模糊差异乃至颠倒地位,这样的社会便违逆了人伦天理,失去了大道。显见,儒家社会秩序建立在人人不平等的社会现实基础上,与民法文明所倡导的平等理念相去甚远。由此可以理解,为何清末修律中学部奏折指陈《大清新刑律草案》违反中国传统五宗罪,即违反君臣之伦、父子之伦、夫妇之伦、男女之别和尊卑长幼之序。不以平等为旨的《大清新刑律草案》都会遭遇如此反对,可以想象若清朝未倒,完全建基于平等的

《大清民律草案》会招致怎样的责难。

主张平等也常常会被误以为是法家的魂灵复现。沈家本先生亲历的遭际足以说明此点："或者议曰：'以法治者，其流弊必入于申韩，学者不可不慎。'"从论敌的攻击看，沈家本主张平等必在主张申韩之学，因为法家主张法律面前人人平等。为此，我们有必要将民法平等与法家之平等区别开来。

《商君书・赏刑》曰：所谓壹刑者，刑无等级，自卿相、将军以及大夫庶人，有不从王令，犯国禁，乱上制者，罪死不赦。若断章取义，似乎法家要求一切人等在法律适用上一律平等，具备现代文明意义上的先进观念。其实，在法家看来，法律是一种治国的工具，尽管是最有效用的治国工具。只有按照法家的赏刑之道治国理政，国家才能强盛不衰。第一次礼法之争的实质，并非对自外而内的君权秩序的存废之争，而是在保有君权秩序前提下，如何最有效地维护君权秩序而采哪种工具之争。儒家主张德化，认为为人君者需要自正其身而为天下标杆，社会才会大治。《论语・颜渊》云：政者，正也，子帅以正，孰敢不正。《礼记・哀公问》：政者，正也，君为政，则百姓从政矣。君之所为，百姓之所从也。君所不为，百姓何从。《孟子・离娄上》言：君仁莫不仁，君义莫不义，君正莫不正，一正君而国定矣。法家则认为，德化不足以治国，唯有严刑峻法，方可天下大治，君权永固。《韩非子・奸劫弑臣》曰：夫严刑者，民之畏也，重罚者，民之所恶也。故圣人陈其所畏，以禁其衺，设其所恶，以防其奸，是以国安而暴乱不起。吾以是明仁义爱惠之不足用，而严刑重罚之可以治国也。总之，无论是儒家的德化还是法家的赏刑，其都是以维护君权秩序作为前提，只不过方法有所差异而已。

正是儒法两家共有相互通约的宗旨，因此，它们在治权的本原上异口同声。《荀子・军道》云：法者治之端也，君子者治之原也。汉儒王符在《潜夫论・衰制》里说道：法者，君之命也。商君虽然严令刑无等级，但也明确指出，法律源自君主，是国禁、上制和王法。《管子・任法》更是明确总结道：有生法，有守法，有法于法。夫生法者，君也。守法者，臣也。法于法者，民也。君臣上下贵贱皆从法，此谓为大治。正是由于儒法两家都以维护君权秩序为前提，因而儒法两家才能在汉代合二为一，变成德主刑辅。《汉书・元帝纪》记载元帝语：汉家自有制度，本以霸王道杂之。同时，虽然法家强调法律适用上的平等，但从其所述可见，君臣之间的等级差异是法家平等观的前提。正如《史记・太史公自序》：法家严而少恩；然其正君臣上下之分，不可改矣。可见，法家虽然以刑无等级的平等法律适用观标榜，由于以君臣上下之分作为前提，因而与民法文明强调的平等观大相径庭。

由上，法家的平等观只是所有人在适用代表君王意志的法律面前一律平等。君王通过法律规定的严刑峻法，驱使所有臣民按照其意思行进，稳定君权秩序。封建律例之所以一贯采用禁与罚作为出发点，正是以君权秩序不可违逆作为前提。任何有违君权秩序的行为都要受到否定、禁止与惩罚。正因如此，法家在提倡法律适用面前一律平等的同时，坚决主张去私任公。《韩非子·诡使》云：夫立法令者以废私也，法令行而私道废矣。私者所以乱法也。由此足见，法家的平等观只是将法律作为工具意义上的平等观，只是俯伏于君权的平等观，是以君权为一切存在根据的平等观。这种建立在去除“法”的“私”性抹杀人格尊严基础上的平等观，与民法文明下的平等观具有天壤之别。沈家本先生在指陈先秦法治与西方法治的异同时便说道：“申韩之学，以刻核为宗旨，恃威相劫，实专制之尤。泰西之学，以保护治安为宗旨，人人有自由之便利，仍人人不得稍越法律之范围。二者相衡，判然各别。”

四、结　语

总而言之，中国传统文化中的儒法两家之所以不具有民法文明，主要是因为其不具备民法文明中的平等价值理念。在民法看来，所谓平等必定是平等主体意义上的平等，是承认私人这个个体具有人格尊严上的平等，因而必定以个体主体化为前提。可以说。民法文明中的平等理念正是平等主体这一结构的展示。平等主体是一个偏正结构，平等并非终极价值，而只是对核心内容“主体”的修饰，只是主体对外的一个表现。只有让人成为主体，享有人格尊严，人人之间才会具有真正意义上的平等，否则就只能是法家意义上的匍匐于君权面前的遭受惩罚的平等。这种平等观念只有在私法环境下才可以实现。如果法律只是上制、国禁与王法，法律效力不能来自每个个体的自由意思，作为私法的民法平等价值不可能存在。其实，当时法理派的杨度已经看到了中国文化的顽症所在，提出打破家族的横隔，让个人与国家直接相联系。但这一观念无法为深受家国文化影响的保守派势力所接受。面对中国传统的法律文化，我们可以援用吴廷燮发表在《法政浅说报》上的《吴参议守今之法律不足存中国说》一文中的精辟内容结尾:“旧律者,沿于唐律,其本则秦律也。秦以一人之私制天下,而又恐天下之不利于己也,则制为重家族之法律,以系凡民之心,而可以为所欲为。其弊也,家族之义盛,国民之义亡,知有家而不知有国,知有己而不知有人。”①

① (民国)吴廷燮:《吴参议守今之法律不足存中国说》。转引自李贵连:《沈家本评传》,南京大学出版社2005年版,第292页。

《中华民国民法典》的诞生与观念

辛亥革命虽终结了《大清民律(草案)》，但中华文明在历史新阶段上的内在革新需求与收回领事裁判权的外在压力，①让中华民国政府必须面对民法典的编纂。1912年3月，北洋政府(民国北京政府)即成立法典编纂会负责法律的修订。1914年2月，法典编纂会改为法律编查会后，于1915年完成了《民律草案》亲属编。1918年7月，修订法律馆取代法律编查会负责修订法律。修订法律馆于1925年至1926年编纂完成了民国《民律草案》。民国《民律草案》完成后时值南方国民政府北伐，军阀混战的局面使得北洋政府无暇顾及《民律草案》，因而该草案并未完成立法程序。

1928年6月8日，国民党军队进入北京，结束了北洋政府在中国的统治。在尚未完成统一的1928年10月，国民政府即颁布《中华民国国民政府组织法》，且在12月根据此法组建立法院着手法典编纂事宜。随着1928年12月29日张学良宣布"东北易帜"，国民党在全国实现

---

① 尽管国民党立法院在第三次全国代表大会上阐述立法计划时便讲道："现在所缔结中比、中丹、中西、中意各商约，以十九年(1930年)一月一日或是日以前颁布民商法为撤销领事裁判权之条件。即为安全社会生活计，为撤销不平等条约计，民法之起草尤不容缓也。"实际上国民党却在1944年才收回领事裁判权。

了形式上的统一。统一后的国民政府立即开始民法典编纂。①

一、《民国民法典》的编纂

根据当时国民政府的组织机构设置,民法典的编纂首先需经中央政治会议确定民法各编立法原则,由立法院民法起草委员会依照立法原则起草民法条文,经立法院立法委员会开会审议各编民法草案后,立法院将表决通过的法律提交国民政府政务会议颁布。为了尽快启动民法典编纂程序,立法院成立后2个月,胡汉民、林森、孙科即提出《关于民法总则编立法原则》第19条提请中央政治会议审议。1928年12月19日,中央政治会议第168次会议通过《民法总则编立法原则》。1929年1月29日,立法院组织成立起草委员会遵照《民法总则编立法原则》开始起草工作。4月初即完成《总则编草案》155个条文(附施行法)以及《民法总则起草说明书》。按照1929年4月15日立法院院长胡汉民提出"在一年内完成民法"计划的指针,4月20日立法院即以举手表决方式议决通过《总则编》152条(附施行法)。1929年5月23日,国民政府公布了《总则编》,并定于1929年10月10日施行。1929年6月5日,中央政治会议第183次会议议决通过《民法债权编立法原则》,立法院开始编纂民法典债权编。1929年11月5日立法院召开第58次会议听取了起草委员会的《起草民法债编草案说明书》,删除4条后以举手表决方式议决通过了《债编》。1929年11月22日,国民政府公布民法《债编》,定于1930年5月5日开始施行。在《债编草案》起草过程中,胡汉民向中央政治会议提出《物权编立法原则(草案)》,经1929年10月30日中央政治会议第202次会议议决通过。1929年11月19日立法院召开第61次会议,以举手表决方式修正通过了《物权编》。国民政府于1929年11月30日公布《物权编》,并定于自1930年5月5日与《债编》同时开始施行。1930年7月23日,中央执行委员会政治会议第236次会议议决通过《亲属法立法原则》《继承法立法原则》各9项。起草委员会据此两个立法原则经过4个多月的起草,完成了《亲属编、继承编起草说明》《亲属编与继承编草案》及其施行法。1930年12月2日,立法院召

① 文章史料很多来自张生先生的文章。如果大家需要更仔细的史料,参见张生:《民国民法典的制定:复合立法机构的组织与运作》,载《比较法研究》2015年第3期。

开第120次会议修正通过了《亲属编》《继承编》,以及其施行法。国民政府分别于1930年12月6日、12月22日公布了民法《亲属编》《继承编》,两编均自1931年5月5日同时开始施行。至此,国民政府用了不到2年时间完成了整个民法典的编纂工作。

二、《中华民国民法典》的基本理念

我国台湾地区著名民法学者王泽鉴先生在《民法五十年》一文中中肯地评价《中华民国民法典》"充分显示了一个古老民族如何在外来压力下,毅然决定抛弃固有传统法制,继受西洋法学思潮,以求生存的决心、挣扎及奋斗"。① 已故著名民法学者谢怀栻先生在《大陆法国家民法典研究》一书中高度赞扬道:"这是中华民族可以引以为自豪的一部民法典。它为中华民族进入近现代文明社会开启了道路。"②《中华民国民法典》具有以下特点:

其一,沿袭《大清民律草案》的文明编纂体例。清政府被推翻后,一开始真正主政的北洋政府并不待见《大清民律草案》。根据民国立法院民法起草委员会傅秉常委员的口述(《立法院之成立与余加入之原委》):"民国成立以后,北洋政府仍沿用清末伍廷芳等所订之大清民法,至此时国民政府五院成立,始有议定新法之举"。按照黄宗智教授在《法典、习俗与司法实践:清代与民国的比较》一书中的考察,虽然清末制定了《大清民律草案》,但民国新政府一开始并未接受这一仿照《德国民法典》而来的草案,而是仍然沿用1910年清政府颁布的修订本清代旧法典的民法部分。国民党统一全国后,民法起草委员会摒弃了北洋政府这一做法,继续沿着《大清民律草案》的方向前进,最终根据近现代文明理念制定出《民国民法典》。这一继受对民法文明的开启至关重要,彻底打破了封建律例的死灰复燃态势。从法典编纂体例上来看,这一继受的意义可以表现为两方面。

第一,民刑分立。各朝律例都是诸法合体而由刑法统率,民法只是刑律中的细小分支。《民法典》的单独制定表明,民法不再只是封建统治者眼中琐细小事,

---

① 王泽鉴:《民法五十年》。转引自谢怀栻:《大陆法系国家民法典研究》,中国法制出版社2004年版,第107页。

② 王泽鉴:《民法五十年》。转引自谢怀栻:《大陆法系国家民法典研究》,中国法制出版社2004年版,第124页。

而是有关现代文明价值的基本理念。当然,民刑分立并非国民党民法起草者的首创,而是对清末文明法典编纂传统的承继。在1906年4月25日向清政府呈递《刑事民事诉讼法(草案)》时,沈家本便在其前附奏折中特别提到该草案三个大的改变:民事与刑事案件分开、设立陪审制度与律师制度。1907年上呈的草案第一条则开宗明义地区分了民事案件与刑事案件,即"凡因诉讼而审定罪之有无者属刑事案件",而"凡因诉讼而审定理之曲直者属民事案件"。清末开始的这一民刑分立传统得到了南北民国政府的继承。当国民政府在1929年开始编纂法典时,民法典脱离刑法典单独编纂变成了共识。同时,民刑分立后民法典的单独制定,也使民事案件不再只是细事,交由审判者依据情理予以自由裁断。民事审判必须按照民法典的规定进行,民法典成了民事审判的终极权威。

第二,以权利义务为架构。封建律例采用禁与罚构架法典,其旨在通过否定个人行为以固守法典之外的封建伦常价值。可以说,在封建律例中,秩序只是某种外在价值的承载体,是不以个体意志为转移的客观自然价值的体现,断不许个体对其怀疑、挑衅与违逆。基于此,封建律例多用禁与罚来否定个体意志的本原性,维持外在秩序对个体意志的压倒性优势。《中华民国民法典》弃绝禁与罚而采纳权利义务作为民法典的架构,表明立法者希望法律维持的秩序不再是某种外在于个体意志的某种客观价值的载体,而是依循个体意思自由形成的秩序。它不再严防个体对秩序的破坏,而是鼓励与肯认按照个体的自由意思追寻新秩序。

其二,男女平等。真正的平等尤其是男女平等并不为传统的儒法文化所容。清末修律中礼教派与法理派的论争,主要是论争在立法理念上应否采纳平等。正是基于对父系伦常文化的维护,《大清民律草案》才只是包涵了"总则编"、"债权编"与"物权编","亲属编"与"继承编"则因其构成了伦常文华的基础而不能按照西方价值观予以制定,因而不能假手法理派,只应交给礼部礼教派人士草拟。北洋政府时期,男女平等观念也未能立足。1925~1926年的《民律草案》参照清末模式,在其头三编中几乎完全模仿《德国民法典》,但后两编却不敢仿效。国民党在《中华民国民法典》一改这一传统,统一按照西方平等理念制定"亲属编"与"继承编"。如当时的《民法总则编的起草说明书》指出:"男女平等之原则,本为吾党对内政策所规定,自应期其实现……至其它权义之关系,亦不因男女而有轩轾"[谢振明:《中华民国立法史》(下册)]。胡汉民在《新民法的新精神》中也讲道:“我们现在所编订的民法,却绝对免除这类不平等的情形。在条文中我们只讲‘人’而不分性别无论男子女子,其行为能力的种种限制与保障,在法律上是完全相同,没有区别的。”

其三,社会本位。民国立法者虽然承继了《大清民律草案》的立法模式,但没有接受草案的立法理念。作为立法委员之一的傅秉常认为,1911 年《民律草案》以个人为本位,不合中国国情。民国新法典应以社会为本位,保持个人利益和团体利益之间的平衡。傅秉常指出,当时民法典编纂所奉行的立法理念是“折中主义”,“余以为国民党之统治,代表一新阶段之开始,吾人之法律亦应超迈现实,以求掖导社会之进步,但又不宜过分激进,致与现实脱节,无法在社会中发生预期之效力”。[①] 胡汉民也认为,西方社会以个人为中心,中国传统优点在于重视家庭。因此,民法典不应完全抛弃传统,理应以社会为本位。所以,胡汉民在《新民法的新精神》一文里说道,“新民法”应当注重团体的利益,注重社会公益。社会是一个整体,不是为许多个人而存在的,因此不能像从前的民法那样,以个人主义为立足点。“这层意思,兄弟自本院开始以来,已屡次报告过了。”后在《民法亲属继承两编中家族制度规定之意义》一文中,胡汉民从孙中山先生的理论开始。孙中山先生说道:“外国人以个人为单位,由个人放大便是国家……外国不如中国……中国国民和国家结构的关系,先有家族,再推到宗族,然后才成国族,这种组织,一级一级的放大,有条不紊,大小结构的关系,当然很切实的。”胡汉民由此引申到,“真实的良好的家族主义,是民族主义的缩影……中华民族,因将藉此精神以存续其悠远的生命,世界各民族也必须靠此,才能巩固其生存的基础”![②] 是以,1931 年的《中华民国民法典》以社会本位为立足点,强调社会公益的重要性。

---

① 张生:《民国民法典的制定:复合立法机构的组织与运作》,载《比较法研究》2015 年第 3 期。

② 胡汉民:《新民法的新精神》,载吴经熊、华懋生编:《法学文选》,中国政法大学出版社 2003 年版,第 434 ~ 435 页、第 461 页。

第四编　新中国民法:史与思

新中国成立后,迄今已有5次民法典起草编纂历程。本部分侧重于改革开放后的第三次民法典起草。第三次民法典起草对如今的民法典制定具有重要影响,其展现的很多民法理念被我们现在所遵循,其缺陷也正在被我们克服。新中国一波三折的民法典起草与编纂工作,很多深值反思。下文拟在简述其历史的基础上对其进行一定的思考。

新中国民法简史

随着国民党军队的节节败退,《中华民国民法典》适用范围也在逐渐萎缩,直至中共中央发出废除国民党"六法全书"的指示。1949 年 2 月 22 日,中共中央发布《关于废除国民党"六法全书"与确定解放区司法原则的指示》(以下简称《指示》)。《指示》指出,人民民主专政的国家不应当再依据旧法统,应当有新的、人民自己的法律。1949 年 3 月 31 日,董必武以华北人民政府主席名义签署《废除国民党六法全书及其一切反动法律》训令。1949 年 10 月,《中国人民政治协商会议共同纲领》第 17 条宣布:"废除国民党反动政府一切压迫人民的法律、法令,建立人民司法制度。"之后,学界、法学教育界和司法部门展开了轰轰烈烈的批判与整顿、改造运动,开始构建新中国的法律制度体系。

一、第一次民法典起草

一般认为,新中国第一次民法典起草从 1954 年即已开始。[①] 经过各方准备与努力,起草小组于 1955 年 10 月 5 日完成了第一个文稿:民法典总则编第一稿。经过 2

---

① 关于新中国第一次和第二次民法典起草详细史料,参见张玉敏主编:《新中国民法典起草五十年回顾与展望》,法律出版社 2010 年版,第 3～64 页。

年多的资料收集、条文起草和初步编纂,民法草案的大部分初稿已草拟完毕。正当各界摩拳擦掌、跃跃欲试之际,1957 年 5 月 1 日《人民日报》发表《中国共产党中央委员会关于整风运动的指示》,在全党范围内开展了影响深远的整风运动。在此背景下,著名法学家杨兆龙教授在 5 月 9 日的《新闻日报》上发表了《我国重要法典为何迟迟还不颁布?——社会主义建设中的立法问题》一文,直指民法典颁布与社会主义基本权利保障等关系,建议尽早颁布民法典以完善社会主义法制。由于该文引起了广泛注意,《新闻日报》编辑部于 1957 年 5 月 20 日邀请了王造时等法学工作者与会发表意见。然而,随着整风运动迅速转向为对右派分子的反击,社会形势出现了令法学工作者无法料想的逆转,杨兆龙和王造时等首先即被定为右派。至此,新中国第一次民法典起草戛然而止。

二、第二次民法典起草

1962 年开始的新中国第二次民法典起草,是对社会经济秩序和政治秩序反思的结果。根据赵苍璧的回忆,毛泽东同志在 1962 年 3 月 22 日明确指出:“不仅刑法要,民法也需要,现在是无法无天。没有法律不行,刑法、民法一定要搞。”在此指示下,全国人大常委会于 1962 年 9 月成立了民法研究小组,重新组织进行民法起草。经过 2 年多时间的努力,1964 年 11 月 1 日,民法起草小组完成了最后一稿,即署名为“全国人民代表大会常务委员会办公厅”的《民法草案试拟稿》。该试拟稿共三编,总计 24 章 262 条。这一民法草案可以说是前无古人后无来者的独一无二的民法典。草案在指导思想上既要摆脱苏联的影响,又要与资产阶级民法划清界限,所以在编排体例和用语、制度上都具有十足的中国特色。在编排体例上,民法草案采纳了“总则”、“财产的所有”和“财产的流转”三编制,完全排斥亲属、继承和侵权行为。在用语上彻底拒绝被贴上资产阶级标签的“主体”“自然人”“法人”“物权”“债权”“著作权”“义务”等概念体系。在制度内容上直接在第三编“财产的流转”第二章、第三章和第十五章分别规定不属于民事领域的“预算关系”、“税收关系”和“劳动报酬福利关系”。尽管该草案立足于当时的社会情势,但社会的发展仍然出乎了起草者的预料。随着毛泽东同志在 1962 年下半年北戴河召开党的八届十中全会对阶级斗争的重新强调,以“四清”形式开展的社会主义教育运动兴起,彻底终结了新中国第二次民法典起草。1964 年 11 月 1 日的民法草案最后一稿明确记载了第二次民法典起草停止的原因:“因参加社教运动,起草工作就停止了。”

三、第三次民法典起草

党的十一届三中全会后,中共中央将工作重心转移到以经济建设为中心的国家建设上来,法制建设也提上了日程。1979 年 2 月全国人大常委会成立了法制委员会。1979 年 11 月法制委员会组建了民法起草小组,着手民法典的起草。新中国第三次民法典起草拉开了帷幕。至 1982 年 5 月第四稿民法草案止,民法起草小组在不到 3 年的时间里总共推出了四稿民法草案。尽管并无重大社会历史事件出现,但由于人们无法判断当时社会主义计划经济与商品经济的关系,因而第四稿民法草案出台后未及提交全国人大常委会讨论便终止了这次民法典起草。(由于第三次民法典起草对我们如今的民法体系至关重要,下一部分会专文探讨,在此不赘述)在此情形下,立法机关一改立法预案,将目标从民法典起草上移开转向民法领域的单行法。1981 年 12 月的《经济合同法》、1982 年 5 月的《商标法》、1984 年 3 月的《专利法》、1985 年 3 月的《涉外经济合同法》和 1985 年 3 月的《继承法》以及国务院颁布的诸多条例如《工矿产品购销合同条例》《农副产品收购合同条例》《借款合同条例》《公司登记管理暂行规定》等,就是这一指导思想的产物。为了给民法单行法和国务院的诸条例以统一的指导原则,同时,也因为 1984 年 10 月 20 日党的十二届三中全会通过的《中共中央关于经济体制改革的决定》对商品经济的肯定与鼓励,为立法机关扫清了思想障碍,全国人大常委会法工委于 1985 年 7 月 5 日组织召开了民法总则起草预备会议,7 月 8 日正式开始民法总则起草工作。由于民法总则包含的内容不只是传统民法总则的内容,尚包括了分则部分的物权、债权、继承方面的一般性内容,因而最后采纳了彭真委员长“民法通则”的称谓。1986 年 4 月 12 日,《民法通则》经第六届全国人大第四次会议审议通过,1987 年 1 月 1 日正式施行。

四、第四次民法典起草

1992年邓小平同志南方谈话，进一步解放了思想，逐渐形成了社会主义市场经济理论。党的十四大正式确立了建立社会主义市场经济体制目标后，为了满足社会主义市场经济对法制的需求，各民事单行法相继得到了制定。立法机关1993年制定了《公司法》，1994年制定了《城市房地产管理法》，1995年制定了《担保法》《票据法》《保险法》，1997年制定了《合伙企业法》。1997年党的十五大进一步提出“依法治国，建设社会主义法治国家”的战略目标，并强调要在2010年形成有中国特色的法律体系。1998年1月13日，全国人大常委会副委员长王汉斌邀请专家学者座谈民法典起草问题。与会专家一致认为民法典起草条件已经成熟，可以着手民法典起草。王汉斌副委员长遂决定恢复民法典起草工作，组建民法起草工作小组，准备编纂民法典。第四次民法典起草开始。1998年3月，民法起草小组召开第一次会议，决议委托中国社科院梁慧星研究员负责起草物权法草案。1999年，全国人大常委会一统《经济合同法》《技术合同法》《涉外合同法》，通过了广受好评的《合同法》。2000年3月9日，李鹏委员长在第九届全国人大第三次会议上说：“力争在本届人大任期内编纂一部比较完整的民法典。”2002年1月11日，全国人大常委会法制工作委员会召开会议，正式启动民法典编纂工作。但是，2003年公布的第十届全国人大的立法计划中，并未提及民法典的制定，而是强调先行制定《物权法》。至此，第四次民法典起草告一段落。此后，2007年3月6日，第十届全国人大第五次会议通过了《物权法》。2009年12月26日，第十一届全国人大常委会第十二次会议审议通过了《侵权责任法》。

五、第五次民法典编纂

2014年，党的十八届四中全会决议编纂民法典，开启了新中国第五次民法典编纂。第五次民法典编纂计划分两步，先行制定民法总则，然后再通过民法分则部分，最后形成一部完整的民法典。2017年3月15日，《民法总则》已由第十二届全国人民代表大会第五次会议通过，自2017年10月1日起施行。2020年5月28日，《民法典》由第十三届全国人民代表大会第三次会议通过，于2021年1月1日生效。

转承之际的第三次民法典起草详述*

20世纪70年代末,以民主与法制的方式治理国家,成了历史的选择。在党的十一届三中全会前夕召开的中央工作会议上,邓小平同志提出:"应该集中力量制定刑法、民法、诉讼法和其他各种必要的法律,例如工厂法、人民公社法、森林法、草原法、环境保护法、劳动法、外国人投资法,等等,经过一定的民主程序讨论通过,并且加强检察机关和司法机关,做到有法可依,有法必依,执法必严,违法必究。国家和企业、企业和企业、企业和个人,等等之间的关系,也要用法律的形式来确定;它们之间的矛盾,也有不少要通过法律来解决。"党的十一届三中全会召开后,经济建设被置于全党和全国工作的中心,决定了经济关系的基本法——民法典的编纂被提上日程。1979年2月全国人大常委会成立了法制委员会,由彭真出任法制委员会主任。同年,法制委员会成立了民法起草小组,开始民法的起草工作。新中国历史上的第三次民法典起草拉开了帷幕。

一、第三次民法典起草的原因

任何历史事件的发生,都有其特定的背景。第三次

---

* 本书刊发于张玉敏主编:《新中国民法典起草五十年回顾与展望》,法律出版社2010年版。收入本书时进行了一定的修改。

民法典的起草,有两个最主要的原因。

其一,国家工作重心的转换,是制定民法典最深层次的原因。1954 年和 1962 年两次民法典起草,都因政治运动冲击而搁浅。历史经验告诉我们,什么时候国家重视发展经济,民法就得到重视,民法典的制定就被提上日程。党的十一届三中全会审时度势,顺乎民心,及时作出了将全国工作的重心从以阶级斗争为纲转移到社会主义现代化建设上来的伟大决策,全会《公报》指出:“现在就应当适应国内外新形势的发展,及时地、果断地结束全国范围的大规模的揭批林彪、‘四人帮’的群众运动,把全党工作的着重点和全国人民的注意力转移到社会主义现代化建设上来”。将全党全国工作的重点转移到经济建设上来的伟大决策受到全国各族人民的热烈拥护,全国人民发展经济、脱贫致富的积极性空前高涨,社会经济活动空前活跃,对法律的需求日益迫切。但是,由于种种原因,除宪法和婚姻法外,共和国的法制建设几乎一片空白,经济活动长期靠政策和计划调整。民法是调整市场经济关系的基本法,工作重心的转移,经济活动的活跃,必然将民法的制定提上日程。正如陶希晋所说,改革的基本方向就是要改变过去主要靠行政组织和用行政手段来管理经济的办法,代之以主要靠经济组织和采取经济手段来管理经济的办法。为了有效地推行新的经济管理方法,巩固新的管理体制,就必须通过实践总结经验,把好的经验用法律形式定下来。这个法律形式主要是民法。①

其二,深刻反思破坏民主法制的教训,是制定民法典的另一动因。改革开放前十年,国家政权遭到严重削弱,社会秩序一片混乱。在这种无序的混沌里,法律甚至宪法都成了一纸空文。要使社会主义社会井然有序,除非实行法治。正是在法制遭到毁灭性破坏的历史终结处,“以法治国”的思想悄然兴起,席卷全国。正如李步云等所说:“以法治国是一场制度的革新,是一场革命”。② 正是基于此,1978 年 12 月召开的党的十一届三中全会在总结了破坏民主和践踏法制的深刻教训后,作出了加强社会主义法制建设的重大决定。全会公报指出:“为了保障人民民主,必须加强社会主义法制,使民主制度化、法律化,使这种制度和法

---

① 参见陶希晋:《关于民法起草工作中的几个问题——陶希晋同志在中央政法干校法律师资班上的讲话》1981 年 7 月 20 日,《民法学论文选》,第 6 ~ 7 页。

② 李步云等:《论以法治国》,载《法治与人治问题讨论集》编辑组编:《法治与人治问题讨论集》,群众出版社 1980 年版,第 51 页。

律具有稳定性、连续性和极大的权威,做到有法可依,有法必依,执法必严,违法必究。”在重倡法律意识的大背景下,国家在立法和司法两方面推动了法制建设。在立法方面,1979 年 7 月 1 日,全国第五届人大第二次会议通过了《刑法》《刑事诉讼法》《选举法》等 7 部重要法律。在 1979 年 9 月 9 日中共中央发布的《关于坚决保证刑法、刑事诉讼法切实实施的指示》中,党中央第一次提出了实行社会主义法制的主张。在司法方面,通过重建司法机关和司法制度,法制权威逐步树立。1978 年 6 月,最高人民检察院正式开始办公,1979 年 9 月 13 日第五届全国人大常委会第十一次会议决定重新设立司法部,1980 年 1 月成立中央政法委员会。1980 年 11 月开始的对林彪、江青的审判,使法律的权威得到了维护,树立了依法办案的范例。这种法律意识空前高涨的大背景,掀起了一场立法高潮。以法律来治理,以法律为权威,成为时代的呼声。陶希晋精辟地概括道:“现在我们要立法,不仅在经济方面要用法律的形式来加以调整、改革、整顿、提高,而且在政治方面,在保护人身权利方面,在社会风尚方面,都有必要用立法方法加以拨乱反正。经济部门要求把民法赶紧写出来,社会方面要求更加强烈。”①

二、第三次民法典起草的历史背景

在自上而下极力推崇民主法制的年代里,建立社会主义法律体系,用法律来规范人们的日常生活和保障人们的基本权利,成为这个时代的主旋律。可以说,党的十一届三中全会开启的新的社会现实,使民事立法必然得以启动。这个社会现实可以概括为四个方面。

其一,发展经济的需要。党的十一届三中全会决定把国家工作的重心转移到经济建设上来,人民群众发展经济的积极性像火山一样爆发出来,出现了全国上下万众一心,建设社会主义现代化强国的令人振奋的局面。但是,长期计划经济体制形成的一系列管理制度,制约了企业的发展。为了适用新形势下经济发展的需要,党和国家开始对经济政策和管理体制进行改革。首先,在广大农村实行了联产承包责任制,并迅速取得成功,农民在基本解决了吃饭问题之后,认识

---

① 陶希晋:《关于起草民法的几个问题——陶希晋同志在我院师生大会上的讲话(摘要)》,载《西南政法学院学报》1980 年第 4 期。

到无工不富的道理,各种专业的承包经营户和乡镇企业开始发展,商品经济在农村逐步活跃起来。就城市而言,主要是国有企业的改革。长期以来,国有企业被视为政府管理的一个生产单位,没有独立的财产和经营自主权,当然也不用独立承担经济责任。这种管理体制导致国有企业效率低下,缺乏竞争力。因此,国有企业的改革首先就是要赋予企业独立的市场主体资格和经营管理的自主权。正如王家福所说:“如果把单纯用行政手段管理经济改为用经济的方法管理经济,就势必要赋予联合公司、专业公司等经济组织以法人地位,使合同这样的经济手段变为法律手段。”①如此,企业和企业之间、企业和银行之间等就通过合同而联结起来。经济流转的加速,自然带来搞活经济的积极效果。显然,这一切的前提是让企业享有自主经营权。自 1979 年 4 月党中央提出对整个国民经济实行“调整、改革、整顿、提高”的方针以后,逐步改变了过去对企业统得过多过死的管理方式,赋予了企业越来越大的自主经营权。② 与此同时,城市中的个体工商、各种集体性质的经济组织、合伙组织、企业之间的联营也发展起来,经济关系变得活跃和复杂起来,过去长期实行的计划管理无法适应经济发展的需要。对外开放,引进外资,更需要法律来支撑,需要用具有普遍效力的、稳定的法律加以规范。王家福等认为,制定民法并非主观臆想,而是发展社会主义商品生产的需要。③ 陶希晋指出,巩固社会主义所有制,发展社会主义商品经济,把经济改革的成果和通过新的手段调整的新的经济关系,用法律的形式巩固它,是民法的历史任务。④ 制定民法,用法律的手段来调整经济关系,成为时代的迫切需要。

其二,权利保护的需要。在特定历史背景下,全社会的权利观念尚未形成,公民的私有财产被限定在生活资料的范围内。改革使一部分人先富起来,他们的财产能否得到保障、是否可以继承,这在一定程度上影响了人们创造财富的积

---

① 王家福、苏庆、夏淑华:《我们应该制定什么样的民法》,载《法学研究》1980 年第 1 期。

② 这从下面的规定可以看出:1979 年 7 月国务院发布的《关于扩大国营工业企业经营管理自主权的若干规定》《关于国营企业实行利润留成的规定》《关于开征国营工业企业固定资产税的暂行规定》《关于提高国营工业企业固定资产折旧率和改进折旧费使用办法的暂行规定》《关于国营工业企业实行流动资金全额信贷的暂行规定》5 个文件。同时,也对个体经济的发展空间进行了规定。参见赵中孚:《对我国民事立法的回顾与展望》,载《西北政法学院学报》1986 年第 1 期。

③ 参见王家福、苏庆、夏淑华:《我们应该制定什么样的民法》,载《法学研究》1980 年第 1 期。

④ 参见陶希晋:《关于起草民法的几个问题——陶希晋同志在我院师生大会上的讲话(摘要)》,载《西南政法学院学报》1980 年第 4 期。

极性。邓小平同志在会见以竹入义胜为团长的日本公明党访华团时指出:“民主和法制,这两个方面都应该加强,过去我们都不足。要加强民主就要加强法制。没有广泛的民主是不行的,没有健全的法制也是不行的。”①为了保障人民生命财产的安全和民主权利,确保人民当家作主的主人翁地位,调动广大人民群众发展经济、创造财富的积极性,必须健全社会主义法制,通过法律确认和保护人民的各项权利。民法作为权利法,是确认和赋予社会成员包括社会组织以民事主体资格和各项民事权利,使人在法律上能够成其为人,可以充分发挥其聪明才智,积极参与社会生活,从事无害于社会和他人的经济的、文化的、家庭的等各种活动的基本法,是保护人民权利的最重要的基础性的法律,抓紧制定民法,成为时代的不二选择。

其三,司法的需要。新中国成立以来,在民事领域只制定了婚姻法,大量的民事纠纷主要根据民事政策和传统习惯解决。改革开放以后,公民成为经济活动主体,公民之间的纠纷除婚姻家庭纠纷外,财产纠纷日渐增多。企业等经济组织之间,经济组织的出资人相互之间,经济组织与公民之间的各种财产纠纷,如合同纠纷、侵权纠纷、土地权益纠纷、责任分担纠纷等也大量发生。这些纠纷能否合理解决,事关公民和经济组织的切身利益,事关改革开放和经济发展能否顺利进行。而仅靠政策和习惯,已远远不能适应纠纷解决的需要。魏振瀛、张佩霖指出:“广大司法工作者迫切盼望早日颁布民法。他们认为:我国解放已经三十一年,还没有一部完整的民法,是个很大的缺陷,使得民事审判工作无法可依,或者法出多门,或者以言代法,造成混乱状态,产生不良后果”。② 制定民法,为日益增多、日显重要的民事纠纷提供裁判的依据,成为时代的必然选择。

其四,维护社会道德的需要。我国的传统美德和正常的社会生活秩序,在一段时间内被破坏,这些都扰乱了人们的思想和道德观念。进行思想道德教育当然是解决这些问题的重要手段,但是,教育不是万能的,道德需要法律来维护。只有将社会普遍认可的道德上升为法律,依靠法律的强制力来规范人们的行为,保护合法行为,制裁那些严重违反社会主义道德,侵犯他人合法权益,扰乱公共

---

① 邓小平:《民主和法制两手都不能削弱》,载《邓小平文选》(第2卷),人民出版社1994年版,第189页。

② 对此,魏振瀛和张佩霖的文章引用了大量的资料作为论据进行了佐证。参见魏振瀛、张佩霖:《要尽快制定颁布民法》,载《北京政法学院学报》1981年第3期。

秩序的违法行为,才能重塑社会道德,树立良好的社会风气。陶希晋就指出,只有以民法对社会风气进行规范,才能有效肃清遗毒。①

三、第三次民法典起草的四个阶段

第三次民法典起草经历了四个阶段:酝酿阶段、准备阶段、起草阶段和整理阶段。② 本书基于这四个阶段的划分分述之。

在党的十一届三中全会作出的解放思想和加强民主法制决策的鼓舞下,法学界内部春潮涌动。1979 年 5 月,中国社会科学院在公安部礼堂召开了在京法学界的理论讨论会,主要探讨民法与经济法的关系问题。这可以说是改革开放后民法与经济法的第一次交锋。在这次交锋中,民法与经济法的界限得到了探讨,同时,民法典的制定和民法的调整对象也渐次进入法学界的视野。就当时的讨论而言,很多人都主张制定民法典。他们对于民法典的制定提出了三种方案:"民法典"、"财产法典"或者"公民权利保护法"。此次讨论最终没有形成结论。在理论不足以说服人的时候,实地调研成了理论之外的出路。这次大会后,10 多个调研小组被组成,深入全国各地进行调查研究。此次调研分为两个阶段。第一阶段是在北京约 12 个部委及各个机关进行调查(其中包括北京市的工商局,一些街道办事处,企业如首钢、清河毛纺厂),调查内容主要是合同的执行情况。第二阶段是到东北、华东、西北、中南等地区进行调查。在调查过程中,民法起草小组已经着手成立。为了事先做好准备,中国社会科学院法学所民法研究室向时任社科院院长胡乔木提交了一份报告,并通过他转交中央。这份报告的主要内容就是说明制定民法典的客观必要性,并指出了民法的主要内容:基本原则、民事法律关系主体、适用范围、时效、财产所有、财产流转、合同、民事责任以及财产继承。另外,该报告进一步阐明了民法同经济法的关系,明确表示对制定一部平行于民法典的经济法典的反对。尽管中央很快对此报告进行了批复,但是就

① 参见陶希晋:《关于民法起草工作中的几个问题——陶希晋同志在中央政法干校法律师资班上的讲话》1981 年 7 月 20 日,《民法学论文选》,第 7 页。

② 下面的资料运用,主要是基于课题组邀请到的西南政法大学的金平、中南财经政法大学的李静堂、北京大学的魏振瀛和武汉大学的余能斌这四位民法学界的前辈的回忆以及相互引证而来的录音记录。

民法典的制定和民法与经济法的关系没有明确表态,只是要求进行调查研究。随后,在新一轮的调查研究结束前,1979 年 11 月,全国人大法制委员会组建了民法起草小组。

民法起草小组组建以后,进入了紧张的民法典起草的工作中。准备工作分为两个部分。一方面,继续进行调查研究,深入中国的实际,力图通过调研来摸清社会民事关系的情况和纠纷解决的经验、问题,以图以后制定出来的民法典能理论联系实际,符合中国的国情。另一方面,乘着思想大解放的春风,民法起草小组组织人员翻译国外的民法典以及收集过去的资料。可以说,整个准备工作就是由理论研究和实际调查两方面构成的。在把调查的报告和翻译及其他资料整理出来后,进入了正式的民法起草过程。起草小组将拟定的各部分的起草任务分配给小组成员,然后将各组的稿子汇总、讨论、修改。1980 年 5 月,新中国第三次民法典起草的第一稿出炉。1980 年 8 月 15 日,《民法草案(征求意见稿)》向全国征求意见。在第一稿的基础上,民法起草小组认真吸取各方意见,继续进行调查研究和理论探讨,于 1981 年 4 月 10 日推出了《民法草案(征求意见二稿)》,再次向全国征求意见。1981 年 7 月 31 日推出了《民法草案(第三稿)》,1982 年 5 月 1 日推出了《民法草案(第四稿)》。这时,彭真等领导同志根据当时的国情、法制建设总的要求和民法典稳定性、严肃性的特点,提出了“改批发为零售”的民法起草指导思想,即总的方向和任务是制定民法典,但是可以根据需要先制定单行法,成熟一个制定一个。因此,随着第四稿的完成,第三次民法典起草也告一段落。民法的制定转入“零售”阶段。

四、第三次民法典起草的成就

经过将近三年的努力,第三次民法典起草取得了很大的成就。由于其特殊的历史背景,尽管在新中国是第三次民法典起草,但这次民法典起草是在工作重心转移到经济建设上来的情况下进行的,因此,可以说这也是新中国历史上第一次真正地直面社会主义现代化建设的民法起草。所以,第三次民法典起草的成就不在于其理论体系有多大的逻辑严密性。易言之,不在于其对民法学这门科学作出多大的理论贡献,主要在于其创新性。笔者认为,第三次民法典起草成就主要展现在以下两个方面。

其一,为我国的民事立法提供了四个意义深远的草稿。自1980年8月15日的第一次民法草案征求意见稿始至1982年的第四稿,短短两年多的时间里为我国的民事立法和法学研究提供了四个蓝本。民法典的起草过程和四个草稿,极大地推动了当时民法理论的研究和发展,为以后中国的民事立法和民法学研究奠定了基础。1981年制定的第一部《经济合同法》完全以民法草案的合同部分为模板,至于1986年通过的《民法通则》也是直接取自于这些草案的成就。如果没有之前的四个草稿,《民法通则》不会在如此短的时间内成功地制定出来。民法典的起草对民法学理论研究也起了至关重要的推动作用。1979年之前,中国没有自己的民法教材,法科院系没有开设民法课,而只简单介绍民事政策。在民法典第三次起草的鼓舞和推动下,民法学成为法科学生的必修课,民法学的研究生机勃勃,而在此期间编写出版的民法教材在体系和内容上都不同程度地以这几个草稿为蓝本。民法典第三次起草对新中国民法观念的传播、民法学理论研究和民法教学发挥了重要的推动作用,功不可没。

其二,权利义务思维的重新采用。在第二次民法典起草中所制定出来的几个民法典草案里,除1963年4月中国社会科学院法学研究所提供的《民法(草案)》外,其他各草案均未采用权利义务思维。在第三次民法典起草的各个稿子中,到处都洋溢着权利的气氛,民法学研究的蓬勃朝气弥漫在四个民法典草案的草稿里。如对权利能力、财产所有权、合同、智力成果权和继承权等概念的采用,表明民法典正在回归正道。

如果说仅仅将新中国第三次民法典起草的成就概括为两个有失公允,那么探讨一下这四个草稿的特色也许能够弥补一二。或者说,在今天看来,这次民法典起草充满了创新,因而与其概括其成就不如中性地概括它的特色或者创新。第三次民法典起草是在改革开放刚刚启动,一切皆未定型的情况下进行的一次法律制定。在新中国的历史上,我们没有颁布过民法典,同时对民国时期旧法统的废弃,也使我们谈不上沿袭旧有的民法典,一切从头开始,成了第三次民法典起草的宿命。结合我们的社会形态和当时特殊的社会情境,我们的第三次民法典起草具有突出的中国特色。笔者认为,第三次民法典起草至少具有以下几个方面的特点。

其一,组织方式上的中国特色。第三次民法典起草是在立法机关的直接领导之下进行的,采取的是立法机关、学者和实务专家三结合,理论研究和实践调查相结合的工作方式。1979 年 11 月全国人大法制委员会组建了民法起草小组。该小组的领导成员有陶希晋、杨秀峰、孙亚民、林衡元、赵国平、吴克坚、佟柔、史越。起草小组成员还包括中国社科院法学所的王家福、苏庆、陈汉章和余能斌等;北京大学的魏振瀛、王作堂;中国人民大学的赵中孚;北京政法学院的杨振山;西南政法学院的金平;最高人民法院的马原、龙世荣、艾伟、费宗祎;北京高级人民法院的吕家林等;天津高级人民法院的石秀珍、李世荣等 40 多人参加,时任全国人大常委会委员长彭真直接领导了这次起草工作。彭真一贯强调,要从我国实际情况出发,制定有中国特色的社会主义民法。他说:"对群众中的风俗习惯、传统,不要小看,也要很好地调查研究,忽略了就很难行得通,特别是在农村。当然,对风俗习惯,要站在无产阶级立场,站在最大多数人民最大利益的立场上,进行具体分析,抛弃其中封建的、落后的东西,吸取最好的、有用的东西。"①为了使民法典的内容真正反映中国的实际,一方面,组织专家对国外的民法典和本国历史上的民法进行翻译和研究,汲取其精华为我所用;另一方面,召集大量实务部门的人员到京,商讨实践中出现的问题和法律上的对策。根据魏振瀛和张佩霖的记载,全国人大法制委员会民法起草小组于 1979 年 11 月成立后,从调查研究入手,采取"派出去、请进来"的办法,先后召开了 338 次调查会,试拟条文和反复征求意见然后进行修改,才于 1980 年 8 月写成《民法(草案)征求意见一稿》。② 如果说这些形式的座谈会仅仅是对中国的实际进行间接了解,那么,民法起草小组派遣的大量专家深入群众中进行的大量调查研究,就是真正的第一手资料。另外,坚持民主集中制也是第三次民法典起草的一个重要特点。领导的认识、学者的观点和制度设计通过这个制度有机地统一起来了。这种上通下达的制度,保证了所制定的民法典合乎中国的国情。笔者认为,第三次民法典起草的工作方式,在今天仍然具有重要的借鉴意义。

其二,立法宗旨上的中国特色。我们国家的法律,特别是基本法,都会在法律条文中明确宣示立法所依据的指导思想和总体任务,民法典起草也不例外。1980 年提交的草案一稿第 2 条规定:民法的任务是通过调整这些民事关系,保护社会主义公有制,保护公民的合法权益,维护社会经济秩序,发扬社会主义道德

---

① 这些资料的引用,参见顾昂然:《新中国民事法律概述》,法律出版社 2000 年版,第 7~8 页。

② 参见魏振瀛、张佩霖:《要尽快制定颁布民法》,载《北京政法学院学报》1981 年第 3 期。

风尚,巩固安定团结,保障社会主义现代化建设的顺利进行,以促进经济发展,不断满足公民的物质和文化生活需要。1981 年 4 月的第二稿在第一条承继了这一点,第三稿第 1 条和第四稿第 2 条基本上承袭了这些观点。从这些宗旨可以看出,民法是受制于经济基础的上层建筑的一个部分,因此为经济基础服务成了民法伟大的使命。可以这样总结第三次民法典起草在宗旨上的特色:民法是为社会主义现代化建设保驾护航的调节社会的工具。

其三,架构形式上的特色。草案一稿和二稿在形式上采取了总则—分则的模式,但是在第三稿和第四稿里,这种总分结构至少在表面上没有被采纳,因为这两稿都把总则分解为三编:第一编“任务和基本原则”、第二编“民事主体”和第八编“其他规定”。从内容角度,第一稿、第二稿和第三稿、第四稿没有多少区分,但第三稿、第四稿有剔除总则的意思,但并没有真正地实现。就实质而言,第三稿、第四稿的第一编、第二编起到的作用就是总则的作用。综观第三次民法典起草的构架,我们完全有理由认为其整体上采取的是总分模式。但是,在如何构架分则上,我们的第三次民法典起草有自己很大的特点。第一稿的分则由以下内容构成:第二编“财产所有权”、第三编“合同”、第四编“侵权损害的责任”、第五编“智力成果权”和第六编“财产继承”;第二稿的分则则由第二编“财产所有权”、第三编“合同”、第四编“劳动的报酬和奖励”、第五编“损害责任”和第六编“财产继承”;第三稿的分则构成如下:第三编“财产所有权”、第四编“合同”、第五编“智力成果权”、第六编“亲属、继承”、第七编“民事责任”和第八编“其他规定”;第四稿的分则由以下内容构成:第三编“财产所有权”、第四编“合同”、第五编“智力成果权”、第六编“财产继承权”、第七编“民事责任”和第八编“其他规定”。从这四稿来看,我们并没有采纳国外和我国民法典历史上的编纂体例,而是根据社会实践的需要进行规范。这些本土式的创造,完全合乎起草一部具有中国特色的民法典的宗旨,因此在构架形式上也颇具特点。

其四,基本术语使用上的中国特色。在特定历史时期进行的第三次民法典起草,决定了合乎中国实际的民法典,不但在构架形式上,而且在术语采用上都非常具有特色。根据群众路线和实践检验理论的标准,民法典起草在使用术语上要求不但要学习国外和我国传统民法上的精华,更坚持从群众来到群众中去的方针,以能让老百姓看懂进而能让他们自觉依据法律规范自身的行为为原则。据此,传统民法使用的基本术语在此遭遇到了本土文化的反击。本书只以“法律行为”和“债”为例进行讨论。在草案一稿中,总则编在第四章规定了“法律行为”。在当时的原件里,保留了一个注释:“此章有同志主张不要。”尽管如此,第二稿还是保留了这一称谓。根据余能斌对当时与会争论情况的回忆,当时有人提出“法律行为”这个概念太抽象,百姓不懂,应该把它删掉。还有一个巨大的争论就是要不要在民法典中规定“债”的问题。当时,一些学者认为,民法学应当继续使用债这个概念。理由有五:第一,债是民法的重要制度,资本主义国家和社会主义国家的民法及民法学,大多对债进行详细规定和研究,故我国也不宜取消债的概念和制度;第二,民法学上的债的概念与我国传统的债的概念是不同的,二者不应混淆,不能将其与旧社会体现封建主义和资本主义剥削压迫关系的债权债务联系起来;第三,不用债的概念,会损害民法及民法学的完整性和系统性,也会降低民事权利义务的严肃性;第四,我国经济流转的基本特征决定了必然采取债为自己的法律形式;第五,如果取消债的概念,无因管理、侵权行为和不当得利等重要的民事关系将得不到调整和研究,势必造成民法和民法学的重大遗漏。但另有很多学者并不赞同在民法典中规定债。其理由如下。第一,我国的社会主义民事立法和民法科学研究,不能脱离中国的实际。在西方,债是必须履行某种行为的义务或责任,而在中国传统上,债却是借钱未还,因此运用到中国实际,会让老百姓产生误解。第二,是否用“债”一词来表达西方“obligation”的概念,只是翻译问题,二者没有必然联系。因此,不需要在民法典中使用“债”这个概念,而是可以将此翻译成其他的如义务、责任、法律义务、给付(权利)义务、契约义务或责任等多种汉语概念。第三,大陆法系和东欧一些社会主义国家的债法,除合同制度外,还包括无因管理、不当得利和侵权行为的法律制度,这种传统做法并非定规,而是可以进一步加以改进和发展的。第四,不用债的概念,不会影响我国民法和民法学的完整性、系统性,以及民事法律关系的严肃性。基于以上论述,他们认定“债”的概念在我国是可以不要的,而且不要更好。从第三次民法典起草的条文来看,反对者占据了上风,最终在这四个稿子中都没有对债进行任何规定。综观草稿的条文,合同制度占据了分则的大部分,可以说它几乎取代了传统民法债的重要性,实际上将债等同于合同也是当时一些学者的观点,并且这个观点被反映在草案上。如史际春认为,继承罗马法传统的立法和学说,都把基于无因管理、不当得利和侵权行为而发生的法律关系和合同关系一样,用债概括之。这样分类的原因,是由于剥削阶级法学家从取得财产和满足财产要求的角度出发来看问题。而债的本质应当是直接保障商品交换关系的合同制度所决定，因此，传统的债的概念应主要是概括合同制度的，将无因管理、不当得利和侵权行为放在其中缺乏科学性，那么我们在民事立法和民法学中只要规定和研究合同的总则和分则就行了，无须再有债的概念。可见，不采用这些法律术语绝不是偶然或者起草者一时心血来潮，它其实是当时特定历史条件的产物。

五、第三次民法典终止的原因

第三次民法典起草无论在实践上还是理论上都取得了很大成就。但是，在第四稿完成后，尚未来得及提交立法机关审议，民法典起草工作就草草收场。在我们看来，第三次民法典终止的原因大致有以下几点。

其一，经济体制改革将如何发展以及改革中将会发生哪些需要民法解决的问题尚不清楚。第三次民法典起草之初，领导人就特别强调要从中国的实际出发。当时农村推行的联产承包责任制方兴未艾，城市经济应该如何搞还不清楚，对外开放还在尝试阶段，社会主义现代化建设中会出现什么样的问题、这些问题如何解决还没有经验。换言之，问题没有充分暴露，更谈不上解决的经验。由于当时认为民法是调整平等主体之间财产关系的基本法，在财产关系本身的性质、问题还不清楚的情况下，制定一部系统的、稳定的民法典是不现实的。所以，当时在民法典的制定步骤上，是制定完整统一的民法典还是根据需要和可能先制定单行法，待时机成熟了再制定统一的民法典的问题分歧很大。有学者指出，民事立法工作之所以没有按“民法草案”的模式继续下去，有两个原因。一是农村经济体制改革的模式已经确定，但城市经济体制改革刚刚起步，许多问题还缺乏经验，看不准。法律应是实践经验总结的稳定性表现，在还没有肯定把握时匆匆制定一部完整而详尽的民法，必定会带来消极的后果。二是我国经济发展水平很不平衡。各个地区、各个民族的经济生活、财产关系以及风俗习惯均有很大差异，而民法又是涉及每一个人切身利益的法律。有些规定可以用“一刀切”的办法，有些规定如果“一刀切”，就会带来反作用。例如，高利贷的定义就是一个很复杂的问题……

其二，理论准备不足。除经济基础方面的问题外，理论准备不足也是导致第三次民法典起草有始无终的一个重要原因。第三次民法典起草之时，举国上下对社会主义经济究竟应当是计划经济还是商品经济，在认识上是模糊的。直到1984年召开的党的十二届三中全会通过了《中共中央关于经济体制改革的决定》（以下简称《决定》）。《决定》指出："改革计划体制首先要突破把计划经济同商品经济对立起来的传统观念，明确认识社会主义计划经济必须自觉依据和运用价值规律，是在公有制基础上的有计划的商品经济。商品经济的充分发展，是社会经济发展的不可逾越的阶段，是实现我国经济现代化的必要条件。"商品经济才初步得以正名。这个现实决定了人们对民法在调整经济关系中作用的认识。如1979年召开的"关于民法、经济法的学术座谈"会上，魏振瀛谈道："传统的民法主要是调整商品经济关系的，如果说民法可以成为我国的基本法，也只能是一个方面的基本法。把民法作为唯一的基本经济立法，不能反映我国社会主义计划经济的概貌。"①齐珊在比较民法和经济法时指出："经济法所调整的财产关系的基本特征和中心内容，是依据国家计划发生的产品分配和商品流通关系，其中的生产资料产品，只是转移使用权和管理权，所有权属于国家……民法调整的财产关系的基本特征和中心内容，则是公民个人所有权和依平等有偿原则进行的商品流转关系。"②1980年关怀撰文指出："在生产资料公有制基础上，实现国民经济发展的计划化，使社会主义经济能够有计划、按比例地发展，是社会主义制度优越性的表现，也是社会主义经济的基本特点。"③同时，王家福等发表在《法学研究》1980年第1期上的《我们应该制定什么样的民法》中指出："倘若我们不大力发展民事流转，不建立健全合同制度、民事责任制度……使合同既成为实现国家计划的法律手段，又充当国家计划的基础，使国家计划具有坚实的科学性和严肃性，那么，有计划按比例规律的作用也不可能很好地发挥"。基于此，他们认为应当将"计划调节和市场调节相结合，以计划调节为主的原则"作为民法的基本原则予以明确规定。1981年魏振瀛和张佩霖撰文指出："从整个民法的结构看，问题比较复杂、制定比较困难的是合同部分……国民经济的计划调节部分需要合同法律制度，以保证国民经济计划的完成。"④1982年梁慧星指出："社会主义合同法律制度的计划原则和合同自由原则，反映了社会主义商品经济的本

---

① 魏振瀛：《建立中国式的经济立法体系》，载《法学研究》1979年第4期。
② 齐珊：《经济法是一个重要的独立的法律部门》，载《法学研究》1979年第4期。
③ 关怀：《经济立法必须体现客观经济规律的要求》，载《法学杂志》1980年第2期。
④ 魏振瀛、张佩霖：《要尽快制定颁布民法》，载《北京政法学院学报》1981年第3期。

质特征，反映了有计划按比例发展规律和价值规律的要求……坚持在计划原则指导下发挥合同自由原则的作用……”[①]从这些观点我们可以看出，商品经济在社会主义经济中的地位未有定论。虽然在计划指导下有一定的商品经济的存在，但计划经济和商品经济的关系无论在实践中还是理论认识上都是模糊的。商品经济是民法得以产生和发展的经济基础，只要未搞清楚计划调节和市场调节的关系，民法的存在空间本身值得探究。看来，正是因为理论上和实践中没有弄清楚计划和市场调节的关系，所以民法一直未能寻找到自己的准确位置。

其三，民法与经济法的论争。1979 年始，就我国究竟应当制定民法典还是经济法典的问题，学界一直存在争论。随着党的十一届三中全会将全党全国的工作重心转移到社会主义现代化建设上来，经济工作成了重中之重。为了发展经济，有必要制定一批经济方面的法律。既然这些法律是为国家经济建设服务的，因此理解经济建设对于国家的意义至关重要。徐杰等当时撰文指出：“我们社会主义国家既是全部政权的享有者和行使者，又是社会主义经济基础的创造者和全民财产的所有者，是整个国民经济工作的领导者、组织者和管理者。”[②]国家组织和管理经济工作的主要手段就是计划。既然计划经济在国民经济中仍然占据主导地位，那么调整计划经济关系的法律当然是最重要的。换言之，由于我国长期实行计划经济，计划和政府的直接管理是组织和管理经济的基本手段，现实的经济条件决定了经济法的理论在一段时间内在我国大行其道，制定经济法典的声音也一度不绝于耳。

同时，由于中国缺乏民法传统，社会对民法的了解几乎为零，民法被望文生义地理解为调整公民个人之间民事纠纷的法律，而对于经济建设具有重要作用的合同法、公司法、商标法、专利法等法律也被理解为经济法。叶剑英在第五届全国人大第二次会议的开幕词中明确指出，“随着经济建设的发展，我们还需要有各种经济法”。正是这次会议上通过的《人民法院组织法》和《人民检察院组织法》规定增设经济审判庭和经济检察厅，开世界之先河。第五届全国人大第四次会议政府工作报告明确指出，要“改变单纯依靠行政手段管理经济的做法，把

① 梁慧星：《论我国合同法律制度的计划原则与合同自由原则》，载《法学研究》1982 年第 4 期。

② 徐杰、黄欣：《浅谈经济法的几个问题》，载《法学研究》1984 年第 2 期。

经济手段和行政手段结合起来,注意运用经济杠杆、经济法规来管理经济"。彭真在接见出席首次全国经济法制工作会议的代表时指出,"经济法是一系列法规中极为重要的法规,是直接反映经济基础的,是调整经济关系的"。在这样一个基础上,国务院于1981年7月设立了经济法规研究中心,同时,国务院管理经济的各部、委、局以及省、市、自治区人民政府,也已设立或正在筹建专门的经济法制机构。但是,实际上经济审判庭所审理的案件,都是传统意义上的民事案件或者商事纠纷,经济法规研究中心所研究的法规,也基本上属于传统意义上的民事法规。在这种氛围下,民法也被从纯粹语义学的角度来看待。在他们眼中,民法就是调整公民关系的法。主张将民法调整对象限制在公民之间的关系,最多扩大至公民参加的关系范围内,有的甚至主张抛弃民法的形式和名称,而制定"公民权利法"。社会组织之间的关系则由经济法调整。在这样的氛围下,将主要精力集中于社会主义现代化建设的国家领导人,当然更重视经济立法(虽然这些法律实际上都是民事法律,却被冠以经济法的名义),民法典的制定被搁置,也就不难理解了。

其四,现实的急迫需要促使在民事立法上采取了实用主义的态度。在根据何种原则制定我们的民法时,彭真强调,要从我国实际出发:"我们的民法是中华人民共和国的民法,不是苏联、东欧国家的民法,也不是英、美、欧洲大陆或者日本的民法。我国的民法从哪里产生?要从中国的实际产生。首先要从中国现实的实际情况出发,这是立法的根据。"要反映中国的实际,就要先有经济体制改革的经验,然后再从法律上对这些新经验进行总结。由于当时改革开放刚刚启动,经济活动中的问题还没有充分地暴露出来,经济体制改革怎么搞还不清楚。例如,国有企业如何改革,政府与国有企业的关系如何处理等重大问题,都还在摸索中,想要制定一部完备的民法典确实不合乎中国的实际。但改革中出现的许多问题又急需法律来加以解决,于是,制定单行法成为较可行的选择。

六、结　　语

回顾新中国第三次民法典起草,我们不禁为其大胆开拓的精神而深感震撼,但并不为其未提交讨论而惋惜。例如,高丙中、袁瑞军言:中国的现代化是一种后发的追赶式的现代化，一种规划的现代化。① 这种自上而下的规划式现代化具有自身独特的价值，甚至可以说是能很好糅合秩序与自由两大难以调和价值的一次伟大尝试。任何试验都处于行进的路上，一切都还没有定论。况且，对于我国来说，采用何种模式治理国家需要自上而下果断决策。法律治理模式的采用，也是党的十一届三中全会转向现代化建设的一次政治现代化。向法治的转变不仅需要理论的启蒙，而且需要全民族观念的更新。制定民法典是一项伟大的工程，它不但需要自上而下地推动和大众的土壤，同时，对包罗万象的民事生活的概括和体系化需要民法学的充分发展作其后盾。而这一切，在第三次起草当时都不具备。一言以蔽之，在既没有传统资源可资利用，作为民法基础的商品经济也较薄弱的时代，难以制定出好的民法典。但是，无论如何，第三次民法典起草对中国起到启蒙作用，推动了中国民法学研究的迅速发展，民法的观念也开始在全社会萌生，并随着经济体制改革的深入发展而茁壮成长，反过来成为推动改革和建设法治社会的主要力量。

① 高丙中、袁瑞军：《中国公民社会发展蓝皮书》，北京大学出版社2008年版，第8页。

第三次民法典起草基础理论超越性反思*

20世纪70年代末在新中国发生的第三次民法典起草，主要是观念的转换与实践的需要。学理上言，真正支撑起党的十一届三中全会后法制时代转换的根由，全赖于对马克思经典命题“经济基础决定上层建筑”的重新坚持。在某个时代，生产力决定生产关系并最终决定社会性质的历史唯物主义基本原理，被攻击为“修正主义的唯生产力论”。“真理问题”大讨论，破除了“两个凡是”的教条主义思想，重新确立了实践是检验真理的唯一标准，“经济基础决定上层建筑”这个马克思主义的经典命题得到了重新确认。从此，“经济基础决定上层建筑”成为指导民法起草的理论基础。

然而，随着历史的发展，当时仰赖的经典原理在新时代又增添了新的含义。如今一致认为对民法典的制定，应当以人本主义为理论基础。基于此，我们有必要深入马克思哲学讨论这一经典原理与人本主义的关系，论证其实马克思主义也是真正的人本主义，只不过这个维度有待我们更深入地发掘。因此，本书将从马克思的生存本体论与实践观、经济基础与上层建筑以及实践论与人

---

* 本书民法部分内容发表于《江淮论坛》2007年第3期。收入本书时，对民法部分内容进行了一定的修改。

本主义之间的深层关系探讨民法与商品经济之间的关系。

一、决定第三次民法典起草的马克思主义经典理论

大陆法系要求民法体系化。任何体系都是一种结构安排,而任何结构都有开启结构的支撑点。在社会主义语境下制定民法典,要想名正言顺,当然要有最可靠的理论资源。很自然地,在新中国第三次民法典起草中,学者们在为民法典制定进行理论准备时,摘引之处,无一不出自马列主义经典著作。

在马列主义著作中,真正决定第三次民法典起草理论的便是"经济基础决定上层建筑"这一经典原理。当时,理论界对这一经典原理的运用,主要在于论证民法典制定的合理性。马克思说,"民法是商品经济时代的产物"。恩格斯更是直接阐述了民法本质:"民法的准则只是以法律的形式表现了社会的经济生活条件"。易言之,只要社会经济基础为商品经济,作为上层建筑的民法便被理所当然地推出。若为计划经济,自当不必制定民法典。为此,民法学界立足于党的十一届三中全会,尤其是党的十二届三中全会对我国社会主义经济"公有制基础上的有计划的商品经济"的定性,投入大量的精力来论证社会主义商品经济的特性,从而为民法典的制定奠定最坚实的基础。但由于多方面的原因,当时的学界并没有真正地深入马克思经典著作中,品读马克思关于经济基础与上层建筑、生产力与生产关系之间的关系,更不用说去了解马克思整个哲学的基点和所追求的目标。于是,在先入为主的思想观念体系内,在要求区别于资本主义民法的意识形态前提下,我国社会主义民法主要呈现以下两个方面的特点。

其一,基本原则方面的特点。根据陶希晋在《论我国社会主义民法的指导原则》一文中提出的看法,制定一部具有中国特色的社会主义民法应当贯彻以下基本原则:社会主义原则、民主原则、公法原则、法律与道德相结合的原则。且以"公法原则"为例。当时的观念认为,民法作为上层建筑,同样是统治阶级意志的表现。既然所有的法律都是统治阶级意志的体现,那公法和私法的划分便无必要。因为"如果说公法是保护资产阶级的国家利益和公共利益的,那么,私法就是完全保护资本家利益的法律,也就是保护单个资本家私人利益的法律"。在社会主义国家,实行的是生产资料公有制,公民个人利益和国家整体利益完全一致,因而不必要区分为公法和私法,"因为公法和私法并不是什么对立的东西"。

既然无须区分公法和私法,那该如何定性民法?关键时刻,列宁的经典名言“我们不承认任何‘私法’,在我们看来,经济领域中的一切都属于公法范围,而不是私法范围”成了指路明灯。由此,“社会主义民法不是私法”就成了当时社会主义法制建设中的一个基本指导思想。

对于这样一些论点,也许今天的我们不以为然,但这是我们的历史,我们不但应当敢于面对,而且要分析它的成因。笔者以为,得出这样的观点有两个原因。第一,当时社会环境的影响。在改革开放刚刚起步的年代,我们的思想观念尚未从旧体制下转变。既然我们的经济类型是“公有制基础上的有计划的商品经济”,那“社会主义的一切经济活动均必须接受国家计划的指导,即必须接受国家的干预,而不能把社会主义的民法当作资产阶级的‘任意法’”。① 若真正地从所接受的传统马克思主义教育来看,这个推论也不能说没有道理。既然经济基础还是公有制,作为上层建筑的民法当然是“公法”。第二,受限于当时学界的常识。从笔者所接触的100多篇资料来看,不要说看到全新的视角,就是想从马克思原典中寻求马克思思想的也几乎没有。所有文章几乎千篇一律地从隐没人自由活动的“经济基础决定上层建筑”这一原理出发,没有意识到马克思哲学体系的起点和目标,没有从一个更深层次的角度阐析马克思哲学。

其二,调整对象方面的特点。起初,民法的调整对象领域仅限于财产关系。“换句话说,民法只调整民事主体之间在法律地位平等的基础上产生的物质利益上等价有偿的财产关系,不调整上下级之间一方从属另一方产生的财产关系。”② 因此,“民法调整的应该是单一的、各具独立特性的财产所有关系、商品交换关系和遗产继承关系”。其理由是,既然“社会主义的商品仍然是商品,社会主义的商品交换同样是商品交换,同样具有‘平等’、‘等价’之特点,因而并未超出民法调整的商品关系之范围”,③所以,作为商品经济这个社会经济生活条件直接翻译的民法来讲,只需要调整以商品交换为中心的财产所有关系、商品交换关系和遗产继承关系即可。至于人身关系和婚姻家庭关系领域,无须予以涉及。后来,民法调整对象理论得到了进一步深化,大体上形成了这样一个通说:民法调整一定范围的财产关系和人身关系。后一种学说大大拓宽了前一种理论的范围:首先就

---

① 参见陶希晋:《论我国社会主义民法的指导原则》,载《法学季刊》1984年第1期。
② 史越:《我国民法的对象范围问题》,载《中国政法大学学报》1983年第1期。
③ 邓大榜:《试论我国民法调整的经济关系》,载《法学研究》1984年第2期。

“一定范围的财产关系”而言,它已经不仅仅是围绕商品生产和商品交换为中心,而是把触角伸及赠与、使用和无偿消费借贷等非商品关系领域;其次第一次把人身关系纳入讨论视野。

这些观点,也就是我们如今教科书承继下来的通说,仍然是建立在这样的一个理论套路上。其实,若严格遵循这一理论,把民法直接当作商品经济生活的翻版,那么首先就要对商品关系进行定性。而商品关系我们又往往把它定位以社会分工为基础的商品交换关系。于是,在理论上它将四面楚歌。例如,民法上的一部分财产关系(如所有权关系、相邻关系、赠与、继承、损害赔偿等)和大多数人身关系,本身并不是商品关系,这些关系为什么要由民法调整?王卫国已经意识到了这一点。他指出:“这种简单的解释方法还不能够在商品经济关系的层次上说明民法的一系列制度、原则和规则兴衰存废的原因和根据。”①此时,尽管我们已经朦胧地认识到民法应当调整更多,然而如何在理论上进一步拓宽它的视野,却始终是回避的,尤其是在人身关系领域。不过,尽管这一领域与商品交换领域如此不相容,但后来的民法调整对象理论还是很自然地把它归入民法的调整范围。同时,也由于没有纳入理论思维的结构,因而对人的终极关怀并未自觉关注。至于婚姻家庭领域,由于不能运用商品交换的法则而被拒于民法大门之外。

总之,当我们回顾新中国第三次民法典起草这段历史时,第一感觉就是思想的单一和贫乏。经济基础决定上层建筑,这已经成了亘古不变的真理。反思性的缺失,使我们无法深入这一经典原理的深层结构,通过这个一元方程式的简单决定论,就把我们的思维全部垄断。其实,恩格斯在逝世前已经意识到这种倾向的危害性。他在致约瑟夫·布洛赫的信中指出:

> 根据唯物史观,历史过程中的决定性因素归根结底是现实生活的生产和再生产。无论是马克思或我都从来没有肯定过比这更多的东西。如果有人在这里加以歪曲,说经济因素是唯一决定性的因素,那么他就把这个命题变成毫无内容的、抽象的、荒诞无稽的空话……否则把理论应用于任何历史时期,就会比解一

① 王卫国:《论民法与商品经济》,载《法学研究》1987年第3期。

个最简单的一次方程式更容易了。①

要想摒弃对马克思主义哲学“反人道主义”的攻击，就要超越这一个湮没人自由实践的经典命题，深入支撑起整个马克思哲学大厦的“生产”概念，从马克思哲学的基点“感性人的实践”出发，重还马克思哲学人本主义之魅，迈出不见人影的民法理论。

二、经典理论寻根

马克思在《政治经济学批判》“序言”中说：

随着经济基础的变更，全部庞大的上层建筑也或慢或快地发生变革。在考察这些变革时，必须时刻把下面两者区别开来：一种是生产的经济条件方面所发生的物质的、可以用自然科学的精确性指明的变革，一种是人们借以意识到这个冲突并力求把它克服的那些法律的、政治的、宗教的、艺术的或哲学的，简言之，意识形态的形式。②

这段名言就是“经济基础决定上层建筑”这个经典原理的出处。这段话似乎告诉我们，上层建筑之所以发生变化，是因为经济基础自动作用的结果。事实是否如此？恩格斯在致瓦尔特·博尔吉乌斯的信中说：

所以，并不像人们有时不加思考地想象的那样是经济状况自动发生作用，而是人们自己创造着自己的历史，但他们是在既定的、制约着他们的环境中……经济关系……归根到底还是具有决定意义的，它构成一条贯穿始终的、唯一有助于理解的红线。③

---

① 中共中央马克思恩格斯列宁斯大林著作编译局编译：《马克思恩格斯文集》（第10卷），人民出版社2009年版，第591～592页。

② 中共中央马克思恩格斯列宁斯大林著作编译局编译：《马克思恩格斯文集》（第2卷），人民出版社2009年版，第592页。

③ 中共中央马克思恩格斯列宁斯大林著作编译局编译：《马克思恩格斯文集》（第10卷），人民出版社2009年版，第668页。

恩格斯的这段话透露出,马克思主义的唯物史观并非机械唯物主义,即历史并不就是经济事实对历史进程的“机械的”决定作用。我们不能简单地从字面去理解,而应当将其置入马克思的整个哲学体系。

马克思哲学是在超越德国古典哲学的基础上产生的。马克思说:

德国哲学从天国降到人间;和它完全相反,这里我们是从人间升到天国。这就是说,我们不是从人们所说的、所设想的、所想象的东西出发,也不是从口头上所说的、思考出来的、设想出来的、想象出来的、设想出来的人出发,去理解有血有肉的人。我们的出发点是从事实际活动的人,而且从他们的现实生活过程中还可以描绘出这一生活过程在意识形态上的反射和反响的发展。①

换言之,马克思哲学的地基不是脱离生活世界的彼岸似的主体,而是现实的人。这个现实的人,也就是感性的人,正是马克思哲学的起点。那么这个感性是否就是费尔巴哈理解的“感性”呢?马克思在《关于费尔巴哈的提纲》第5条中说:“费尔巴哈不满意抽象的思维而喜欢直观;但是他把感性不是看作实践的,人的感性的活动。”②只是把人看作感性的对象,仍然停留在理论的领域内,因而只是把人保存在抽象的层次上。可见,马克思哲学的出发点正是人的感性活动。马克思在《德意志意识形态》的“历史”部分讲道:

我们首先应当确定一切人类生存的第一个条件,也就是一切历史的第一个前提,这个前提是:人们为了能够“创造历史”,必须能够生活。但是为了生活,首先就需要吃喝住穿以及其他一些东西。因此第一个历史活动就是生产满足这些需要的资料,即生产物质生活本身……③

马克思历史的出发点并非“他们自己或别人想象中的个人,而是现实中的个

---

① 中共中央马克思恩格斯列宁斯大林著作编译局编译:《马克思恩格斯文集》(第1卷),人民出版社2009年版,第525页。

② 中共中央马克思恩格斯列宁斯大林著作编译局编译:《马克思恩格斯文集》(第1卷),人民出版社2009年版,第501页。

③ 中共中央马克思恩格斯列宁斯大林著作编译局编译:《马克思恩格斯文集》(第1卷),人民出版社2009年版,第531页。

人,亦即,这些个人是从事活动的,进行物质生产的,因而是在一定的物质的、不受它们任意支配的界限、前提和条件下能动地表现自己的”。因此,我们对“经济基础决定上层建筑”的反思,就需要从马克思哲学最根本的出发点——感性人的生产实践——才能得到更好的解释。

马克思通过感性人活动的发现,超越了近代以来的主体性哲学。既然“感性人”成了马克思哲学探讨的起点,那通过什么样的方式使得感性人的本质展露出来?首先我们得探讨“感性”究竟意味着什么。其实,在《德意志意识形态》中,马克思已讲得非常详细了。“人们为了能够‘创造历史’,必须能够生活。”“这些个人是从事活动的,进行物质生产的,因而是在一定的物质的、不受它们任意支配的界限、前提和条件下能动地表现自己的。”即人作为一个感性的存在者,是一个被抛入世界的存在体,一开始就不可选择地与世界共在。这一个活生生的生活世界,是感性人必须接受的一个世界。因此,我们不但要接受自然,而且还必须接受我们周遭的社会,“每个个人和每一代所遇到的现成的东西:生产力、资金和社会交往形式的总和,是哲学家们想象为‘实体’和‘人的本质’的东西的现实基础,是他们神化了的并与之斗争的东西的现实基础,这种基础尽管遭到以‘自我意识’和‘唯一者’的身份出现的哲学家们的反抗,但它对人们的反战所起的作用和影响却丝毫也不因此而受到干扰”。[①] 可见,马克思对主体性哲学的超越,最关键的在着重于人的感性活动这一个生活世界维度的提出。作为一个欲望载体的感性存在者,第一要务就是生存下去,因而首先映入眼帘的便是“生产劳动”这一实践活动。“生产”就成了马克思哲学领域最为重要也最基础的一个词语,这是因为在颠覆了主体性静观和构造世界的前提下,满足生存需求是我们首先要关注的问题。马克思和恩格斯之所以再三强调历史动力的基础是生产,并不是说生产像黑格尔的绝对主体一样是一个异于人的东西,生产就是感性人最本质的活动。由此观之,马克思立足于“人类学的自然”这一个批判点,把整个哲学的基点架设在有血有肉的——自然本质的感性人身上,[②]认为人类要达到自由的生活,首先要关注到人的自然本质属性,一味地沉思(中世纪)和构造(主体哲学),不可能达到人类的自由生活前景。尤其他关注的全人类自由的实现,更是要求

---

① 王南湜、谢永康:《后主体性哲学的视域——马克思唯物主义的当代阐释》,中国人民大学出版社2004年版,第80页。

② 参见[德]卡尔·洛维特:《从黑格尔到尼采》,李秋零译,北京三联书店2005年版,第377页。

所有的人在生存上都能得到保障,所以他时刻站在无产阶级的立场来发表自己的学术观点。笔者认为,这一切都足以表明马克思的伟大。他并不是要把所有人类的活动最后都归结为生产劳动这一满足生存欲望的自然本质,而是从这一个最基础的活动出发,肯认人类生存本身的有限性,从而立足于现实,通过实践的革命和革命的实践,尽量使人摆脱自身感性的束缚,达到真正自由的诗意生存。然而,马克思走得太远,以至于他的阐释者根本上就跟不上他的步伐。作为恩格斯后马克思哲学最主要的阐释者,列宁认为:“既然唯物主义总是用存在解释意识而不是相反,那么应用于人类社会生活时,唯物主义就要求用社会存在解释社会意识。”[①]这就是列宁从马克思哲学中解读出来的历史唯物主义或者唯物史观。后来,这种唯物史观在斯大林之后便以教科书的形式固定下来,当作主流的马克思哲学加以宣传。[②] 这个解释框架一开始就遭到卢卡奇的反对。卢卡奇以历史作为起点,认为:

历史一方面主要是人自身活动的产物(当然迄今为止还不是自觉的),另一方面又是一连串的过程,人的活动形式,人对自我(对自然对他人)的关系就在这一连串过程中发生着彻底的变化……历史恰恰就是人的具体生存形式不断彻底变化的历史。[③]

易言之,在卢卡奇看来,自从有了历史唯物主义,作为人自身活动的历史变得自觉起来。这种历史的现实感就体现在无产阶级意识到了自己就是历史

---

① 中共中央马克思恩格斯列宁斯大林著作编译局编译:《列宁选集》(第2卷),人民出版社1995年版,第423页。

② 参见王南湜、谢永康:《后主体性哲学的视域——马克思唯物主义的当代阐释》,中国人民大学出版社2004年版,第111页。

③ [匈]卢卡奇:《历史与阶级意识——关于马克思主义辩证法的研究》,杜章智、任立、燕宏远译,商务印书馆1999年版,第279~280页。

的主人。[1] 尽管卢卡奇最终在“集体意识”中逃离出了马克思所要阐述的感性人的视域，但他清楚地知道马克思历史唯物主义关注的只有一个，那就是感性人对自由的自觉。

可是，承继列宁后的教科书体系，在严格区分辩证唯物主义和历史唯物主义前提下，运用社会存在决定社会意识这样一个理论基础，把它作为凌驾于人、自然与社会上的最高实体，其他领域成为它的分支。如唯物辩证法运用于自然界，就是自然辩证法；运用于历史，就是历史唯物主义。在这样一个理论前提下，马克思所关注的感性人的实践被排除了历史。人成了社会存在领域一个微不足道的东西，似乎没有他们，“社会存在”这一个不知名的实体照样会推动历史前进。同时，由于马克思哲学中最为核心的一个概念是“生产”，尽管生产的意义多种多样，[2]但不可否认的是，他主要是在经济范畴内使用。于是，通过生产劳动以及由之而产生的各种生产关系的总和，就形成了社会的“经济结构”即经济基础这个概念。正如库诺在《马克思的历史、社会和国家学说》一书里所辩证：

马克思对“社会经济结构”的理解也和他的大多数批评者和注释者不同。人们常将此理解为所谓的技术关系的总和，更精确地说来是技术企业关系的总和，这情况很像人们往往将生产力直接和生产技术混淆起来一样……这是荒谬的。马克思根本就不认为“经济的社会结构”是什么技术企业的总和，而是一定社会形态的物质生产所产生的各个社会成员之间的经济相互关系（集团和个人关系）

---

① 在卢卡奇看来，并不存在所谓的辩证唯物主义和历史唯物主义之分。通过否认自然辩证法，也就否定了超越于各领域之上的一般的唯物辩证法的存在。其理由是，如果承认辩证法可以作为自然内的规律或物自身的结构，那么主体便不能结合到这个辩证的过程中去，从而古典哲学所遗留下来的心物对立问题、自在无问题便无法得到解决。当然，卢卡奇希望从主体实践的维度统一主客体对立的领域，从而解救马克思理论于第二国际所宣扬的科学主义和经济宿命论以及布哈林等人宣传的机械唯物主义。但是卢卡奇的主体是无产阶级的阶级意识，而这种阶级意识却完全不是感性个体的意识，而是一种在感性个体作用的“集体意识”。他本来想把马克思关注的人从误解的牢笼中解放出世，可没想到又进入了个人意识摸不着边际的“集体意识”。一般认为，这和他深受黑格尔的影响有关。［匈］卢卡奇：《历史与阶级意识——关于马克思主义辩证法的研究》，杜章智、任立、燕宏远译，商务印书馆1999年版，第279～280页。

② 俞吾金解读为四种，即物质的生产、人的生产、精神的生产和社会关系的生产。参见俞吾金：《从康德到马克思——千年之交的哲学沉思》，广西师范大学出版社2004年版，第335～338页、第342页。

的总和。[①]

也就是说,经济基础是生产劳动这个活动所带出来的社会成员之间的关系,是社会成员参加生产过程的结果。我们往往以为经济基础就是人与自然界发生的技术性关系,从而以为通过生产工具作用于自然界,获得经济产品维持生计的物质条件就是经济基础。其实,马克思在《雇佣劳动与资本》中早就明白地宣告过:

人们在生产中不仅仅影响自然界,而且也相互影响。他们只有以一定的方式共同活动和互相交换其活动,才能进行生产。为了进行生产,人们相互之间便发生一定的联系和关系,只有在这些社会联系和社会关系的范围内,才会有他们对自然界的影响,才会有生产。[②]

也就是说,人作为类存在物,它的生产活动只能在社会中才能进行,而所谓社会就是生产关系的总和。[③] 于是,我们可以从更本质的角度来解释历史唯物主义的经典命题"社会存在决定社会意识""经济基础决定上层建筑"。人的本质属性是社会性,人的生产劳动作为感性人的活动,不可能脱离社会而进行。人通过生产工具从自然界获取的任何产品,都必须在人与人相互关系的基础上才能进行。即作为一个感性人而言,它的任何生产活动都和人与人之间的交往关系交织在一起。马克思的意思很明显,生产劳动作为感性人优先的活动,只有在社会的背景下才可能。因而,人类的交往形式会制约生产劳动,同时,生产劳动最终将是交往形式的决定者。所以,生产活动和交往形式之间并不是单向的决定关系。

但是,始终不可否认的是,生产最终将起决定作用。这种决定作用如何表现?这仍然要从感性人实践出发。就历史现实的人而言,首先要生存,因而需要

---

① [德]亨利希·库诺:《马克思的历史、社会和国家学说》,袁志英译,上海译文出版社2006年版,第499页。

② 中共中央马克思恩格斯列宁斯大林著作编译局编译:《马克思恩格斯文集》(第1卷),人民出版社2009年版,第724页。

③ 参见[德]亨利希·库诺:《马克思的历史、社会和国家学说》,袁志英译,上海译文出版社2006年版,第496页。

生产活动。这种生产活动带来的生产力的发展水平,最终将决定历史发展的阶段。人与人之间的交往关系只有在这个基础上进行才是现实的。但是就具体历史阶段的个人而言,其生产活动只有在社会中即交往关系中才可能。马克思哲学的立足点始终都是具体历史阶段的个人。就个人而言,他一方面要满足自己的自然属性而必须生产,另一方面作为社会属性的承载体而言,只能作为关系的承担者而出现。那么是否这个马克思哲学意义上的人就完全臣服于这两者合成的经济基础,就像动物只能顺从自己的生存环境一样?其实这就是马克思所坚决反对的近代唯物主义的环境决定论。正如他在《关于费尔巴哈的提纲》中第三个提纲所指出的:"有一种唯物主义学说,认为人是环境和教育的产物……这种学说忘记了:环境正是由人来改变的,而教育者本人一定是受教育的……环境的改变和人的活动或自我改变一致,只能被看作并合理地理解为变革的实践。"①如果坚持这种环境决定论,就像他在批评霍布斯所说的:"唯物主义变得敌视人了"。② 可见,马克思并没有持一种人完全受感性环境决定的"经济决定论"。于是问题又重新回到了起点:马克思哲学体系出发点的人到底是什么人?前面的探讨我们只强调了感性人的"感性"部分,似乎觉得若只把人定为感性人,那自然就得承认"经济决定论"。马克思早在《1844 年经济学哲学手稿》中说:"动物的生产是片面的,而人的生产是全面的;动物只是在直接的肉体需要的支配下生产,而人甚至不受肉体需要的影响也进行生产,并且只有不受这种需要的影响才进行真正的生产……"③可见,马克思的"历史中的现实的个人"并非只是一个感性的动物,而是一个感性的人。他不但有受生存环境决定的一面,同时,也有改变环境的一面。这正如他在《关于费尔巴哈的提纲》第 1 条提出:

从前的一切唯物主义(包括费尔巴哈的唯物主义)的主要缺点是:对对象、现实、感性,只是从客体的或者直观的形式去理解,而不是把它们当作感性的人的活动,当作实践去理解,不是从主体方面去理解。因此,和唯物主义相反,唯心主

① 中共中央马克思恩格斯列宁斯大林著作编译局编译:《马克思恩格斯文集》(第 1 卷),人民出版社 2009 年版,第 504 页。

② 俞吾金:《从康德到马克思——千年之交的哲学沉思》,广西师范大学出版社 2004 年版,第 260、342 页。

③ 中共中央马克思恩格斯列宁斯大林著作编译局编译:《马克思恩格斯文集》(第 1 卷),人民出版社 2009 年版,第 162 页。

义却把能动的方面抽象地发展了,当然,唯心主义是不知道现实的、感性的活动本身的。①

这个方面就是作为人超越性一面的"nous"精神。很显然,马克思吸收了西方哲学传统的精髓。作为一种能安排自己活动的意志,"nous"总是能够有目的地指引自己的生活。而这种精神,是马克思承继下来的主体性哲学的精华,也就是我们经常所说的作为马克思哲学来源之一的德国古典哲学的神韵所在。正是这方面的主观能动精神,使人的实践一方面必须是感性的,另一方面又是超越的。而这种超越性正在于人意识到了感性人实践的目的性。自从亚里士多德把人类活动划分为"理论、实践和创制"以来,②实践和创制是严格区分的。现在马克思把生产活动作为实践最基本的活动,他颠覆了西方哲学史上最为权威的三分法,因而也把相互外在的对立引进了实践这个活动的内部。一则实践活动把生产活动作为最基础的活动,实践应当是一种不自由的实践;二则实践本身应当以自身为目的,所以作为人自由自觉实践的整体而言,就应当扬弃生产劳动的这种外在目的性,而这只有把生产劳动当作一种审美活动才可能。这正如他在《1844 年经济学哲学手稿》中所说:"因此,人也按照美的规律来构造。"③可见,马克思并没有背弃西方哲学的传统,仍然视实践为一种内在目的性的自由活动,只不过感性人的出发点,使他现实地关注作为感性人生存最重要的生产实践。要想使历史中现实的个人在实践上真正地享受自由,尤其是最得不到自由的无产阶级,那么着重点在于生产实践是完全必要的。但是,马克思对共产主义远期目标的过分关注,使他对当下原本意义的实践如果不是疑惑也是忽略了的,从而招

① 中共中央马克思恩格斯列宁斯大林著作编译局编译:《马克思恩格斯文集》(第 1 卷),人民出版社 2009 年版,第 499 页。

② 亚氏认为,理论的对象是出于必然而无条件存在的东西,即永恒的东西;而创制和实践都以可变事物为对象。但是,理论与实践都是一种自身构成目的的活动,而创制的目的则在活动之外。也就是说,由于理论和实践这类活动本身就构成目的,因而是自由的;而创制由于受到对象目的的限制,因而是不自由的。创制不仅包括生产活动,也包括艺术活动。参见[古希腊]亚里士多德:《尼各马可伦理学》,苗力田译,中国人民大学出版社 2003 年版,第 120 ~ 122 页。

③ 中共中央马克思恩格斯列宁斯大林著作编译局编译:《马克思恩格斯文集》(第 1 卷),人民出版社 2009 年版,第 163 页。

致了汉娜·阿伦特和尤尔根·哈贝马斯的异议。① 尽管马克思把生产劳动引入实践导致了很多的误解和批评，有一点可以肯定的是，马克思哲学的立足点和目标都在于现实人的自由。这种自由就是人类安排自己事物的意志。这种意志并不是天生的，也不是上帝赋予的，而是随着人类的进化而发展起来的。人一旦具备了这种超越的自由意识，就不再只是顺应自己的本能而决定于环境，而是"每一代一方面在完全改变了的条件下继续从事先辈的活动，另一方面又通过完全改变了的活动来改变旧的条件"。于是，"环境的改变和人的活动或自我改变一致"。正如恩格斯前面所讲的"这并不像某些人为着简便起见而设想的那样是经济状况自动发生作用，而是人们自己创造着自己的历史"，正是这些具体历史阶段的现实个人的自由实践活动，才改变着环境，才创造着历史。也就是说，推动历史前进的只能是人类这种自由自觉的活动，即历史中现实的个人。由此，我们可以说，马克思哲学奠基的现实的个人，实际上正是这样一对矛盾：人的自由实践和感性束缚。通过这个矛盾的辩证运动，最终在共产主义那里，在"按需分配"的前提下，从满足人的感性需要回归到实践的真正自由本质。可以说，整个历史的进程在马克思看来，就是人通过自己自由的活动，在感性人的基础上，不是去否弃而是去满足，在现实领域达到人类最自由的审美生存。

因此，通过对马克思哲学的解读，笔者认为，马克思历史唯物主义最根本出发点正是现实中能动的个人。而在感性人的根本结构中，起主导作用的只能是他的能动的、超越性的一面。自从人类有了"人"的意识后，人才有了自己的历史，因为这个历史是有意识的人创造出来的。没有自由意识的人类，只是受环境决定的动物。而人又是感性的人，受制于感性对象的自然和社会。由此，我们可以这样说，"社会存在决定社会意识""经济基础决定上层建筑"背后，真正起能动作用的是个人的自由实践活动。正是这种人的自由活动作用于整个感性世界，才改变着环境，促进生产力的发展，推动历史的进程。

① 阿伦特和哈贝马斯都认为，马克思的生产劳动概念对交往领域进行了压制。参见［美］汉娜·阿伦特：《人的条件》，竺乾威等译，上海人民出版社1999年版，第54页、第93页；［德］哈贝马斯：《认识与兴趣》，郭官义、李黎译，学林出版社1999年版，第64页。

三、马克思主义人本观下的民法理念

既然马克思哲学的深层出发点是感性人的自由实践,那么,我们就有义务以历史现实中能动的个人来读解历史唯物主义。教科书体系的历史唯物主义,仅从“社会存在决定社会意识”“经济基础决定上层建筑”这些经典原理出发,把人的自由能动性全部消失在感性对象——生存环境中。正如他在《哲学的贫困》中所说:“经济范畴只不过是生产的社会关系的理论表现,即其抽象”,“这些观念、范畴也同他们所表现的关系一样,不是永恒的。它们是历史的、暂时的产物”。如此,作为社会存在的经济基础只不过是人生存的感性环境。如果把这种感性环境完全当作人性的全部,就像他批评以往的主体哲学“这些原理和范畴过去曾睡在‘无人身的人类理性’的怀抱里”一样,反而会被指责为他的这套理论睡在“无理性的人类肉体”里。[①] 因此,任何片面的解读,都没有进入马克思哲学所设立的实践生活世界图景。只有把人当作“感性的人”和“人的感性”,也就是历史中现实的人,在承认忍受感性环境束缚的基础上凸显人的主观能动性,这样的解读才是有说服力的。

由于受各种社会原因和自身条件的限制,当时的民法学界并没有真正地深入这些理论的背后,因而出现了一些奇怪的论点,如民法只调整财产关系,等等。甚至有学者认为,“所谓‘私法自治’、‘契约就是法律’的原则在我们国家根本行不通”。[②] 反思,并不是否定我们的历史,而是正视。当我们不可置疑地运用“经济基础决定上层建筑”这个基本原理时,实际上我们不自然地片面地理解了马克思。就人生存环境的经济基础而言,它确实是人的生活世界背景。但是,这也只表明了人性活动的场域。人虽然受制于感性世界,但它不是完全决定于生存环境。人类进化在他身上展现出来的“超越精神”,总是使他意识到它并不是环境的副产品,而会主动地去改变环境,从而推动历史的发展。由于未从马克思哲学深层的结构读解这个经典原理,从而隐性地抹杀了人的自由能动性,抛弃了马克

---

① 中共中央马克思恩格斯列宁斯大林著作编译局编译:《马克思恩格斯文集》(第1卷),人民出版社2009年版,第602页、第603页。

② 参见陶希晋:《关于起草民法的几个问题——陶希晋同志在我院师生大会上的讲话(摘要)》,载《西南政法学院学报》1980年第4期。

思关于历史是人们自己创造的历史这一更根本的论点，把整个历史和哲学的基础纳入一个不见人影的“经济决定论”中。这种理论只不过以改头换面的方式重写了人的意识还没有觉醒时的古希腊朴素唯物主义的实体主义。而马克思的哲学不但远远超越了古代唯物主义，而且对当时代的主体性哲学也进行了彻底的颠覆。这一切都是感性人实践这个生活世界图景的提出。正是感性人实践的辩证结构，即只能在生活世界里超越的这一个人性永恒的结构里，人才能真正地达到实践的自由。所以，我们在运用马克思的哲学原理构建我们的民法学时，首先要把握好立足点。这个出发点不是纯粹生存环境式的“经济基础”，也不是完全脱离现实的“主体”，而是具体的、现实的生活世界中的能动的个体。

就这种个体而言，它是感性的，因而它必须活在现实中，即必须在一定历史阶段上生活。就这方面而言，它决定于经济环境；同时作为一个具有超越精神的人而言，它是能够有意识、有目的地安排自己的活动，因而它又能够主动地作用于经济环境。对于民法来说，也是如此。民法的基础是商品经济。就在商品经济这个历史阶段上生活的个人而言，它必定要受制于这个阶段上的生产力水平以及与之相适应的生产关系。但是这并不意味着人就是商品经济领域的一个商品，任凭这个生产环境支配。商品经济阶段是人不可脱离的生活世界背景，是人实践的场所。但是如何开启活动，却是人有意识把握的范围。正是人对实践活动始发点上的控制性，使人能够主动地作用于它活动的商品经济场域。所以个人在商品经济领域内的活动，在其起点上由个人自己支配。民法作为反映商品经济领域内人活动的法律，因而要具备两个要素：一为开启民事活动主体的自由性；二为民事活动受商品经济这个活动场所特点的限制性。当我们运用“经济基础决定上层建筑”这个原理构造民法体系时，仅仅是片面地注意到了第二个要素，对于活动之所以可能的因素却置入九霄。于是，我们就只把民法定义为财产法，即使民法要调整一定的人身关系，不是这部分人身关系与财产有关，就是不置片语而逃避解释。由于整个民法体系一开始就缺少结构的发动者，使我们的民法体系缺少了主体，纯粹地就是一个没有人或者人仅仅是一个工具的物物交换的场景。这一切都是我们没有深入了解马克思经典原理之故。因而我们应当自觉地把民事活动主体的自由性作为整个民事领域的起点。承认主体的超越性，从而承认他有能力按照自己的意志来安排好自己的民事活动。也就是说，民事主体可以自由地作用于他必须生活的商品经济领域。当我们以民事主体自由的实践活动作出发点时,整个民法结构也就随之展开。民法调整的部分首先在于主体超越性一面,这个超越性在于意识的不受限制性。也就是说,个人的思维活动是不受任何限制的,他能够自由地开启民事活动。同时,它又是一个感性的人,因此,为了确保开启民事活动的自由性,他得能够自由支配自己的人格和身体,从而使之执行他的自由意思。但是,作为具体人格和身体的感性部分,必然受到社会关系的限制,因而支配也是有限的。尽管感性人有其超越的一面,但终究只是生活世界的个人,因此,他的民事活动受制于生存环境。这些环境具体表现在以生产劳动为中心的商品交换领域以及以之为终极基础的其他社会交往领域,如婚姻家庭等。

总之,在新中国第三次民法典起草中的理论准备中,是缺少人这个维度的。立足于生活世界,我们不但要认识到环境对我们的束缚作用,更加应该认识到人还有超越性的一面,并且,正是这种自由的精神,才使我们的生产力能够向前推进,才使我们意识到我们是历史的主人。

第五编　主题民法:史与思

民法博大精深,既有宏达的理论叙事也有具体的制度探微。对民法的学习和研究而言,会有三个层次。第一,了解制度的现时代体系定位。这一方法笔者称之为空间学习法。通过对当下体系的理解,明白具体制度的体系位置,将其与其他制度进行界分,以明确制度本身的内涵与外延,助益实践的具体适用。第二,了解制度的历史源流。这是一种时间学习法。黑格尔认为,哲学的一大特性在于它的概念只在表面上形成开端,这门科学的整个研究才是概念的证明或者说发现,而概念本质上乃是哲学研究整个过程的结果。① 诚哉斯言！有如哲学就是哲学史,法学实为法学史。每个制度都有它的历史轨迹,不是凭空创生的结果。不了解制度历史,实际上无法理解制度的真正内涵,也难以真正适用。第三,升华理论层次。在了解了制度的时空维度后,需要对制度本身的理论维度进行提炼、升华。这是站在一个更宏观也是更抽象的角度来看待制度,需要既立足于当下又能固守在一个不变的价值评估之上。实际上,这已经脱离了狭义的封闭式的法学研究领域了,上升到了超越实证法领域的范畴。这个层次对笔者来讲太过艰难,不敢望其项背。即使下文进行的第二个层次的探讨,也是步履艰难、战战兢兢。且由于民法制度过于宽泛,下文亦仅对其万一进行粗浅之论。唯冀抛砖引玉,以求精进。

---

① 参见[德]黑格尔:《哲学史讲演录》(第1卷),贺麟、王太庆译,商务印书馆1959年版,第6页。

中国语境中的“权利能力”*

“权利能力”一词发端于德文。在德语上，权利能力表达为“Rechtsfähigkeit”。将“Rechtsfähigkeit”译成权利能力，是在几种可能翻译中选择一种的结果，因为“Rechtsfähigkeit”至少还可以被译为法律能力、权利义务能力、法律人格或者权利主体等。选择，总是价值偏好的结果。为何再三斟酌后，“Rechtsfähigkeit”被译定为“权利能力”？为何不把权利能力译成法律能力？权利能力是否包含义务能力？这样的权利能力其意义何在？这一切都需要等待理性的回答。

据学者考察，“权利能力”概念乃由日本民法转入中国。[①] 然而，作为“权利能力”的本源术语，却仍是来自西方的德国。这个术语的翻译，本身就已经表明，在当时具体的环境下，中国文化已经丧失了自己的中心性。在清末的这段时日里，西方的在场迫使中国文化无法在自身中维系原来的身份认同，参照世界其他国家尤其是西方成了情境所需。在既不能抛弃自己的固有传统又不能不借鉴西方理论和制度的两难下，作为中介的翻译担当了这一缓冲的角色。塔拉尔·阿萨德指出，“由于第三世界

---

* 本文原载于《北大法律评论》2009年第1辑，北京大学出版社2009年版。

① 俞江：《近代中国民法学中的私权理论》，北京大学出版社2003年版，第133页。

各个社会(当然包括社会人类学家传统上研究的社会)的语言与西方的语言(在当今世界,特别是英语)相比是'弱势'的,所以,它们在翻译中比西方语言更有可能屈从于强迫性的转型"。[①] 这种将翻译置于权力关系中的译介理论,使我们能抛开译者本身的个人自由选择和语言能力,从特定的历史时刻去捕捉翻译所使用语言的语境,不先入为主地归结为外国的影响,也不简单地自大地理解为本土传统的必然逻辑推演。[②] 本书正是基于此,拟从具体的历史时刻探讨作为民法最基础的概念的"权利能力"在中国的生长史,再比较于它本来的面貌,看它是否见融于华夏文明。

一、权利能力的中国经历

根据诠释学的观点,任何翻译都是一种理解,而任何一种理解都建立在前理解的属于自己固有文化基础上。"Rechtsfähigkeit"被译成"权利能力",有当时的历史背景。在西方的坚船利炮下,清政府屡遭失败。经过洋务运动中体西用下只求技术革新尝试的失败,清政府开始了政治体制改革。[③] 西方政治制度之首倡,在于立法。沿学泰西之政治,自应从立法始。中国自古以来,历朝历代皆有立法,同样作为立法,为何要学西方?解答此一疑问,必然研究两种立法得以区分的精神气质。中国古代的法律体系都是诸法合一而由刑法统率,清朝律例同样如此。[④] 在没有公私法区分的大一统立法体系里,民法附属于刑法。但是,刑法调整的民事范围并不是整个日常生活的全部,无关紧要的民事部分,并不由刑法进行规范。在被统治者称为"细事"的这部分民事范畴里,"细"的纠纷国家不

---

① [美]塔拉尔·阿萨德:《英国社会人类学中关于文化翻译的概念》。转引自刘禾:《跨语际实践——文学,民族文化与被译介的现代性(中国,1900~1937)》,宋伟杰等译,生活·读书·新知三联书店2002年版,第4页。

② 刘禾:《跨语际实践——文学,民族文化与被译介的现代性(中国,1900~1937)》,宋伟杰等译,生活·读书·新知三联书店2002年版,第3~8页。

③ 根据李贵连教授的考察,晚清法律改革,虽然只有短短的10年,但是可分为两个阶段:1902年到1906年的新政阶段和1906年到1911年的预备立宪阶段。第一阶段主要在于改造旧法,收回领事裁判权;第二阶段就是预备立宪。参见李贵连:《法治(Rule of Law):晚清法律改革者的理想——沈家本逝世90周年祭》,载《华东政法学院学报》2003年第6期。

④ 如黄宗智教授所考察的,把法律设计为刑罚为主的做法贯穿于整部《大清律例》中。《户律》(管民事方面的法律——笔者注)编中最重要四章的140例除11例外都明确地提到处罚。参见黄宗智:《法典、习俗与司法实践:清代与民国的比较》,上海书店出版社2007年版,第20~22页。

介入而由社会自身解决。① 这是否意味着,在这个领域,人人都有自己的私权?当然不是。对此,黄宗智教授说道:

> 清代法典中几乎所有民事条例的出发点都是我所称的官僚—世袭家长统治主义,统治者的权威在理论上是绝对的。民事条例因而不能导源于“权利”(不管是神授、“天生”,还是民间社会对专制主义的反抗),相反,它们由世袭的统治者赐予。因此而得出惩罚的论调和方法,统治者规定什么是对、什么是错,并制订对冒犯行为的处罚措施。在没有制订处罚的地方,如纯粹的民事条例,统治者表示与自己无关而把这些“细事”留给社会。国家法律从未承认任何高出君主意愿及有悖国家专制的东西,亦即由法律保障的不可侵犯的权利。②

换句通用的话,我国的固有法都以义务为中心。③ 这个以义务为中心的法律,只不过是统治者治群的一个工具。既然我们将我国的固有法定性为“义务本位”的法,并指出这种本位的法给当时中国的政治文明带来了障碍,因此借用西方的立法思想就不能再是“义务”本位。从当时的法律思想家们对西方民事立法思想的定性来看,民法作为权利法成了西方立法思想中的一个重要标志。④ 顺理成章,“权利”成了改造腐朽僵化的清朝律法体系的立法观念。

在此观念的影响下,《大清民律草案》横空出世。尽管该草案未获颁布,但至少前三编体现了权利本位的精神,因而是“依照权利(或权)与义务来制

---

① 根据黄宗智教授的考察,清代的“细事”概念最接近于我们现代概念中的“民事”范畴,但实际上并不如此,而是应当理解为两个部分:(1)国家法典以外以处理刑事为基本概念的延伸:细事即那些涉及相对小或轻刑罚的违法行为;(2)社会应该自我管理和协调的意识形态的延伸。黄宗智:《法典、习俗与司法实践:清代与民国的比较》,上海书店出版社2007年版,第23页。

② 黄宗智:《法典、习俗与司法实践:清代与民国的比较》,上海书店出版社2007年版,第23~24页。

③ 张生:《民国初期民法的近代化——以固有法与继受法的整合为中心》,中国政法大学出版社1992年版,第25页。

④ 如光绪三十三年(1907年)四月初四,《南方日报》刊载了一篇题为《论中国急宜编订民法》的文章。后该文被当时极具影响力的《东方杂志》转载。从该篇专论民法的文章来看,民法就是权利之法。如“民法之范围……所谓权利之主体与客体是也”,“若民法者,定私法上权利、义务之所在及其范围”。转引自张生:《中国近代民法法典化研究》,中国政法大学出版社2004年版,第46~47页。

定一切”。[1] “它规定法律赋予一个人能做什么的权利;完全没有提及清代法典中采用的禁与罚。而且法典本身即是处理民事的最终权威。”[2]显然,这是在移植外国法律的过程中,对其自然法思想的初步继受。李显冬教授说:“质而言之,《民律一草》自觉不自觉地体现着自然法学派个人权利、人类理性才是法律的价值基点的价值取向。所以被认为是权利本位的民法。”[3]

民国成立后,尽管并没有把《大清民律草案》作为民事方面的法律予以继承,而是将沈家本修订过的作为过渡办法的《大清现行刑律》中有关民事部分作为适用依据,[4]但是国民党改革者继承的却是1911年《民法典(草案)》,同时随着清朝的覆亡,现代西方个人权利的话语获得更大的影响。[5] 1929~1930年国民党颁布的民法典就是以权利为出发点。在这样的大背景下,“Rechtsfähigkeit”这个词被理解为“权利能力”就理所当然。如谢鸿飞博士所言:“民法以权利为本位……且民事权利能力或权利能力,为民法理论和立法固有概念,轻率改变,反生滋扰。”[6]问题是,“权利能力”这个词汇是否能完全概括“Rechtsfähigkeit”呢?从字面上而言,显然不能。“权利”仅仅是法律内容的一个方面,若以此规定,将会有以偏概全之念。胡长清先生说道:

所谓权利能力,不但指享有权利之能力而言,即负担义务之能力亦包含之。不过我民法原则上系权利本位的立法,故从权利方面立论,而称之为权利能力耳。但依鄙见,似以改称“权义能力”为适当。[7]

---

① 《大清民律草案》由五编组成。前三编由通则、债权和物权组成,为日本学者松冈正义编纂。后两编由中国法学者朱献文、高种和编纂,为亲属和继承。该草案于1911年10月26日呈递朝廷,未获颁布。张生先生认为,前三编为个人本位的,后两编为家族本位。黄宗智:《法典、习俗与司法实践:清代与民国的比较》,上海书店出版社2007年版,第87页。

② 黄宗智:《法典、习俗与司法实践:清代与民国的比较》,上海书店出版社2007年版,第46页。

③ 李显冬:《从〈大清律例〉到〈民国民法典〉的转型——兼论中国古代固有民法的开放性体系》,中国政法大学2003年博士学位论文,第85页。

④ 参见王伯琦:《近代法律思潮与中国固有文化》,清华大学出版社2005年版,第30页。

⑤ 如民国新政府1912年的临时宪法重申了一些权利。即使如1914年的袁世凯宪法和1923年的曹锟宪法都同样宣称了这些权利,国民党的《训政时期约法》也一样。参见黄宗智:《法典、习俗与司法实践:清代与民国的比较》,上海书店出版社2007年版,第46~47页。

⑥ 梁慧星:《中国民法典草案建议稿附理由——总则编》,法律出版社2004年版,第21页。

⑦ 胡长清:《中国民法总论》,中国政法大学出版社1997年版,第57页。

史尚宽先生同样认为权利能力同时也为义务能力，称之为权利义务能力会更妥当。① 亦即，之所以叫作权利能力，并不是说“Rechtsfähigkeit”这个词的内涵就只有“权利”这个内容，而是为了彰显中国文化缺少的权利本位，因此从价值意义上以偏概全，姑且就这么叫了。若从其内容方面言之，称之为“权利义务能力”最妥当。

但值得注意的一个现象就是，在这些论著里，“Rechtsfähigkeit”这个词统统地叫作“权利能力”，而不是“民事权利能力”。② 可是，原《民法通则》却把它命名为“民事权利能力”，这两者是否就是相等呢？首先来看一下这个词是如何来的。根据笔者所掌握的资料，在大清民律草案和民国民法典及主要著作里，皆未见“民事权利能力”一词而只有“权利能力”。“民事权利能力”一词首见于1922年由列宁直接指导下的苏俄民法典。该法典的总则规定：全体公民不问性别、种族、民族、信仰、社会出身，均赋予民事权利能力，非依法律不得剥夺或加以限制。我国在1955年10月5日提交的《民法总则草稿》里，却没有采纳这样的词语，在第二章“权利主体(人)”的第9条规定：公民的权利能力从出生时开始，到死亡时终止。在1955年10月24日提交的第二次草稿里，“权利能力”这个词突然消失，代之以“公民享受民事权利和负担民事义务的能力，从出生时开始，到死亡的时候终止”。到1956年12月17日的第三次草稿时，继续沿用第二次的称谓。1957年1月15日提交的第四次草稿里，其规定有了变动。该草稿第5条规定：中华人民共和国公民，都能够享有民事权利和负担民事义务。从而去掉了开始与终止，更为重要的是去掉了“能力”。③ 而在第二次民法典起草过程中，随着权

① 参见史尚宽：《民法总论》，中国政法大学出版社2000年版，第85页。

② 有如当时翻译的日本人富井政章的《民法原论》以及颁布实行的《民国民法典·民法总则》也只是规定了权利能力，而没有以“民事权利能力”术语命名。如南京国民政府的《民法·总则》第6条规定：人之权利能力，始于出生，终于死亡。参见［日］富井政章：《民法原论》(第1卷)，陈海瀛、陈海超译，杨廷栋修正，中国政法大学出版社2003年版，第87～90页；李显冬：《从〈大清律例〉到〈民国民法典〉的转型——兼论中国古代固有民法的开放性体系》，中国政法大学2003年博士学位论文，第93页；朱勇：《私法原则与中国民法近代化》，载《法学研究》2005年第6期。

③ 显然，这部法典规定了一些极具私权特色的权利内容。除下页正文第3条外，第8条规定：凡中华人民共和国公民，不分民族、种族、性别、职业、社会出身、宗教信仰、教育程度、财产状况，都有享受民事权利和负担相应义务的能力。在第二次草稿里，删去了第3条的“自由”字样。从此，这个词就再也没有出现在法典中。在第三次草稿中，却再也没有用第一次的第3条和第二次的第6条的内容。但是，在第4条中规定了民事主体平等原则。参见何勤华、李秀清、陈颐：《新中国民法典草案总揽》(上卷)，法律出版社2003年版，第3～4页、第14页、第26～27页、第37页。

利概念的消失，权利能力这一表达从享受民事权利和承担民事义务的能力变成了具体规定下的法律关系参加者：经济关系中的单位和个人。① 1980 年提交的《民法（草案）》（征求意见稿）开始恢复民法的权利义务思维。其在第 12 条规定：公民从出生的时候起到死亡的时候止，都具有权利能力，可以享受民事权利和承担民事义务。1981 年的“征求意见二稿”和“征求意见三稿”，1982 年的“征求意见四稿”都遵循了这个规定。② 可见，第三次民法典起草中的草案都没有出现“民事权利能力”这样的词语，只是规定“具有权利能力，可以享受民事权利和承担民事义务”。原《民法通则》却在第 9 条径行规定：公民从出生时起到死亡时止，具有民事权利能力，依法享有民事权利，承担民事义务。第 10 条和第 36 条都明文规定了“民事权利能力”。③ 如今，这个词语在我们的教科书中成了一个普及的词语。

那么，这种置换的可能来源是什么呢？笔者以为，我们应当从自身的历史渊源去找寻。新中国成立后，也许一开始我们还受制于自然法思想的民国时期立法理论的影响，如第一次民法典起草的第一次草稿的第 3 条规定：中华人民共和国公民都有权选用自己的姓名，自由设定住所，发明和著作以及在全国领域内自由设定住所，在法定范围内自由处理自己的财产；为法律行为及承担债务；并可遵照国家法令组织工商企业的民事权利。在废除六法全书思想的影响下，此后，这种“自由”的词汇就再也没有出现在法典中。自此，我们的立法就开始自行创制或者倚重于苏联。由于各种政治运动的发生，第一次民法典以夭折告终。在第二次民法典起草中，“权利义务”为中心的思维方式基本上被摒弃，代之以直接由法律规定哪些可以作为主体参与经济关系的立法方式。在乍暖还寒的第三次民法典起草中，理论界仍然很保守。近代自由精神，对起草者要么是陌生的，要么就如同陌生的。由此，我们实际上仍然受苏联的立法和理论影响很大。就理

---

① 实际上，只有中国社科院法学所于 1963 年提交的《民法（草稿）》第二章采用了“权利的主体”这样的标题，其他一概未见权利或者义务字样。参见何勤华、李秀清、陈颐：《新中国民法典草案总揽》（下卷），法律出版社 2003 年版，第 4 页、第 16 ~ 17 页、第 28 页、第 100 页、第 164 页。

② 参见何勤华、李秀清、陈颐：《新中国民法典草案总揽》（下卷），法律出版社 2003 年版，第 372 页、第 438 页、第 496 页、第 563 页。

③ 这并不是说，“民事权利能力”这个词首见于原《民法通则》中，实际上在民法学著作中早就已经出现。如佟柔教授于 1982 年撰写的《民法原理》（上册）的第三章“公民”里，就讲到“公民的民事权利能力”。参见全国第三期法律专业师资进修班民法班整理：《民法原理》，第 104 页。

论而言,苏联民法学者认为,权利能力是一种由“社会经济制度决定的社会属性”,[①]因而权利能力不存在天赋的问题,都是由经济基础决定,由作为统治阶级意志体现的法律赋予。这一点自然也是我们立法的指针。佟柔教授就说道:

> 自然人享有民事权利的资格,不是天赋的,也不像自然法所说人基于自然属性就应该享有权利,我们认为权利能力也是一定经济基础之上的上层建筑,也是当时统治阶级的意志表现,民事权利能力是法律给予的。[②]

在立法上来看,苏俄1961年《民法典》第9条规定:苏俄和其他各加盟共和国的一切公民,都平等地具有享受民事权利和承担民事义务的能力。同时,其第12条第2款规定:除非在法律规定的情况下并依照法律规定的程序,对任何人的权利能力或行为能力,都不得加以限制。[③] 这一点在1980年提交的《民法(草案)》(征求意见稿)第13条规定:公民的权利能力一律平等,除法律特别规定的以外,不受任何限制。这一条一直到1982年的第四稿都未变。这个权利能力受法律限制的思想,是《德国民法典》和《法国民法典》所不可能具有的,应该可以判断出受了前苏民法典的影响。[④] 在这样的理论下,权利能力就完全成了实证法的规定,取决于法律的授予。尽管《民法通则》在第10条仅仅规定了“公民的民事权利能力一律平等”,而没有例外的限制问题,但是像第一次民法草案第8条规定的“凡中华人民共和国公民,不分民族、种族、性别、职业、社会出身、宗教信仰、教育程度、财产状况,都有享受民事权利和负担相应义务的能力”情形,却未见于通则中。

据此,笔者认为,在我们国家,权利能力等于民事权利能力不是基于一个伦

---

① 参见[苏联]C. M. 科尔涅耶夫等:《苏联民法》(上),中国社会科学院法学研究所民法经济法研究室译,法律出版社1984年版,第97页。

② 参见全国第三期法律专业师资进修班民法班整理:《民法原理》,第104~105页。

③ 参见李军、袁文波:《试论自然人“民事权利能力”》,载《河南政法管理干部学院学报》1998年第3期。

④ 这可从沈敏锋先生于1982年写的文章可以看出。他认为:“第一部社会类型的民法是1922年的《苏俄民法典》,它在关于权利能力的条文和内容上都比资产阶级民法增加了许多,同时没有了资产阶级民法中所谓‘天赋人权’的意义。承认人们都有平等的权利能力,但不是‘天赋’的,而是法律赋予的,其内容是由一定的经济基础决定的、反映统治阶级意志的。这就明确了权利能力的阶级实质。这一切,对以后对各社会主义国家的民事立法有着极大的影响。我国虽然尚未制定出民法典,但在民法理论上几乎是全盘接受苏联的”。参见沈敏锋:《对公民民事权利能力起止的异议》,载《北京政法学院学报》1982年第2期。

理角度的考虑，完全是基于法律实证主义的视角。亦即，权利能力不是与生俱来的，而是来自法律的赋予。既然不出于一个伦理的视角，只从实证法的前提出发，那么作为一直规定于民法中的权利能力，就成了由民法这个实证法来授予主体资格的制度。是以，民事权利能力就应当理解为由民法赋予民事主体资格的部门法术语。既然民事权利能力是民法授予的主体资格，是否存在不授予主体资格或者授予程度不同的主体资格的情况？亦即，是否存在对民事权利能力的限制问题呢？胡长清先生言，关于权利能力之范围有四点内容。(1)凡人皆有权利能力。(2)凡人当然有权利能力。所谓当然，不是天赋人权，而是为法律赋予。(3)权利能力以平等为原则。(4)权利能力限于法律之范围内。但是指出，民国民法于第26条规定：法人于法令限制内，有享受权利负担义务之能力。而于自然人则以其事属当然，不设规定。① 史尚宽先生言：权利能力又可分为一般的权利能力与特别的权利能力。自然人与法人基于性质上之差异，对外国人基于政策上考虑，得认有特别权利能力上之差异。② 亦可见，自然人间不存在权利能力的差异，只有针对自然人以外的人如法人才有这种差异。我国原《民法通则》也只在第9条规定了“公民的民事权利能力一律平等”，并没有规定法律主体的权利能力一律平等。自然，立法实际上就告诉我们，权利能力对待公民与法人应当有别，因此区分开一般与特殊的权利能力，也确有法律上的依据。梁慧星先生也认为，权利能力应区分为一般民事权利能力与特别民事权利能力。③ 张俊浩教授实际上也持这种观点。④ 可以说，目前学界一般认为，自然人的权利能力是当然平等的，权利能力之特别性只出现在法人与外国人领域。⑤

① 参见胡长清：《中国民法总论》，中国政法大学出版社1997年版，第57页。

② 参见史尚宽：《民法总论》，中国政法大学出版社2000年版，第86～87页。

③ 参见梁慧星：《民法总论》，法律出版社2001年版，第72页。

④ 如他对自然人与法人的区分。在法人的限制里有“性质限制与目的范围限制”等。参见张俊浩：《民法学原理》(上册)，中国政法大学出版社2000年修订第三版，第95～96页、第189～191页。

⑤ 沈敏锋先生认为，特别是在苏联的有关教科书上，绝大多数的公民权利能力是从出生时就享有的，这就叫作一般权利能力。而特殊的权利能力，并不是公民出生后享有的，如结婚的资格。并且反驳了认定结婚资格是行为能力的观点。参见沈敏锋：《对公民民事权利能力起止的异议》，载《北京政法学院学报》1982年第2期。尹田教授也持这种观点。他认为，自然人的权利能力范围实际上有大有小，如结婚权利能力，并非人皆有之。参见尹田：《论自然人的法律人格与权利能力》，载《法制与社会发展》2002年第1期。王泽鉴教授认为，权利能力为人之尊严的表现，法律有正当理由可以对之加以限制，如矿业权等。参见王泽鉴：《民法总则》，中国政法大学出版社2001年版，第105页。李永军教授对此作了出色的论述，反驳了这些认定权利能力不平等的理论。参见李永军：《论权利能力的本质》，载《比较法研究》2005年第2期。

二、权利能力与人格之间关系的中国经历

按照权利本位将“Rechtsfähigkeit”译为“权利能力”,并不能顺利解决“权利能力”与“人格”之间的关系。如何理解这两个概念之间的关联性,成了学界极具争论性的课题。俞江教授认为,日本民法在混杂移植《法国民法典》《德国民法典》复杂过程中,由于对罗马法、德国法以及法国法之法律概念翻译、理解及表达上的局限和误差,“权利能力”和“人格”二词被交替使用,从而对我国清末和民国时期的立法和民法理论产生深刻影响,以致权利能力被错误地解释为人格。① 确然,权利能力在近代以来的民法学者的著作中,就等同于法律人格。② 新中国成立以后至今,也承袭了这个观点。③ 那么,我们又是如何在人格意义上理解权利能力这个概念呢?这要从人格这个概念开始说起。

清末,“人格”这个概念已经得到了使用。严复先生在其于1900年完成、1903年出版的穆勒的《群己权界论》这部译著中,是这样来翻译自由的:“自由之义,为及格之成人设也。若未成丁(成丁年格各国不同,经法二十五岁),举不得以自繇论”。然后他在这段文字上作了一个眉批:“人格不备,不得自繇”。④ 可见,人格这个概念是在翻译自由的时候被使用的。要理解人格,应当从自由的意义上去理解。但是,严复先生却把它理解为“及格”和“成丁”,即要想成为人格必须等到成年,否则人就没有成为人的资格。显然,这里的人格是在“人的资格”意义上理解的。⑤ 沈家本

---

① 参见俞江:《近代中国民法学中的私权理论》,北京大学出版社2003年版,第133页。确然,中国在近代学取西方法制化的道路上,日本具有极大的影响。其详细的资料参见李贵连:《近代中国法律的变革与日本的影响》,载《比较法研究》1994年第1期。

② 参见史尚宽:《民法总论》,中国政法大学出版社2000年版,第86页。胡长清先生虽然没有像史尚宽先生那样明言,但是从第二章“人”可以推定,法律人格就等于权利能力。参见胡长清:《中国民法总论》,中国政法大学出版社1997年版,第55~100页。

③ 参见全国第三期法律专业师资进修班民法班整理:《民法原理》,第104~105页;梁慧星:《民法总论》,法律出版社2001年版,第70页。

④ [英]穆勒:《群己权界论》,严复译。转引自李贵连、俞江:《论沈家本的人格平等观》,载《环球法律评论》2003年第3期。

⑤ 但要说明一点的是,严复先生这里的“人格”有两点值得注意:(1)是在与自由同一个意义上使用的;(2)是以成年与否来判定人格有无的标志,即人格并非无条件,而受制于生理条件。因此,这里的“人的资格”应当是与身份无关,而只与生理特性有关。这里并不是说,“人格”一词为严复先生新创,而是中国古代以来一直都有的。但是,在中国古代,“人格”一词主要是从道德意义上的“人品”角度讲的。

先生也接受了“人格”一词。在《禁革买卖人口变通旧例议》中说道:现在欧美各国,均无买卖人口之事,系用尊重人格之主义,其法实可采取……不知奴亦人也,岂容任意残害?生命固应重,人格尤宜尊。[①] 显然,沈家本先生并不在“及格”这个意义上来理解“人格”。在笔者看来,沈家本先生的人格平等观念主要是在身份平等的意义上使用的。因为横亘在中国传统法律与西方法律中间的最大障碍,在于是否承认身份上的不同,进而区分人是否有高低贵贱之别。[②] 通过清末的“礼法”之争可以判断,人格概念在沈家本先生的手中主要是指向主张“身份差异”的礼教的。那么,这是否意味着沈家本先生就完全摆脱了中国固有的思维而采用了西方的人格理念呢?非也。根据李贵连教授等的考察,沈家本先生对人格的认识存在一个逐渐摆脱儒家认识框架的过程,最后似乎认同了“人格平等”这个“人格”观念。[③] 如果遵循这样的“人格”观念,那么由他一手操刀的《大清民律草案》就应当完全体现这个平等逻辑,但事实上并非如此。[④] 在该草案的前三编“总则、债权和物权”编中,由修订法律馆在日本法学家协助下起草,确实体现了西方近代法律思想的个人本位主义。但是在后两编“亲属、继承”中,却是由修订法律馆会商礼学馆起草,却完全按照中国的伦常礼教来作为根据。[⑤] 可以说,清末时期,沈家本的立法理念主要奠基于人格平等观念进行,但是由于守旧势力的极力反对,这个人格平等的观念只能贯彻于草案的前三编。

民国时期,沿用的只是修订过的《大清现行刑律》中的民事部分,因而在国民

---

① 李贵连、俞江:《论沈家本的人格平等观》,载《环球法律评论》2003年第3期。

② 这可从张之洞的反对可以看出。1901年,张之洞、刘坤一推荐沈家本为修订法律大臣。很戏剧性的是,后来,张之洞也成了最反对沈家本所立法中的平等观念。其核心就是沈家本所立之法,“坏中国名教之际、启男女平等之风、悖圣贤修齐之教”。参见黄宗智:《法典、习俗与司法实践:清代与民国的比较》,上海书店出版社2007年版,第29~30页。

③ 参见李贵连、俞江:《论沈家本的人格平等观》,载《环球法律评论》2003年第3期。杨鹤皋实际上也持这种观点。他从《删除奴隶律例议》、《禁革买卖人口变通旧例议》和《旗人谴军流徒各罪照民人实行发配折》里沈家本的思想出发,认定这些体现了“沈家本在法律面前人人平等的资产阶级法制主张”。参见杨鹤皋:《宋元明清法律思想研究》,北京大学出版社2001年版,第299页。

④ 当然这不是说沈家本先生的观念有改变,而是基于政治现实。当时著名的“沈(家本)劳(乃宣)之间的礼法之争”,使沈派的失利是必然的。一方是由张之洞、刘坤一支持的保守派,实力强大;另一方则是由沈家本为首的立法派,实力弱小。参见李贵连、俞江:《论沈家本的人格平等观》,载《环球法律评论》2003年第3期;杨鹤皋:《宋元明清法律思想研究》,北京大学出版社2001年版,第299页。

⑤ 这一点在它的立法理由书里有完全的体现。朱勇教授摘取了一大段,足资参考。参见朱勇:《私法原则与中国民法近代化》,载《法学研究》2005年第6期。

党政府的《民法》颁布实施前，亲属及继承有关礼教方面的制度未有任何改变，[①]直到1931年《民法》的颁布实施才彻底地扫除了几千年来的宗法、家族制度。如当时的“民法总则编”的起草说明书指出：“男女平等之原则，本为吾党对内政策所规定，自应期其实现……至其它权义之关系，亦不因男女而有轩轾。”[②]黄宗智教授说道，至1931年的国民党“民法”的颁布，在后两编也完全采用了《德国民法典》的体例和思想。[③] 这意味着，在法典形式上，人格平等原则得到了实现。如胡汉民在《新民法的新精神》里所讲的那样：“我们现在所编订的民法，却绝对免除这类不平等的情形。在条文中我们只讲‘人’而不分性别无论男子女子，其行为能力的种种限制与保障，在法律上是完全相同，没有区别的。”[④]但是，这个看上去仅仅是对清末立法延续的人格平等精神，在根基上已经开始改变清末人格平等的内涵。一般认为，清末立法的人格意蕴，实乃个体人格。[⑤] 可是，胡汉民在《新民法的新精神》一文里说到，“新民法”应当注重团体的利益，注重社会公益。社会是一个整体，不是为许多个人而存在的，因此不能像从前的民法那样，以个人主义为立足点。“这层意思，兄弟自本院开始以来，已屡次报告过了”。[⑥] 后在《民法亲属继承两编中家族制度规定之意义》一文中，胡汉民从孙中山先生的理论开始。孙中山先生说道：“外国人以个人为单位，由个人放大便是国家……外国不如中国……中国国民和国家结构的关系，先有家族，再推到宗教，然后才成国族，这种组织，一级一级的放大，有条不紊，大小结构的关系，当然很切实的。”胡汉民由此引申道：“真实的良好的家族主义，是民族主义的缩影……中华民族，因将借此精神以存续其悠远的生命，世界各民族也必须靠此，才能巩固其生存的

---

① 参见王伯琦：《近代法律思潮与中国固有文化》，清华大学出版社2005年版，第30页。

② 谢振明：《中华民国立法史》（下册），中国政法大学出版社2000年版，第756页。

③ 参见黄宗智：《法典、习俗与司法实践：清代与民国的比较》，上海书店出版社2007年版，第53页。

④ 胡汉民：《新民法的新精神》，载吴经熊、华懋生编：《法学文选》，中国政法大学出版社2003年版，第435页。

⑤ 这可从其接受所有权绝对思想、契约自由和过错责任原则可以判断。参见朱勇：《私法原则与中国民法近代化》，载《法学研究》2005年第6期。同时，从国民当时期对1911年草案的批判可以看出。参见黄宗智：《法典、习俗与司法实践：清代与民国的比较》，上海书店出版社2007年版，第53页。

⑥ 胡汉民：《新民法的新精神》，载吴经熊、华懋生编：《法学文选》，中国政法大学出版社2003年版，第434～435页。

基础！”[1]是以，1931 年《民国民法典》以社会本位为立足点，希图强调社会公益的重要性。[2] 那么，隐藏在这个社会本位的人格观念又是什么呢？也许我们可以从《民法总则起草说明书》第 2 项为“社会公益”的说明看出某些蛛丝马迹：

> 自个人主义之说兴，自由解放之潮流，奔腾澎湃……驯至放任过甚，人自为谋，置社会公益于不顾，其为弊害，日益显著。且我国人民本已自由过度，散漫不堪，尤须及早防范，藉障狂澜。[3]

如果结合家族→宗族→国族这个推论，可以判断出人格已经完全驶出自由的个人主义港湾，航向社会化人格的中国式人格理念中去了。[4] 但是，无论怎么说，人格平等的观念却被完全继受下来。

新中国成立后，人格平等的观念同样得到了实行。由于社会性质和沿用苏联理论的缘故，我们的人格平等观念建在经济基础决定上层建筑这个经典理论上。就像佟柔教授所说的那样，法律人格不由天赋而是统治阶级的意志表现，是由经济基础决定的法律赋予的。[5] 那么我国原《民法通则》第 9 条规定的“公民的民事权利能力一律平等”，也应当理解为所有人的人格都是法律赋予的结果。通过法律的赋予，一切人开始平等起来，再也没有身份的差异。法人则不能享受这种优待，其人格受目的事业范围的限制，这同样也取决于法律的规定。问题是，为什么同样作为人格，自然人的人格平等而法人的人格却可以不平等呢？为什么自然人的人格和法人的人格之间还可以不平等呢？法人有无人格权呢？为什么我们难以发展出一般人格权呢？这些都是法律赋予理论很难解释清楚的。随着人本主义意

---

① 胡汉民：《民法亲属继承两编中家族制度规定之意义》，载吴经熊、华懋生编：《法学文选》，中国政法大学出版社 2003 年版，第 461 页。

② 其社会本位不但体现在立法指导思想上，如胡汉民在 1929 年 11 月的《立法院演讲辞》中说道：我们的立法乃以全国社会的公益利益为本位，还体现在所有权、契约自由和债权人请求完全偿还或损害赔偿请求权的限制和无过失责任的承认以及家长权行使的限制。参见张生：《中国近代民法法典化研究》，中国政法大学出版社 2004 年版，第 205 ~ 206 页。

③ 张生：《中国近代民法法典化研究》，中国政法大学出版社 2004 年版，第 204 ~ 205 页。

④ 有学者甚至提出，从《大清民律草案》到《民国民法》，在由过错责任到过错与无过错并存的基本原则考察里，认为还反映了立法者加强社会控制，维持政权统治的深层次需要：更深层次的原因还在于，贯彻这种立法思想正好符合稳固和加强这一时期国民党集权统治的需要。参见何勤华、李秀清：《外国法与中国法——20 世纪中国移植外国法反思》，中国政法大学出版社 2003 年版，第 254 页。

⑤ 参见全国第三期法律专业师资进修班民法班整理：《民法原理》，第 104 ~ 105 页。

识的加强，学界开始慢慢地向人格的本来意义，即人格的伦理意义靠拢。在这种思想的支配下，学界似乎出现了一种潮流，即严格区分权利能力和人格。为了彰显人格的伦理意义，学者们极力反对权利能力的技术含义，因为在这种技术化下使人格丧失了其应有的伦理内蕴。如尹田教授所言，“从严格意义上讲，法律人格与权利能力并不相同。较之权利能力，人格具有更高的抽象性，其描述的是人的一般法律地位、一般意义上的主体资格，其并不考虑和表达主体得具体享有之权利的范围”。[①] 即权利能力只不过是享有法律允许享有的权利的资格。是以，人格与权利能力的关系表现为：人格是权利能力的基础，权利能力只不过是人格的具体表现而已。付翠英博士则从人格是身份出发，来探讨人格与权利能力的区分。她认为，人格应当是作为自然人的身份而使用的，权利能力则是作为团体的身份而使用的。通过权利能力来取代人格或者民事主体，使对团体而言也隐含了不平等的因素，同时使法人成为“人”，违背客观事实，造成了对法律技术的错误运用。[②] 马俊驹教授更是认为，权利能力只不过是承袭了罗马法的人与人格分离的立法技术而已，因而人格都是法律拟制的产物。之所以要把人拟制为人格，是因为生活中的个人无规范性。除非通过法律的拟制，把生活中的“个人”变为法律范畴中的“人格”，才能实现法律的社会性质。由此，他断言：“法律人格具有群体性的本质”。[③] 更有学者认为，民事权利能力到了该废除的时候了。[④]

三、中国语境下权利能力的评价

“权利能力”作为西学术语，自是在中国近代法学孕育之初而传入神州。渊源于两希文明的西方法学，深深地奠基于其固有的文化模式中，在列强的坚船利

---

① 尹田：《论自然人的法律人格与权利能力》，载《法制与社会发展》2002 年第 1 期。

② 参见付翠英：《人格·权利能力·民事主体辨思——我国民法典的选择》，载《法学》2006 年第 8 期。

③ 参见马俊驹：《人与人格分离技术的形成、发展与变迁——兼论德国民法中的权利能力》，载《现代法学》2006 年第 4 期。

④ 该学者的理由有三点：(1)民事权利能力制度是等级社会、特权时代的产物，现代社会自然人权利能力的普及已使这一制度丧失存在的基础了；(2)法人民事权利能力的平等性的被确认，使民事权利能力制度不再成为划分不同法人的界限，这一制度在法人领域同样也不再具有存在的必要；(3)法人以外的组织权利能力的被承认，使权利能力制度在划分法人与法人以外的组织上的功能丧失。参见傅强：《论废除民事权利能力制度的必要性》，载《新视野》2005 年第 5 期。

炮迫压之下,古老的中华文明是否就真能接受这种异域风情呢?笔者拟从以下两个方面评述之。

首先,就权利能力的伦理人格本性而言,中国法文化始终接而不受。移译西方法学著作,从鸦片战争前就已开始。但是,真正成为挑战固有法理念的却要从清末的礼法之争开始说起。1907 年《大清新刑律草案》完成后,由宪政编查馆咨交各省签注意见,就此触发了礼教派与学理派间的激烈斗争。① 礼教派固守儒家的教诲,认定贵贱、尊卑、长幼、亲疏都应有别,不能齐一。而这种参差不齐的社会秩序则是由礼反映出来。通过“礼”,社会就呈现高低贵贱之别,儒家的理想秩序也就形成。是然,礼教派固守的礼就是要保留一个身份差异的秩序,绝不能整齐划一而求平等。因而,平等在儒家看来有悖人伦不合于礼制。面对这样一个存留几千年的劲敌,沈家本自然深知其根本。因此,要在当时实行法治,必须首倡平等。如他自己所说:

或者议曰:“以法治者,其流弊必入于申韩,学者不可不慎。”抑知申韩之学,以刻核为宗旨,恃威相劫,实专制之尤。泰西之学,以保护治安为宗旨,人人有自由之便利,仍人人不得稍越法律之范围。二者相衡,判然各别,则以申韩议泰西,亦未究阙宗旨耳。②

从论敌的攻击来看,沈家本在主张平等,因为论敌认为他在主张申韩之学,而法家主张法律面前人人平等。如《商君书·赏刑》云:“所谓一刑者,刑无等级,自卿相、将军以至大夫、庶人有不从王令犯国禁乱上制者,罪死不赦。”同时,从他自身的“人人有自由之便利,仍人人不得稍越法律之范围”,也足可判断。可见,在以沈家本为代表的清末立法派那里,以之予以抗衡礼教的立法宗旨是西方的

---

① 礼教派以时为军机大臣兼掌学部的张之洞为代表,劳乃宣是最为积极的一个。礼教派的观点是,如当时的大学堂总监刘廷琛所讲的:“礼教可废,则新律可行,礼教不可废,则新律不可行”。张之洞更是提出了制定法律的指导原则,即“因伦制礼,因礼制刑”。劳乃宣更是认定,新刑律有悖礼教,采用了西方的平等原则在立法。学理派以沈家本为代表,避开了平等原则,并没有正面回答劳乃宣的质问。一般认为,沈家本是提倡平等原则的。可以说,这场争论就是一场关于立法宗旨的争执问题。参见李贵连、俞江:《论沈家本的人格平等观》,载《环球法律评论》2003 年第 3 期;杨鹤皋:《宋元明清法律思想研究》,北京大学出版社 2001 年版,第 291 ~ 293 页。

② (清)沈家本:《历代刑法考》(四)。转引自杨鹤皋:《宋元明清法律思想研究》,北京大学出版社 2001 年版,第 297 ~ 298 页。

自由和平等观念。在往后四年中,这样的人格自由、平等观念完全体现在由他主持起草的《大清民律草案》的前三编里。尽管“立法派”一如既往失败,却向世人展示了完全不同的立法风格:它不再以统治者的绝对权力为出发点,不再采用禁与罚为立法模式,而完全依照权利与义务来制定一切,并且法典本身就是最终权威。[①] 在法制史上,一般认为,1911 年草案总体上是权利本位的立法。那么,该如何去理解这里的权利呢?据刘广京考察,中文用权利一词翻译“rights”比日文书刊要早,它最先出现在 1864 年总理衙门斥资刊印的《万国公法》上。[②] 丁韪良在翻译《万国公法》时,已频频提到自主之权;并在若干用法中“权利”一词明确用于表述国家自主性和个人自主性为正当,但在 19 世纪 90 年代以前,“权利”一词并没有成为常用政治词汇,即“权利”的正当性理念还没有和自主性连接。根据金观涛、刘青峰先生的考察,用“权利”一词来表达个人自主为正当这一理念要等到 1900 年庚子事变之才出现。[③] 正是在 1900 ~ 1911 年这十年中,“权利”一词成为最常用的政治文化词汇,它不仅涵盖了西方“rights”的法律和个人普遍价值两方面的意义;甚至可以说,新政期间是中国知识分子对“权利”的了解最接近西方“rights”的原意的唯一时期。[④] 国民党时代在继受《大清民律草案》前三编时声称 1911 年草案过于强调权利而忽略了义务,太看重个人而强调个人本位。[⑤] 可见,在清末立法派看来,人格、权利、自由、身份平等和个人主义是在一个意义上

---

① 参见黄宗智:《法典、习俗与司法实践:清代与民国的比较》,上海书店出版社 2007 年版,第 46 页。

② 在汉语“权利”的来源上,刘禾表示了不同的看法。他认为,“权利”之译可能来自日语 kenri 的双程流传。参见刘禾:《跨语际实践——文学,民族文化与被译介的现代性(中国,1900 ~ 1937)》,宋伟杰等译,生活·读书·新知三联书店 2002 年版,第 385 页。

③ 这可以庚子事变后礼教派代表的张之洞为例。庚子事变前,张之洞一方面赞同国家必须有自主之权,但另一方面却坚决反对人人有自主之权。张之洞在《劝学篇》里认为“人人有自主之权”是对西方思想的误解,它会导致“子不从父、弟不尊师、妇不从夫、贱不服贵,弱肉强食不尽”,从而人类社会秩序完全解体。庚子事变后,张之洞致电刘坤一等人,主张“西法最善者,上下议院互相维持之法也”,甚至主张一种各州县长官由绅民民选的制度。可见,清末新政时期以张之洞为代表的体制内儒臣,一方面坚持儒家纲常名教,另一方面主张变革国家政治经济制度。他们将儒家伦理与国家制度划分开来,采用一种二元论心态来对待现实变革。参见金观涛、刘青峰:《观念史研究——中国现代重要政治术语的形成》,法律出版社 2009 年版,第 103 ~ 150 页。

④ 参见金观涛、刘青峰:《观念史研究——中国现代重要政治术语的形成》,法律出版社 2009 年版,第 103 ~ 150 页。

⑤ 参见黄宗智:《法典、习俗与司法实践:清代与民国的比较》,上海书店出版社 2007 年版,第 53 页。

使用的。可以这样说,"权利本位"实际上就是西方意义上的"自由本位""个人本位",是脱离于中国伦常关系网络的人格本位。

这种从权利出发的立法思想被20世纪中国的法律改革者和1925~1926年草案和国民党的《民法典》所继受,但是这并不表明最终在南京国民政府手里,这个相当于"自由本位""个人本位"的"权利本位"就当然地作了立法宗旨。南京国民政府时期,随着《大清民律草案》前三编被定性"权利本位"或者"个人本位",这些人格、权利、自由词汇全部被置入"个人主义"中。因此,在近代中国学者的眼中,这种"个人主义"的"个人本位"就是个人第一主义或无纪律的自由主义。[①] 于是,在政治制度构架采纳孙中山先生的由家族→宗族→国族的这个逻辑推论里,个人本位就被他们认为的社会本位所取代。通过这种转换,"权利"的西方伦理意蕴被取消。根据胡汉民所提出的立法思想,在社会本位下贯彻孙中山先生的由家族→宗族→国族的这个政治指导思想,显然在立法思想上又回到了国家至上的国家本位中。至此,这个在清末意图冲破中国传统社会结构的"权利本位"又折返,个人本位被更高的国家本位所取代。此时,为何认为民国民法典是以权利为本位的呢?其最重要的原因也在于它采取的出发点不再是中国固有法典中的禁与罚,而是以权利为立脚点。可是,这里的立法指导思想却是家族本位式的社会本位,而完全不是自由人格意义上的个人本位,其"权利本位"的根基已彻底置换。应当如何去理解这个"权利本位"呢?

显然,之所以对大清民律草案和南京国民政府的民国民法都能予以权利本位的定性,主要理由就是其采取了权利为出发点,如债权、物权等,而没有沿用旧律的禁与罚。由于立法指导思想的根本转换,依笔者之见,在国民党时期作出两者都以权利为本位的判断,完全取决于实证法的规定。此时的"权利本位"不应当再具有西方本来意义上的伦理意蕴,而应当只是一个法典编撰中的术语。这里的权利本位完全只是在法律关系角度来看的,只不过是在法律关系里强调权利。如此,就像前述的胡长清先生和史尚宽先生认为的,"权利能力"这个术语还应当包括义务能力。看来,对权利能力的理解是基于法律关系而进行的,即进入法律关系享受权利和承担义务的能力。如此,"权利本位"就被倒空了所有实证

---

① 参见金耀基:《金耀基自选集》,上海教育出版社2002年版,第148页。

法以外的意义,只剩下一个法律的空架构。

新中国成立后,由于我们社会主义的性质,马克思主义是我们当然的立法指导思想。法律作为统治阶级意志的表现,是一个阶级对另一个阶级专政的工具。随着第三次民法典起草以来对“权利”概念的恢复使用,“权利能力”这个概念被沿用,并且我们也声称我们的《民法通则》也属于“权利本位”。显然,我们的立法基础较之于清末和民国时期已有很大的不同,那么这种“权利本位”又是在哪个意义上使用的呢?首先可以确定的是,这绝对不可能在天赋人权的意义上使用。如佟柔教授所说的,法律人格不是天赋的,而是统治阶级意志的表现,是由经济基础决定的法律赋予的;[①]此外,也不可能从属于家族本位,对于这种奠基于传统社会结构的伦常关系我们是极力反对的。如果一定要真正地去解释这种本位,至少从制定民法通则前的指导性思想而言,这种本位思想只能是阶级本位。问题是,我们为什么还叫它“权利本位”呢?也只能有一个解释,那就是以权利作为构架整个法律的出发点。由此,出现一个有趣的现象,奠定于完全不同基础上的立法理论,由于都采用了权利作为出发点,因此都被定性为“权利本位”。

笔者只能这样断言,这种权利本位绝不是西方本来意义上的权利本位。这里的“权利本位”只是抽去了其基底色彩的纯粹法律架构方面的形式而已。就其能被容于各种理论基础而言,只能说它是纯粹实证法上的本位,即其本位是由实证法后面的指导思想赋予的本位,它本身只是一个纯粹的形式。既然隐去了支撑起权利本位的真正内涵,自然这种本位也都取决于法律的赋予。于是,权利能力这种法律人格当然也取决于法律的赋予,既然如此,也可以经过法律程序予以合法地剥夺。从大清民律草案到我们新中国的民法通则,除了实证法形式方面相通以外,在其深层的立法指导思想里实际上不可通约。用这种看上去昭然若揭实则含混不清的“权利本位”来认定“Rechtsfähigkeit”理当被译为“权利能力”,值得再做斟酌。如果只是在实证法意义上使用它,将会导致很多的问题。如在实证法上,作为法律关系承担者的人格,不但有能力享受权利,也有承担义务的能力,如此的片面化本就不合逻辑;如果只从实证法角度出发,那么凭什么要分别对待自然人与法人的权利能力呢?同时,若是权利本位,为什么通说都认为权利能力是不得抛弃的呢?另外,如果权利能力是法律赋予的,那么自然

① 参见全国第三期法律专业师资进修班民法班整理:《民法原理》,第104~105页。

人的人格能否被法律所剥夺呢?显然,若还遵循逻辑的话,这些都是权利能力的权利本位所无法解决的。那么,我们该如何从西方的意义上去理解这个“Rechtsfähigkeit”呢?

“Rechtsfähigkeit”这个词最重要的构成部分是后半部分的“fähigkeit”。反观近代以来的西方思想,正是建基于主体能动性这个概念上的“能力”才促使现代的“人格”理念得以完成。自笛卡尔提出“我思故我在”这个观念后,“我思”几乎成了确定世界存在的标准。尽管他很不老实地逸出了我思的范围而导向实体有限自我和上帝的无限,但是却为这一切奠定了一个非物质性的“思”的基础。莱布尼茨的封闭的单子,更只是通过自身的思便可映现世界,尽管这个思有先定和谐的准备,但是也反映了单子无须和外界联系皆可规范的“我思”观念。而使单子成为单子的本质形式就是作为“能—力”的“隐德来希”。所以,单子的真正本质就是“能—力”。① 此时,作为主体的“我思”的能动性和规范性虽然没有明朗化但是已经具备足够的基础。即使是在对笛卡尔天赋观念实行无情攻击的英国经验主义那里,他们也都承认心灵具有天赋能力。如洛克认为,虽然我们没有天赋的观念,但是我们却有天赋的能力,能把这些被动的观念改造成普遍的知识。② 贝克莱和休谟同样认为如此。③ 这种自我的主动性能力,在康德那里以立法者的面貌出现。不但是自然界立法,而且是纯粹理性实践的基础,即是所有实践规范的真正基础。作为实践规范之一的法律,当然也是来自这种自我的主动性能力——自由意志。康德整个法律的基础就是“天赋权利”(先验法)。获得的权

---

① 这里所指的是,单子是自发地朝向自己的纯粹形式进行的。单子的自发不是被决定的动物式的自发,而是有理智的自发,即自由。这种自由就是自我意识,即单子内含的纯粹形式,是能动的。而“力”,按照他的说法就是“现在状态中包含的向未来变化的东西”。即自我意识的能动性,能规范着单子一步一步地发展出宇宙和谐秩序出来。参见江畅:《自主与和谐——莱布尼茨形而上学研究》,武汉大学出版社2005年版,第60~66页、第140~147页。

② 关于这一点,倪梁康教授有很好的论述。参见倪梁康:《自识与反思——近现代西方哲学的基本问题》,商务印书馆2002年版,第105~109页。

③ 他们也都认为,心灵是观念的感知者,是能动的。它不但可以感知观念,而且还可以对观念进行加工,从而整合观念形成观念的集合。如贝克莱所说,“至于我的实体,即我的灵魂,我的心,我的能思维的原动力,我可以借反思明白地知道它”。(《贝克莱哲学对话三篇》。转引自倪梁康:《自识与反思——近现代西方哲学的基本问题》,商务印书馆2002年版,第134页。)休谟认为,人类理性或研究的全部对象还是可以分为两类:一类是观念的关系,即几何、代数、三角和算数等科学;另一类是实际的事情。这类事情的联系,是心灵虚构出来的,但这也反映了心灵的能力。总之,这都反映了一点,一切知识或者非知识,都来自心灵的能力,这是无可置疑的。关于休谟的资料,参见[英]休谟:《人类理智研究》,吕大吉译,商务印书馆1999年版,第19~25页。

利(获得法)是在天赋权利基础上产生的。“天赋权利(先验法)只具有唯一性”,即先验法只能是单个的自由意志。[①] 这种个体性的自由意志就是人格,是所有法律的基础,但首先展现为私法。费希特在他知识学的基础上构建了其法学理论体系。而作为其知识学基础的事实行动,实际上就是纯粹的思维本身,或者说纯粹的“我”本身,只是没有内容的“A 是 A”的纯形式。由此,“我 = 我”这个单一的、永远是同一的命题就成了知识学的基础。而这种自我同一的形式并不静止,而是自我对自我的设定活动。[②] 这个第一原理当然也成了法学的基础。费希特整个法权概念演绎的第一定理便是“一个有限理性存在者不认为自身有一种自由的效用性,就不能设定自身”。这个定理的意思就是“如果一个理性存在者应当设定自己为理性存在者,它就必须认为自身有这样一种能动性,这种能动性的最终根据完全存在于这个理性存在者本身”。[③] 而这种自我设定活动其实就是人格,“原始法权学说是通过对人格概念的单纯分析产生的”。[④] 由此,一切法律体系都从这个基础上产生。很自然,这个单一的自由意志首先展现的仍然是私法领域,即私人作为法律起源的领域。谢林承袭了这种自我的活动性。他说,“只能把自我设想为一般活动”,“我们把那种永恒的、不包含时间里的自我意识的活动称为自我,这种活动是使一切事物得以存在的东西,因而自身是根本不需要别的存在来支撑的,相反,它是自己承负和支持自己的,客观上表现为永恒的生成,主观上表现为无限的创造”。[⑤] 黑格尔认为,有、纯有是整个逻辑学的开端。而“有”就是纯粹的无规定性和空。也就是说,此时“有”作为世界的本原来讲,还没有任何意识,相反却是任何意识的本原。而这种“有”就是“思维本身或者直观本身”。[⑥] 这同样也是法律的基础。黑格尔整个法哲学的起点是“抽象法”,抽象法的意思显然就是抽象的意志。抽象意志就是意志还处于它的抽象概念中的时候,只是一种直接规定性的意志,因而在这一阶段是对实在性的否定,只是抽象

---

① 参见[德]康德:《法的形而上学原理——权利的科学》,沈叔平译,林荣远校,商务印书馆1991年版,第50页。

② 参见[德]费希特:《全部知识学的基础》,王玖兴译,商务印书馆1986年版,第6~14页。

③ 参见[德]费希特:《自然法权基础》,谢地坤、程志民译,梁志学校,商务印书馆2004年版,第17页。

④ [德]费希特:《自然法权基础》,谢地坤、程志民译,梁志学校,商务印书馆2004年版,第99页。

⑤ 参见[德]谢林:《先验唯心论体系》,梁志学、石泉译,商务印书馆1976年版,第31页、第41页。

⑥ 参见[德]黑格尔:《逻辑学》(上卷),杨一之译,商务印书馆1966年版,第69页。

的自我相关性，所以此时的意志没有任何实际内容而只是对自身的纯粹意识。这种意志就是单个意志，即人格。[①] 自然，人格作为法律的起点首先展现在私法领域，即自然法领域。萨维尼也认为，所谓人格的本性就是去形成一个关系中相互联系的能力（fähig）。[②]

就此，我们可以对西方的“能力”概念作一概括。在笔者看来，“fähigkeit”有以下基层意思：能力就是自我意识，就是自由意志即人格；这种自由意志具有单一性，是单个的意志，即自我相关于自我的自我意识意义上的意志，因而具有个体性；这种个体性是建立在自我意识活动基础上的，因此不是静态的，其本身就是一个实践活动，并且是一切实践活动的基础；它本身具有规范性，并且是一切规范的基础；由于它仅仅自我相关又能作为规范，因此从法律的角度而言，它首先就只能是私法。是以，对“Rechtsfähigkeit”的翻译，最准确的莫过于“法律能力”或者“法律人格”。它是形成一切法律的基础，它自身就是这个基础，但是它又只是个体性的、仅仅自我相关。这就是为什么德国民法典要以人格作为开篇，然后使人格这个概念等同于“权利能力”的原因所在，这也是为什么它的《基本法》第 1 条、第 2 条都以规定人格为始的缘故。同时，作为法律人格的概念放在民法中表明，它在沿袭它们的思维传统，即人格首先就是一个私法，然后在这个基础上产生一切法律来。可是，我们在理解这个词语时，几乎只从“Recht”这个维度进行，很少触及“fähigkeit”。即使触及，也是把它理解为“资格”，[③]进而理解为一种由法律所赋予的静态的资格[④]。如此，就会导致诸多的矛盾。[⑤] 尤其是对“权利本位”的判断而由此认定应当翻译成“权利能力”，更是违背“Rechtsfähigkeit”

---

① 以上所引皆出自［德］黑格尔：《法哲学原理》，范扬、张企泰译，商务印书馆 1961 年版，第 44 ~ 46 页。

② Siehe Savigny, *System des heutigen Roemischen Rechts*, Bd. 2. Berlin bei Deil und Comp, 1840, S. 1.

③ 如张俊浩教授认为，“能力”即为“资格”。参见张俊浩：《民法学原理》（上册），中国政法大学出版社 2000 年修订第 3 版，第 60 页。

④ 梁慧星先生持这种观点。参见梁慧星：《民法总论》，法律出版社 2001 年版，第 70 页。

⑤ 这里最明显的是张俊浩教授的“权利能力”论述。他一方面主张“权利能力是与生俱来的，无论自然人或者法人均属如此”，但是他又认为，“人的权利能力非依法律规定并经正当程序，也不得褫夺。”首先未区分自然人与法人的权利能力，一般而言，法人的权利能力并不是天赋的；其次，既然是与生俱来的，任何法律都不能剥夺，因为任何法律都是建立在这个基础上的，如果法律可以剥夺，那就认定法律有另外的终极来源，因而就可以推翻人的权利能力与生俱来的论调。参见张俊浩主编：《民法学原理》（上册），中国政法大学出版社 2000 年修订第 3 版，第 61 页。

的原有意义。“Rechtsfähigkeit”反映的应当是西方伦理学上的“伦理义务”本位，绝不是“权利本位”。即在自然向人生成后人就成了人格，即并非自然的生物而是一个自由的人格。如卢梭所说，“一个人抛弃了自由，便贬低了自己的存在”。[①] 所以，黑格尔法的命令就是“成为一个人（格），并尊敬他人为人格”。[②] 可以说，在西方伦理学的意义上，成为一个人格不是谁的权利而是一个义务，因为每个人都应当自由地规定自己，自由地为自己的行动承担责任。如果说想成为人格是自己的权利，意味着他想真正地回归动物界渴望着四只脚走路，这为人类所不允许，因为不但侮辱了人类本身的高贵性，而且也为他自己不负责任制造理由。这种抛弃背景而擅自理解的方式不值得赞同。

正是无法深入理解，所以我们只能在实证法这个基础上进行。由此，法律人格就成了法律赋予的结果。若从西方伦理学意义上而论，正好与之相反。在这个纯粹实证主义的基础上，个人与人格完全分离，个人要想成为人格必须具备法律授予这个要件，否则个人就不能具有社会人的资格，就不可能被规范。基于此，有学者认为，“人格，总是人在社会中的资格，总是就人与人的关系而言的。因而，作为法律范畴的‘人格’，必定是与现实的‘人’相区别的”，因此，法律人格具有群体性的本质。[③] 可以说，这个观点在强调关系本位的中国社会里司空见惯。庞朴先生的话具有代表性：“用西方的观点看中国，可以说中国人没有形成一种独立的人格（韦伯）；用中国的观点看西方，可以说西方人没有形成一种社会的人格。”[④]其实，这也是胡汉民提倡社会本位的原因。正如王伯琦教授对社会本位的论断：“所谓社会本位的法律，不过是权利本位法律的调整。它的基础还是权利，仅是有目的的予以限制而已”，“社会本位的法律，绝没有抹杀了个人，以个人的独立人格为基础推而至于社会”，“脱离了个人观念的社会观念是单纯的义务观念，单纯的义务观念近乎奴隶观念”。[⑤] 邓晓芒先生更是一针见血地指出：

---

① [法]卢梭：《论人类不平等的起源和基础》，李常山译，东林校，商务印书馆1962年版，第137页。

② [德]黑格尔：《法哲学原理》，范扬、张企泰译，商务印书馆1961年版，第46页。

③ 参见马俊驹：《人与人格分离技术的形成、发展与变迁——兼论德国民法中的权利能力》，载《现代法学》2006年第4期。

④ 庞朴：《中国文化的人文主义精神（论纲）》。转引自邓晓芒：《文学与文化三论》，湖北人民出版社2005年版，第80页。

⑤ 王伯琦：《近代法律思潮与中国固有文化》，清华大学出版社2005年版，第58页、第238页、第248页。

> 人格的本义就是个人性,它只能是"独立"的。否定个人,就是否定个人的独立性,也就是否定人格本身。独立人格本身就是一种"社会的人格",因为它承认且只承认一个人人具有独立人格的社会……一种非个体的"人格",一种"群体"的私人!这正如说一个"圆形"的方、"木制的"铁一样不通。①

正是未树立这种人格的观念,在纯粹实证主义的基础上导出了"民事权利能力"这个概念。② 这样的观念是奠基于当时一切法律都是公法的意识。既然民法也是公法,都只是作为法律的一个部门,那么作为民法中的术语"权利能力"自然就只是民事权利能力而已。在这种大一统的法律体系观念下,私法不再存在,民事权利能力就变成了由民法赋予主体享受权利和承担义务的能力。现在我们虽然认同了民法就是私法的思想,但是我们主要是从私法与公法区分的角度进行论述,很少有从私法与公法联系的视角进行阐述的,更不要说进入西方法律体系的深处。就人格这个词的最初意义而言,它本身就是单一的意志,因而是自我规范。就法这个角度而言,只是私法,即私自的法而不具有公共性,因为只是自我相关,而不关涉他人。正是在这个基础上,亦即每个人都作为法律渊源的前提下,法律才不会是人格的异化,从而在法律下每个人也是自由的,不会因为法律而丧失自己与生俱来的人格。基于此,社会才由独立人格组成,适用于社会的法也源于此而产生。可以说,"Rechtsfähigkeit"是一切法律的源泉,这个词所反映出的原初私法意义正是在这个意义上使用。正如王伯琦先生所说的:"学法律的人不得不从民法总则开始,大学法律系一年级第一学期即以民法总则为启蒙学科,因为民法总则第一页就是讲到'人',这个'人'字不了解,一切法律科学或法律哲学均无从下手。"③一旦被改造为"民事权利能力",则其本来的私法意义在我们的实证法下荡然无存。是以,我们对"Rechtsfähigkeit"这个词是接而不受的。

就伦理人格与形式理性的关系而言,我们也并未真正地区分开两者,从而将丧失伦理性的一切罪过都推给"权利能力"这个词语的创造。沿着法典编纂意义

① 邓晓芒:《文学与文化三论》,湖北人民出版社2005年版,第80页。

② 这里要说明一点的是,张俊浩教授并没有采用这个词。他认为,"权利能力""行为能力""责任能力"均为民法学的固有术语,有其固有的内涵,而不宜妄加变动。所以,他并未添加"民事"两字。参见张俊浩:《民法学原理》(上册),中国政法大学出版社2000年版,第61页。

③ 参见王伯琦:《近代法律思潮与中国固有文化》,清华大学出版社2005年版,第249页。

上的形式理性的轨道,我们采纳了以权利义务为出发点的“权利本位”的立法。要理解这种纯粹实证主义立法模式下的“权利能力”,就应当与形式理性的法律关系统一起来进行才可能。实际上,我们也只能在这个模式当中进行理解和解释。从上述胡长清、史尚宽两位先生的质疑可以看出,权利能力确实是在法律关系意义下被考究的。由此,权利能力被形式理性统辖,变成了享受权利和承担义务的能力。由于自然人与法人特性的不同,自然人与法人的权利能力就应当有别,如是导出了一般权利能力与特殊权利能力之分。最终在一般人格权的探讨里认定:由于“权利能力”这个词的无伦理性,所以德国民法典才无法发展出一般人格权理论出来。是以人格与权利能力要分开,人格是最抽象的,权利能力则是人格的体现。① 对于这些论断,笔者拟从两个方面进行阐述。

第一,未真正地区分人格的伦理意义与形式理性之间的关系。就形式理性的权利能力而言,是为了迎合法律关系这个构架起整个法典体系的基础而论的。因此,要理解权利能力在形式理性下的意义,必然要理解法律关系作为形式理性经络的意义。民法总则中的法律关系,实则为分则中各个法律关系的抽象。而分则中的债权、物权、亲属与继承编,反映的是人格与外在世界的交互关系,因此,总则的法律关系理论必然也建立在这样的人格与人格之间的关系上。是以,法律关系是建立在积极外向的人格意义上的,总是人格和外在世界中的他人之间的关系。如果人格转向它的消极意义,即它不再和外在世界中的他人相关而只是自我相关时,即消极的自由状况时,法律关系并不能调整它。就这个角度而言,形式理性下的人格理念是不能发展出一般人格权的,因为它不具备消极人格的理论。但是,如果不具备消极人格的理念,积极人格实际上不可能存在,因此,无论形式理性如何强调编纂技巧,也不可能抹杀消极人格作为法律关系的前提性。所以,《德国民法典》第823条第1款规定:故意或因过失不法侵害他人的生命、身体、健康、自由、所有权或其他权利的人,对他人负有赔偿由此而发生的损害的义务。这条足以说明,人格或者说权利能力还应当包含着一个形式理性下法律关系承担者所无法涵括的意义。这个意义就是权利能力作为伦理意义奠基的消极人格或者否定性的自由意志。之所以《德国民法典》无法发展一般人格权理论,全在于形式理性下的法律关系不具备这种消极性意义,但是立法

① 参见尹田:《论自然人的法律人格与权利能力》,载《法制与社会发展》2002年第1期。

者又知道消极人格是整个人格理论的基础,于是只好打破形式理性的逻辑性,在没有权利规定的情况下在侵权行为里保护生命、身体等权利。可见,人格包含有两层意义,形式理性只是规定了其中的一种:积极人格。我们在借鉴《德国民法典》时,只是接受了其形式理性的含义,或者说只接受了法律关系下的权利能力意义,对于支撑起人格之所以为人格的伦理意蕴却置若罔闻。由此,权利能力就被定为享有权利和承担义务的能力。可见,我们绝不能把权利能力与形式理性等同,因而把无法发展出伦理尊严的一般人格权的罪过全部推给权利能力这个术语。

第二,未就形式理性下的自然人与法人进行区分。自从清末提出人格平等观念以来,自然人与法人都置于形式理性的权利能力这个概念之下,可我们又觉得作为人格的权利能力的平等并不能适用于自然人与法人之间以及法人相互之间,于是认为,自然人的权利能力具有一般性而法人或者说团体的权利能力是特殊的。自然人与法人之所以能并列于权利能力下共享人格这个名称,并不是因为他们都具有相同的伦理属性,而是法典编纂的技术需要。在形式理性的要求下,把法律关系的主体提作整个法典的基础,因为他们是法律关系的承担者。因而,这样的权利能力,仅仅意味着法律关系承担者而已,除此之外没有任何其他意义,即只有形式的意义。如果就此认定它们发生了实质性的混同或者说权利能力替换了人格或者权利能力这个概念就是为了法人而创设,是没有任何意义的。① 因为这种纯形式的意义并不妨碍依照各自的属性对自然人与法人的权利能力进行分别理解。例如,自然人格就不能像法人那样需要登记或者可以剥夺。完全可以这么说,自然人的权利能力并不是完全丧失了伦理意义,而只是无法在形式理性下有着消极人格的一席之地而已;至于法人的权利能力,也不会因为分有权利能力这个词语而认定它有伦理的意味。因此,在这个形式理性的意义下,并不存在一般权利能力与特殊之别,因为权利能力不是为自然人或者法人而规定,也不是以自然人的人格为准来进行的,否则在《德国民法典》采取拟制说的法人理论里,就绝对不是一般与特殊的问题,而是有与无的问题了。如果真正地从区分自然人与法人的权利能力出发,就可以发现,各自按照自己的属性在享受着

---

① 参见尹田:《论法人人格权》,载《法学研究》2004年第4期;付翠英:《人格·权利能力·民事主体辨思——我国民法典的选择》,载《法学》2006年第8期。

自己的权利能力这个积极人格,根本不具有比较的可能。既然对权利能力的理解需要结合形式理性,因此,首先要认定,权利能力的第一层含义就是纯粹的形式,即纯粹的作为法律关系的承担者而出现,至于具体的权利享有和它无关。

四、结论:依然提问

从这些可以判断,我们实际上并未真正地接受“Rechtsfähigkeit”这个概念。既未从伦理意义上,也未从形式理性的意义上去接受。作为西方法律源泉的人格,本来就和“Rechtsfähigkeit”在同一个意义上使用,只不过从清末到民国再到我们现在,支撑起法律理念的基础理论发生了巨大变化,但是这个独立的人格理念并未真正地进入我们的文化中来。王伯琦先生面对当时国民党政府提倡的所谓社会本位立法主义,不无感慨地说道:

> 这种人格概念,是西洋法制的第一块基石,亦是中外法学教师对他的学生所讲的第一课,但是,这是我们固有文化的扬弃,固有道德的反叛,与我们的伦常观念,适相背道而驰……①

这种接而不受的态度,不禁让人想起了华夏文明“同化”的魅力。本奠基于各民族融合而成的“和而不同”的中华文明,这次是否也能同化西方的异域文化呢?鸦片战争以来我们对自己文化的危机感与失落感,迫使我们清醒地面对,正如《海外中国研究》丛书序所说的:“我们在现时代所面对的,决不再是过去那些粗蛮古朴、很快就将被中华文明所同化的、马背上的战胜者,而是高度发达的、必将对我们的根本价值取向大大触动的文明。”②那么,对于此文明所产生出来的法律文化,在作为整个法律文化根基的“Rechtsfähigkeit”或者说“人格”中,是否能真正地融入我们的文明中来呢?也许,提问本身是最好的结论,因为总还有希望在指引。

---

① 王伯琦:《近代法律思潮与中国固有文化》,清华大学出版社2005年版,第54页。
② 参见余英时:《中国思想传统的现代诠释》,江苏人民出版社1998年版,“序言”第1页。

走向何种“自然”：自然人观念在中国的变迁*

作为人学的民法来讲，理解自然人的人性就是理解民法的本性。但自然人观念并非土生土长的中国固有观念，而是舶来于西方文化。对于这种异域文化，它能否在华夏大地生根发芽？或者就像以前古代那些域外文明那样被中华文明所同化？这需要历史来证明。本书只是从自然人观念在中国的流变出发，考察在一个多世纪中西文化的交融中，自然人观念究竟走到了哪一步。

一、清末到民国

清末以降，学者开始翻译外国法学文献，同时也加紧对外国法律进行研究。1839 年林则徐就组织人员翻译瑞士法学家滑达尔的《各国律例》，[①]但这个律例并没有产生多大影响。第二次鸦片战争后，清政府为了对付外国人，决定借助他国律例。是以，官方组织人马翻译国际

---

* 本文原载于肖厚国主编：《民法哲学研究》第 2 辑，法律出版社 2010 年版。收入本书时有一定的改变。

① 但只是节译部分章节，不完整。参见张燕清：《丁韪良与〈万国公法〉——兼论国际法学东渐之肇始》，载《福州师范大学学报（哲学社会科学版）》2003 年第 3 期。

法的律例与著作盛行一时，[①]《万国公法》由此诞生。[②] 邹振环先生说道：“《万国公法》……销行颇佳……被各地新学学堂采纳为法律课本。曾出现过许多私刻本与盗印版。”[③]《万国公法》对中国近代法律的影响可见一斑。但是，丁韪良却把本应译成国际法的“万国公法”统称为“公法”。“今时所谓公法者，专指交际之道，可称之曰外公法，以别于各国自治内法也。夫此公法之二派：其一，则与各国之律法而尤不混，盖专指世人自然之权及人人相待之当然，并各国所保护人民之私权也，故论者称之为私权之法。”[④]对于其名称之所指，丁韪良接着说道：“论此者尝名之为内公法，但不如称之为国法也……论此者尝名之为外公法，俗称公法即此也。”[⑤]可见，中国近代法律伊始，关于法律的分类就已特立独行。国际法是公法，国内法实际上被当作私法来对待。所以，享受私权之人，就是自然而然的世人，每个人都享有，并且相互以之对待。虽然没有明说，但隐含了自然人之意。后来，丁韪良在其翻译的《公法便览》中进一步指明，“即如一权字，书内不独指有司所操之权，亦指凡人理所应得之分，有时增一利字，如谓庶人本有之权利云云”。这样的说明，仍然是不够明确的，如是接着解释何为“庶人本有之权利”：

粤自造物降衷，人之秉性，莫不自具应享之权利，应行之责守。而这相辅而不能相离，否则无以成化。曾理义相待，而化以成矣，是以各国之制法，义与不义，祇以人性为准绳。是人既同此性，则各有应守之义，应尽之分。而无论贵贱，

---

① 如1864年8月，丁韪良的译稿修订已毕，总理衙门便以专折奏报此事的原委。奏折首先说：“窃查中国语言文字，外国人无不留心学习，其中之尤为狡者，更于中国书籍潜心探索，往往辩论事件，援引中国典制律例相难。臣等每欲借彼国事例以破其说，无如外国条例，俱系洋字，苦不能识，而同文馆学生通晓尚需时日。臣等因于各该国彼此互相非毁之际，乘间探访，知有万国律例一书，然欲径向索取，并托翻译，又恐秘而不宣。”是以，由美国长老会传教士丁韪良在一个由恭亲王任命的委员会的协助下翻译的《万国公法》，以（清朝）帝国政府支付的费用（500两白银）在北京出版。转引自张用心：《〈万国公法〉的几个问题》，载《北京大学学报（哲学社会科学版）》2005年第3期。

② 根据张用心先生的考察，1864年《万国公法》由京都崇实馆刻板，1865年印刷装订。张用心：《〈万国公法〉的几个问题》，载《北京大学学报（哲学社会科学版）》2005年第3期。

③ 邹振环：《京师同文馆及其译书简述》。转引自张用心：《〈万国公法〉的几个问题》，载《北京大学学报（哲学社会科学版）》2005年第3期。

④ 唐才常：《论公私》。转引自俞江：《近代中国民法学中的“私权”及其研究》，载《北大法律评论》编辑委员会编：《北大法律评论》第4卷第2辑，北京大学出版社2002年版，第461页。

⑤ 唐才常：《论公私》。转引自俞江：《近代中国民法学中的“私权”及其研究》，载《北大法律评论》编辑委员会编：《北大法律评论》第4卷第2辑，北京大学出版社2002年版，第461页。

律法不得歧视。故律法初简而后繁,随时因革,而渐臻完善。①

由此可以看出,庶人完全在西语自然人意义上使用,是基于人之本性而享有的。丁韪良作为传教士,也就顺当地用基督教理论进行解释,因而只浮于感性之表象,未触及自然人以人格为基的骨里。1880年《法国律例》的"凡例序"言:"其所制民律指掌,系制定各项围范以便人人行其所执之权也。"这里的"所执之权"就是"私权"。毕利干在该书里把"私权"译成"论于一切之人有应享受例应与有禁止享受例应者。"可以看出,私权的享有者,被定义为每个人都享有的权利,但是应当在法律所设定的范围内执行。这仍然秉承了自然法的传统。1901年,《国民报》创刊。该刊第1期刊载了《原国》一文,叙述国与人之关系,并未涉及私权享有之人。第2期在《说国民》一文中就弥补了这个缺陷。这仍然是从解释"权利"开始的。该文说:"何谓权利?曰:天之生人也,既与以身体自由之权利,即与以参预国政之权利……故权利者,暴君不能压,酷吏不能侵,父母不能夺,朋友不能僭,夫然后谓之国民之真权利。"②足见,权利享有者乃是天生之人,即基于人的本性或者本分,而这种本分即身体自由之权利。后来他在1903年刊登的《权利篇》解释了何为本分。③ 虽然诚如李贵连教授所说的,当时的解释确实不应当算作学理解释,④却对开启法门的中国而言,会被当作先见接受下来。到了20世纪,《译书新编》介绍民法时,重新定义了私权;"私权者,离公权而言,各卫其安宁幸福及享有应有之权利,自生至终,莫不具此。"1903年出版的《新尔雅》认为,"规定人民相互之关系者谓之私法",1907年《新编日本法规解字》中的"私权"条

① 参见李贵连:《话说"权利"》,载《北大法律评论》编辑委员会编:《北大法律评论》第1卷第1辑,北京大学出版社1998年版,第120页。

② 参见张枬、王忍之:《辛亥革命前十年间时论选集》第1卷(上)。转引自李贵连:《话说"权利"》,载《北大法律评论》编辑委员会编:《北大法律评论》第1卷第1辑,北京大学出版社1998年版,第125~126页。

③ 根据李贵连教授的考察,1903年的《直说》第2期的《权利篇》论述了本分:"本分即权利之实质,权利因本分而生。人因保其肉体精神之本分,即有物之权利;人因继续其子孙之本分,即有婚姻之权利;人因干与国政之本分,即有参政权;人因不受他人制缚之本分,即有自由权。种种权利,皆以本分为本。"参见张枬、王忍之:《辛亥革命前十年间时论选集》第1卷(上)。转引自李贵连:《话说"权利"》,载《北大法律评论》编辑委员会编:《北大法律评论》第1卷第1辑,北京大学出版社1998年版,第125~126页。

④ 参见李贵连:《话说"权利"》,载《北大法律评论》编辑委员会编:《北大法律评论》第1卷第1辑,北京大学出版社1998年版,第126页。

目则是“关于各人私事上应享有之权利曰私权。如身份、财产等权利是”。[①]《译书汇编》第7期的《政治学提纲》中的夹注正面定义了自然人:“自然人者,天生之人也”。[②]

从这些素材大体上可以推断,我们对自然人的理解,几乎未进行真正的学理探讨。其论述主要是从不受奴役这个角度进行,落脚点却是身体之自由。理由似乎是,由于当时恶劣的环境,真正的人格意识还未进入人们的视野。不过,在清末时期,私权主体有一个转换,即从混沌的国内法律治下的成员转向在国内法也区分为公私,是以,私权主体在临近民国时转变为“相互之间的人民”,而这个人民却是“私事上的各人”。如光绪三十三年(1907年)四月,当时的民政部启奏朝廷:“查东西各国法律,有公法私法之分……私法者定人民与人民之关系,即民法之类是也。”[③]

这种公私的区分,在民国时期得到了很好的继受。余棨昌认为:“何谓公法上之权利,即由统治关系而生之权利是也。何谓私法上之权利,即由非统治关系而生之权利是也。”朱采真、欧阳谿从此说。徐谦把“统治关系与非统治关系”之分改为“国家生活与私人生活”二元,其实质并无多大变化。欧宗祐、李宜琛和史尚宽循此论。[④] 从民国时期学者的论述看来,公私法二分的定论性,私法只调整私人生活的关系。而私人生活关系中的人叫作自然人。自然人都享有权利能力。而自然人之所以有权利能力,只是因为出生而已。于是,朱采真说道:“主张天赋人权论的学者以为人格的观念和自然人的观念必为一致。”[⑤]1929年4月脱

---

① 参见俞江:《近代中国民法学中的“私权”及其研究》,载《北大法律评论》编辑委员会编:《北大法律评论》第4卷第2辑,北京大学出版社2002年版,第461页。

② 参见李贵连:《二十世纪初期的中国法学(续)》,载《中外法学》1997年第5期。

③ 参见朱勇:《中国法制通史》第9卷,法律出版社1999年版,第270页。另根据张生先生的考证,《大清民律草案》在总则篇中规定了自然人。自然人的独立人格有三个方面组成:(1)权利能力;(2)行为能力;(3)权利能力及行为能力不得抛弃,自由不得抛弃,人格关系受侵害得请求屏除。同时他认为,《大清民律草案》在总则篇中规定了“人格保护”一节,极为强烈地反映了平等自由之原则,比偏于保守的德国民法典和日本民法典都要进步。参见张生:《民国初期民法的近代化——以固有法与继受法的整合为中心》,中国政法大学出版社2002年版,第112页。

④ 参见俞江:《近代中国民法学中的“私权”及其研究》,载《北大法律评论》编辑委员会编:《北大法律评论》第4卷第2辑,北京大学出版社2002年版,第470~473页。

⑤ 朱采真:《法学通论》。转引自朱晓喆:《自然人的“隐喻”》,载《北大法律评论》编辑委员会编:《北大法律评论》第4卷第2辑,北京大学出版社2002年版,第491页。

槁的中华民国民法典的《总则(草案)》在第二章“人”下规定了“自然人”。①

从清末到民国时期自然人观念的流变,我们可以概述如下:自然人的探讨立于公私法的分立,初步意识到自然人提自天赋人权学说,并且认为人格与自然人一致。朱晓喆博士认为,“自然人移植在中国,虽然缺乏其适宜的土壤,但至少在制度和知识层面仍保持着‘市民’的形象,将来也未必不会在实践中实现”。② 笔者基本赞同他的看法,但有一点持保留的是,若果只停留在制度层面和“据说”的知识层面,事情未必会有这样乐观。只要这些基本概念仍停留在一知半解的情形下,我们就会不自觉地运用潜藏在我们自己心中的观念去解释。

二、新中国成立后

新中国成立后,在马列主义思想的指引下,全社会兴起了废除六法全书的观念,自此,社会主义苏联的民法理念成为了借鉴的模板。这个模板首先印刻的就是民法的性质。民法是私法,这在西方资本主义国家是共识,但是否适用于社会主义国家呢?毕竟社会主义国家是在消灭私有制的基础上进行的。若仍然主张公私二分,社会主义的公有制性质将无从建立。1922 年,当苏维埃政权在草拟民法草案时,列宁写了一个便条给德·伊·库尔斯基。这个便条的内容如下:

> 我们不承认任何“私的”,在我们看来,经济领域中的一切都属于公法范围,而不属于私法范围。我们容许的只是国家资本主义……由此只是扩大国家干预“私法”关系的范围,扩大国家废除“私人”合同的权力,不是把罗马法典,而是把我们的革命法律意识运用到公民法律关系上去。③

---

① 李显冬:《从〈大清律例〉到〈民国民法典〉的转型——兼论中国古代固有民法的开放性体系》,中国政法大学 2003 年博士学位论文,第 92 页。

② 朱晓喆:《自然人的“隐喻”》,载《北大法律评论》编辑委员会编:《北大法律评论》第 4 卷第 2 辑,北京大学出版社 2002 年版,第 492 页。

③ 北京大学民法教研室:《马恩列斯论民法》,1964 年,第 234 页。

如此,张俊浩先生认为,1922 年的苏俄民法典应当翻译成“公民法典”,①甚为有理。基于此,苏联学者 C. H. 布拉都西区分了公民和自然人。他认为:

作为权利主体的人,我们以后将把他称为公民,也有时把他称为人。但是,应当注意,由于历来的传统,也把作为民事权利主体的人叫作自然人……在这里的相似,纯粹是外形的,我们所采取的只是旧的,过了时的法律术语,或者名称。而我们是在把性质上完全新的内容装进这个概念里去。②

到了 1964 年苏俄制定民法典时,就彻底废弃了自然人这个术语,代之以公民。所以,1964 年《苏俄民法典》第二章第二节标题即为“公民”。新中国成立之初,我们国家几乎全盘接受了这些观点。1953 年中央人民政府法制委员会编的《刑、民法学习资料》中,就坚决贯彻了这种不区分公私法的观念,不承认社会主义有私法。③ 1955 年提交讨论的《民法总则草稿》第二章“权利主体(人)”第一节的标题就是“公民”,同年的《民法典(第二次草稿)》第二章“公民和法人”下的第一节仍然是“公民”,1956 年的《总则篇(第三次草稿)》第二章“民事权利主体”下的第一节也还是“公民”。④ 从新中国的第一次民法典起草来看,我们完全采用了苏俄的称呼。在新中国的第二次民法典起草中,完全沿袭公民这个称呼。

---

① 参见张俊浩主编:《民法学原理》(上册),中国政法大学出版社 2000 年版,第 94 页。另外,根据朱晓喆博士的考察,1922 年的《苏俄民法典》使用“自然人”的地方只有一处,那就是第十七条。该条规定:凡居留苏俄境内之一切自然人与法人,参与对外贸易业务必须经由国家以对外贸易部为代表行之。这里主要是考虑到还有外国人存在境内。参见朱晓喆:《自然人的“隐喻”》,载《北大法律评论》编辑委员会编:《北大法律评论》第 4 卷第 2 辑,北京大学出版社 2002 年版,第 494 页。

② 朱晓喆:《自然人的“隐喻”》,载《北大法律评论》编辑委员会编:《北大法律评论》第 4 卷第 2 辑,北京大学出版社 2002 年版,第 495 页。

③ 朱晓喆博士通过对该书的考证,认为有三个结论:(1)资产阶级法权之分为公法与私法,是以生产工具和生产资料私有制为基础的结果;(2)私法是私有制的直接表现,并随同私有制共同发展起来;(3)公法就是以保护建基于私有制基础上的各种资产阶级社会关系为目的的资产阶级政权组织的法权形式。参见朱晓喆:《自然人的“隐喻”》,载《北大法律评论》编辑委员会编:《北大法律评论》第 4 卷第 2 辑,北京大学出版社 2002 年版,第 495 页。

④ 参见何勤华、李秀清、陈颐:《新中国民法典草案总揽》(上卷),法律出版社 2003 年版,第 4 页、第 14 页、第 37 页。

唯一改变的是对法人这个概念的态度。[①] 在第三次民法典起草过程中，在个人方面沿用公民这个概念，恢复了法人这个概念的使用。其中，在1981年7月31日的第三稿第二章“公民”下的第12条中规定：具有中华人民共和国国籍的人，都是中国公民。1982年5月1日的第四稿沿用了这一条。但是1985年7月10日的《民法总则(讨论稿)》没有使用。[②] 所以，1986年通过的《民法通则》使用的也是“公民”这个概念。

如果说第一次起草和第二次起草中使用“公民”这个概念是情有可原，那么第三次起草和《民法通则》为什么还要使用这个概念呢？到底是什么在默默地支撑起我们整个思维的大厦，这一点不可不察。1980年，陶希晋先生在西南政法学院作了讲话，后来这个讲话被《西南政法学院学报》1980年第4期刊载。该讲话指出，资产阶级民法是巩固它的私有制，巩固发展它的资本主义商品经济。我们的民法相反，巩固社会主义所有制，发展社会主义商品经济。因此，社会主义民法是公法。[③] 后来陶希晋先生进一步阐述了这个观点。根据他在《论我国社会主义民法的指导原则》一文中提出的看法，制定一部具有中国特色的社会主义民法应当贯彻以下基本原则：社会主义原则、民主原则、公法原则、法律与道德相结合的原则。[④] 为什么不承认民法是私法呢？陶希晋先生认为：“如果说公法是保护资产阶级的国家利益和公共利益的，那么，私法就是完全保护资本家利益的法律，也就是保护单个资本家私人利益的法律。”[⑤]社会主义国家实行的是生产资料公有制，公民的个人利益和国家的整体利益一致，因而不必要区分为公法和私

① 在第二次起草中，法人这个概念未见使用，代之以单位。一般都以这种名称出现：凡实行独立经济核算，自负盈亏的国营企业、农村人民公社各级组织和各种合作组织，具有单独预算的国家机关、事业单位和社会团体，以及法定成年公民个人，得依法独立第参加经济活动，并根据法律享有权利和承担义务。1963年6月8日的《民法(草稿)》第三章明确写明“经济关系中的单位和个人”。尽管在个人使用的仍然是公民，但是很多地方在公民后面加了两个字“个人”，于是公民就变成了“公民个人”。就此有人提出，所有条文应当一律改用“公民”，不用“个人”两个字。参见何勤华、李秀清、陈颐：《新中国民法典草案总揽》(下卷)，法律出版社2003年版，第4页、第13页、第16～17页、第28页、第36页、第51页。

② 何勤华、李秀清、陈颐：《新中国民法典草案总揽》(下卷)，法律出版社2003年版，第372页、第438页、第496页、第623页。

③ 参见陶希晋：《关于起草民法的几个问题——陶希晋同志在我院师生大会上的讲话(摘要)》，载《西南政法学院学报》1980年第4期。

④ 参见陶希晋：《论我国社会主义民法的指导原则》，载《法学季刊》1984年第1期。

⑤ 陶希晋：《论我国社会主义民法的指导原则》，载《法学季刊》1984年第1期。

法,"因为公法和私法并不是什么对立的东西"。[①] 如此,民法是公法,这是当时的共识。这样,民法调整下的人,陶希晋先生就认为:"我们不用传统民法中'人'、'自然人'……而用公民。"[②]可见,之所以使用"公民"这个概念,完全是在把民法设定为公法的情况下进行的。虽然,我们认定在民法中应使用"公民"这个概念,可我们总不能对自然人这个词语无动于衷。为了更好地理解"公民"这个词汇,学者们开始尝试着解释"自然人"。

1982年,佟柔先生在"全国第三期法律专业师资进修班"承担的讲课内容是"绪论、民事法律关系、公民、法人、物和法律行为"。他在第三章"公民"当中指出:

> "公民"一词,在民法中,是指自然人。自然人这个字眼是相对于法人提出的,是指基于自然规律出生的人,即享有民事权利主体资格的人。公民就是按自然规律而出生、享有主体资格的人……我们说自然人,是从有没有权利主体的资格来谈的。因此,自然人不包括奴隶,自然人这个概念的本质属性是指权利主体……我们认为,自然人的正确概念是基于自然规律出生的、享有权利主体资格的人,不是泛指有鼻有眼的人。我们在民法中使用的公民这个概念,公民就包括在自然人的范围内……自然人这个字眼在我国还是有用的,我国除公民之外,主体还包括外国公民,也包括无国籍人。[③]

由佟柔先生主编的1982年《民法原理》写道:"世界各国多把享有民事权利主体资格的基于自然状态而出生的人称为'自然人',借以与'法人'相区别,但自然人这一概念还包括外国人和无国籍人。"自然界的人享有权利主体资格,成为具有法律地位的公民,不是天赋的,也不是与生俱来的,而是法律赋予的,归根结底由一定社会生产方式所决定。[④] 看来,以佟柔先生为代表的学者,把自然人与公民看作同一个概念,但指出了"自然人"这个词的外延大于公民,因为它还包

---

① 陶希晋:《论我国社会主义民法的指导原则》,载《法学季刊》1984年第1期。

② 陶希晋:《关于民法起草工作中的几个问题》,西北政法学院民法教研室编:《民法学论文选编》(一),内部资料1982年,第52页。

③ 全国第三期法律专业师资进修班民法班整理:《民法原理》,第103页。

④ 佟柔主编:《民法原理》,法律出版社1987年版,第52页。

括外国人和无国籍人。但自然人之自然在于自然属性、是基于自然规律而出生的人，之所以能从自然状态一跃而为公民，不是基于自然属性的天赋，而是法律赋予之故。1983 年出版的由王作堂、魏振瀛、李志敏和朱启超诸先生编的《民法教程》并没有遵循这个说法，他们认为：

资本主义国家的民法典和民法学有“自然人”的用语。“自然人”这个词显然只是着眼于人的自然属性。但是，人的本质是人的社会属性，马克思指出：人的本质并不是单个人的抽象物，在其现实性上，它是一切社会关系的总和。在阶级社会里，人必然处于一定的社会关系中，因此关于个人，我们不用“自然人”这一措辞。[①]

很明显，《民法教程》的作者们并不赞同使用“自然人”这个词语，原因在于自然人由于其仅具的自然属性，不合人的本质观，所以这一措辞不可取。

从《民法通则》制定之前这两个具有代表性的观点来看，看上去无甚区别，实际区分较大。以佟柔先生为代表的学者认为，“公民”和“自然人”完全可以看作一个词语。从其上述论述来看，完全是从公民这个角度来统摄自然人的。可以这样来概括这个观点：公民之所以是自然人，是因为自然人被看作公民。正是从一定生产方式决定的法律出发，否决自然人权利的天赋性，从而认定自然人不仅仅是人的自然属性，而且还包括公民层面的由法律赋予的权利主体资格。可以认定，这个观点并没有真正地探讨自然人与公民之间的区分，尽管认定自然人的范围大于公民，但就此打住，未深入下去就草草认定自然人等同于公民。但是，借此同化，“自然人”这个概念得以保留，同时从实证法角度而论，“自然人”这个概念实际上比公民这个概念合理。而《民法教程》的作者们，却从相异的角度来探讨自然人与公民之间的关系。公民合乎人的本质属性——社会属性，而自然人却只是单个的人，未进入社会状态的人。既然我们都处于社会关系中，自然不应采用自然人这个概念。可以推断，该观点是从社会状态和自然状态之分来讨论公民与自然人之别的。因而，《民法教程》的学者们虽然根据我们现在的观点来看，不合时宜，但是毕竟它已经意识到了自然人的自然人属性是不同于社会状态的孤立、个人性。只可惜的是，并没有追踪下去。无论他们有哪些不同，有一

① 王作堂、魏振瀛、李志敏、朱启超：《民法教程》，北京大学出版社 1983 年版，第 52 页。

点是共同的:自然人就只是人的自然属性,是依照自然规律出生的人。1986 年《民法通则》在法律上进行了定案。原《民法通则》第一章全部采用的是“公民”。[①] 如第 2 条规定:民法调整平等主体的公民之间、法人之间、公民和法人之间的财产关系和人身关系的法。为了解决自然人与公民在外延上的包含关系,原《民法通则》第 8 条第 2 款规定:本法关于公民的规定,适用于在中华人民共和国领域内的外国人、无国籍人,法律另有规定的除外。从第一章来看,“公民”这个词已完全取代了自然人。但是很戏剧的是,第二章的标题却是“公民(自然人)”。这似乎表明,公民和自然人可以通用。我们只能推断,立法者采纳的是佟柔教授的观点,把公民与自然人看作一个词。[②] 无论怎么说,虽然自然人被括了起来,但是其研究的意义并没有由于其被括而使人民失去对它的兴趣。到底民法中的人是什么人呢?学界展开了新一轮的探讨。首先,再度区分自然人与公民,虽然这种区分几乎是在佟柔教授区分的基础上进行的,但表明,即使在实证法这个层面而言,自然人也比公民这个概念具有优势,何况还有清末以来的传统和外国法律的佐证。其次,自然人这个概念取代公民本身就已经有了势头。但是其探讨仅仅是在表面上进行的,自然人也就只被定义为基于自然规律出生的人,未深入讨论这个概念的传统。对自然人的讨论几乎都是望文生义,即认定自然人就是基于自然规律而出生的人。

为了重新寻找出路,徐国栋教授以民法的性质为切入点,试图以此追问民法人的本质。他首先指出“民法”应当是“市民法”,这样就批驳了在民法中使用公民这个概念,主张于此使用“市民”。[③] 之后又对“市民”这个概念从人性论角度进行了定性:

---

① 关于这些词语的采用,孔祥俊博士为我们提供了当时的资料。按照他的说法,《民法通则(征求意见稿)》第二章的标题为“公民”,其内容只就中国公民的法律地位进行规定,并未涉及外国人和无国籍人。1986 年 6 月 22 日的《民法通则(草案)》(修改稿)第二章的标题改为“自然人(公民)”,其内容已对中国境内的外国人的法律地位作出规定。参见孔祥俊:《民法上的人 · 自然人 · 公民》,载《法律科学》1995 年第 3 期。

② 为什么要采用这种说法,学者们有自己的看法。梁慧星教授指出,由于公民只以具有我国国籍者为限,因此使用自然人能更加全面地涵盖民法下的人。参见梁慧星:《民法》,四川人民出版社 1988 年版,第 71 页。李由义教授主编的《民法学》则认为,鉴于一些国家把基于自然生理规律出生的人称为自然人,原《民法通则》第二章在公民的后面的括号里加上“自然人”,以表示有不同条的称谓。我国公民当然是自然人,但外国公民和无国籍人也是自然人。参见李由义:《民法学》,北京大学出版社 1988 年版,第 42 页。可见,这些解释和佟柔教授的解释无别。

③ 参见徐国栋:《市民社会与市民法——民法的调整对象研究》,载《法学研究》1994 年第 4 期。

"市民"是新创的概念,如果要在既有概念体系中寻找一个"市民"的同义词,这个词就是经济人,把"市民"与经济人联系起来,有助于我们利用既有的理论进一步说明"市民"的属性。①

可见,徐国栋教授干脆跳出公民与自然人这个圈,看从外围是否能突破。但当时的徐国栋教授并没有探讨自然人与市民的关系。孔祥俊博士在1995年的《法律科学》第3期上撰文指出,自然人的基础在自然法。他认为,民法上的人就是自然人,应当摒弃"公民"这个概念,力主采用自然人这个词汇。② 1996年,梁慧星教授在《民法总论》中第一次采用"自然人"作为民事主体来论述,彻底弃绝了"公民"这个词语。③ 经过学界的激烈讨论与争辩,自然人终于在20世纪末于中国民法领域,击溃了"公民"这个用语。这些学术上的成就立马就在立法上展现出来。1999年制定的《合同法》第2条就不再采用"公民"一词,而使用"自然人"。问题是,是否立法上的定调,就意味着自然人追求的价值取向就已经为我们所知了呢?且看一看我国《合同法》为什么要弃"公民"而取"自然人"。1999年1月,在《合同法》通过前夕,全国人大法律委员会在关于《合同法(草案)修改情况的汇报》里解释了这个原因。他们认为,由于有的委员和专家提出,外国人对我国的投资和经济贸易往来,也需要适用合同法,而"公民"一词不能把外国人包括进去,是以在《合同法》中不采用"公民"这个词。④ 看来,这个令人高兴的新措辞却依然在骨子里怀旧。正如朱晓喆博士所指出的,自然人的出现,纯粹是立法技术的需要。⑤ 笔者非常赞同这种观点。不深入西方的传统,只注重于制度表层,或者干脆自说自话,也许能发展出一套自己的独特制度出来。不过,无论怎么说,毕竟在字面上自然人已经取得胜利,这就为自然人的研究扫清了障碍。根据刘心稳教授的总结,自然人之所以取代公民之原因有三:第一,是我国民法学界及整个法学界相当多的人接受"公法"与"私法"之分的结果;第二,以"自然

---

① 徐国栋:《市民法中的市民》,载《天津社会科学》1994年第6期。

② 孔祥俊博士还探讨了社会主义国家之所以否定"自然人"的两大理由。参见孔祥俊:《法上的人·自然人·公民》,载《法律科学》1995年第3期。

③ 参见梁慧星:《民法总论》,法律出版社1996年版,第90页。

④ 参见孙礼海编:《〈中华人民共和国合同法〉立法资料选》,法律出版社1999年版,第17页。

⑤ 参见朱晓喆:《自然人的"隐喻"》,载《北大法律评论》编辑委员会编:《北大法律评论》第4卷第2辑,北京大学出版社2002年版,第512页。

人”为民法概念，显示了民法的“私法”性质，且比用“公民”概念准确、恰当；第三，是涤除苏联民法学不合理说法对我国民法的不良影响的结果。① 其言甚为明晰地概括了我国这两个概念演进的现状。

三、我国学人对自然人观念之理解

从我国自然人法制史的角度可以看出，自然人在中国的发展大致经历了两个阶段。第一阶段从清末到民国。这一时期是在沿用翻译过来的术语上使用。对自然人的理解，停留在表层上。虽然并未深入深层，却是在公私分立的情况下，承认自然人是私法中的主体。第二阶段是在新中国成立后。由于受到苏联的影响，否认公私法之别，因而作为私主体的自然人被公民取代。在第三次民法典起草中，自然人与公民的关系重新被讨论，作为结论的《民法通则》实际上是以公民为准来衡量自然人。1999 年《合同法》并没有在根本上更正观念，只不过是从适用范围这个外延上进行了修正。总之，无论是在清末还是在新中国成立后，自然人之本性都是奠基在人的身体上，即人的自然属性上。自然人只不过是基于自然规律出生的人。

如今，虽然自然人在民法领域扬起了胜利的彩帆，却并没有找到真正的目的地。朱晓喆博士总是很乐观地认为：“1999 年《合同法》中对自然人独立地位的确认已成大势所趋。它标志着私法与私权的观念在中国的复兴已达到一定的阶段。从建国之后确认民事主体使用‘公民’，到 1986 年《民法通则》使用‘公民（自然人）’，再到 1999 年《合同法》使用‘自然人’，中国民法划出了一条‘私’的‘回归线’。”②确然，自然人是一切私性的起点和根据。但是，为什么自然人就体现了私性？对此的探究并没有深入下去。由于种种复杂的原因综合在一起，学界对自然人的探讨呈现以下三个特点。

第一，探讨本身的特定目的局限。

清末的探讨，其实行政治变革的目的显而易见。由于“自然人”这个概念总是和权利这个概念联系在一起，因此他们对权利的看法，直接代表了对自然人这

---

① 参见刘心稳主编：《民法学研究述评》，中国政法大学出版社 1996 年版，第 86 页。

② 朱晓喆：《“公民”抑或“自然人”？——对民事主体的价值观念研究》，载《华东政法学院学报》2001 年第 1 期。

个概念的希冀。“故权利者,暴君不能压,酷吏不能侵,父母不能夺,朋友不能僭……”“故有权利思想者,必以争立法权为第一要义。”“世界各国,无论哪一种新权利、新法律,都由‘血风肉雨’中熏浴而来。”“君臣平等也,父子平等也,夫妇平等也,男女平等也,无贵族平民之别,无奴隶自由民之别,人有平等之权利,人有不受人卑屈之权利,人有不顺从人之权利。权利思想,伟乎大矣!”①这完全是一些政治口号式的宣讲,当然处于当时的形势也可以理解。在新中国第三次民法典起草过程中,就是否采用自然人之争中,并不是依靠纯学术的态度,或者只强调实证法层面的问题解决。当然,这两个对研究学术来讲,也是必不可少的,但是若仅止步于此,还是略显不足。是以,由《民法通则》向《合同法》的迈进,体现的实际上也只是如此而已。

第二,“自然”即“身体”。

自从丁韪良认定,凡人所有之分的庶人基于其人性而享有造物主所赐之权利以来,自然人被认定为天生之人。直接托福于天,断绝了向家族关系中、即向传统礼法寻求人性的可能,为中国法文化注入了新鲜的血液。不过,这里关键问题在于如何理解“天赋人权”。这个概念一被我国思想界所接受,其理解马上就变样。如《国民报》第 2 期《说国民》即谓:天之生人也,既与以身体自由之权利,即与以参与国政之权利。“本分即权利之实质,权利因本分而生。人因保其肉体精神之本分,即有物之权利;人因继续其子孙之本分,即有婚姻之权利;人因干与国政之本分,即有参政权;人因不受他人制缚之本分,即有自由权。种种权利,皆以本分为本。”②民国时期的朱采真说道:“主张天赋人权论的学者以为人格的观念和自然人的观念必为一致”。③ 以上足见,自然人在清末和民国时期,是在天赋的意义上使用的。此一天赋理念多有我们自己的特色,主要为了实行政治变革而起。事起于仓促之间,自难见于周全。对于自然人的理解,即是天生之人,虽然也奠基于人的本性,但是把人的本性定在身体上,从而自然人即身体自由之

---

① 张枬、王忍之:《辛亥革命前十年间时论选集》第 1 卷(上)。转引自李贵连:《话说“权利”》,载《北大法律评论》编辑委员会编:《北大法律评论》第 1 卷第 1 辑,北京大学出版社 1998 年版,第 126 页。

② 参见李贵连:《话说“权利”》,载《北大法律评论》编辑委员会编:《北大法律评论》第 1 卷第 1 辑,北京大学出版社 1998 年版,第 126 页。

③ 朱采真:《法学通论》。转引自朱晓喆:《自然人的“隐喻”》,载《北大法律评论》编辑委员会编:《北大法律评论》第 4 卷第 2 辑,北京大学出版社 2002 年版,第 491 页。

人。身体,自从“自然人”这个观念传到中国以来,马上就开始左右自然人这个概念。

20世纪80年代,佟柔教授指出,自然人就是依据自然规律出生的人。① 在“自然人”与“公民”的关系上与之针锋相对的王作堂、魏振瀛、李志敏和朱启超编的《民法教程》,也是这样理解的:“‘自然人’这个词显然只是着眼于人的自然属性”。② 张俊浩教授也是在这个意义上使用:“自然人,指在自然环境中产生并生存的人。此种人之产生,归于造化之功。”③刘心稳教授在其主编的《中国民法学研究述评》里认为,自然人就是指基于自然生理状态的、作为民事主体的人。④李开国教授和张玉敏教授主编的《中国民法学》也是如此。⑤ 新近,自然人的定义仍然是在这个意义上使用的。⑥ 甚至有人提出,“自然人人格”概念是一种误读,应当由自然人人格向自然人复归。⑦

第三,“自然”即“自然本能”。

徐国栋教授开启的由市民取代公民或自然人之旅,使学界有可能不再局限于一种阶级属性划分的思维。它又展现的是一种什么样的思维呢? 一开始,徐国栋教授把民法正名为“市民法”。并认为,市民法的精神为自由主义,是对政治国家的制约。由此认为,市民法的调整对象分为两类:抽象方面展现的是市民的权利与国家的权力之间的关系以及市民之间的关系,具体地讲,调整的是平等主

---

① 这一点要说明的是,佟柔教授后面还有一句话,即具有权利义务资格者。他是从人的自然属性——基于自然规律出生,加上法律赋予权利这两点来论述自然人的。可见,法律赋予权力,这是外来的,不应当是人的自然属性。严格来讲,自然人在其意义上就可以定义为“基于自然规律出生的人”。参见佟柔主编:《民法原理》,法律出版社1987年版,第52页。

② 王作堂、魏振瀛、李志敏、朱启超:《民法教程》,北京大学出版社1983年版,第52页。

③ 参见张俊浩主编:《民法学原理》(上册),中国政法大学出版社2000年修订第三版,第94页。

④ 刘心稳主编:《中国民法学研究述评》,中国政法大学出版社1996年版,第85页。

⑤ 该书认为,自然人是相对于法人的民法概念,是指基于自然生理规律而出生和存在的具有自然生命形式的民事主体。并且指出,自然人具有三个属性:自然属性、社会属性、法律属性。参见李开国、张玉敏主编:《中国民法学》,法律出版社2002年版,第86页。

⑥ 如胡玉鸿教授于2006年第4期在《法律科学》上发表的《“自然人”的社会与“自然人”的法律》,就表明了这一点。他认为,现代化的社会也就是一个去自然化的社会,表现于外的我们,可能更多的是以一种并不自然的方式与行为态度来对待我们的同类。在他引用的自然人的概念里,是这样说的:“自然人,也即个人,是指自然出生、自然长成,具有人的形貌与精神,生活在特定空间与时间范围内的生命个体。”参见胡玉鸿:《“自然人”的社会与“自然人”的法律》,载《法律科学》2006年第4期。

⑦ 参见郭秀丽:《民法上的自然人》,载《海南大学学报(人文社会科学版)》2003年第4期。

体之间的人身关系和财产关系。[①] 为了深一步追根究底,他在《论市民法中的市民》中把市民定性为“经济人”。[②] 不过,徐国栋教授在2002年《政治与法律》第4期发表的《论市民——兼论公民》一文中指出:“这种意义的‘市民’……将之界定为‘私人’,即以自己为目的,以他人为手段的人。这是一个与公民——即把自己的私人利益服从于公益的人——相对立的概念。从表面上看,民法既然是‘市民法’,它自然要以经济人意义上的‘市民’作为自己的人性标准,但问题恐怕没这么简单,因为市民法中还有一些利他性的规定,如诚信原则、相邻关系等。”由此,在文章结尾处认为,“在一部市民法典中,应允许同时存在公民和市民的人性标准。此乃因为市民法肩负两项功能:组织一个社会并且分配这一社会赖以存在的稀缺资源。就组织一个社会的功能而言,市民法可多体现一些公民的行为标准;就分配稀缺资源的功能而言,市民法可体现市民的行为标准”。[③] 显然,徐国栋教授一反原初完全主张对立的观点,开始粿合公民与市民之间的裂缝。这种弥合的前提是在把市民定性为经济人的基础上的,后来在民法制度中发现如诚信原则与相邻关系等,不合经济人标准但却是民法采用的人性,并有日趋扩大之趋势,由此徐国栋教授认为,应当把公民中的利他意识接进市民,从而促使市民意识的完善。这一主导思想在他于2006年出版的《人性论与市民法》中得到完全的贯彻。通过行为经济学,徐国栋教授认为,虽然行为经济学也奠基在性恶论上——即也是自利,但是并不如经济人假定的那样普遍——完全自利,而只是有限的自利。由此,从行为经济学的视角,徐国栋教授认为,行为经济学仍然采用性恶论,但对纯粹古典经济学假设的经济人假定的范围有所限制。[④] 除行为经济学的限制外,他认为道德也对法律进行了限制,而这个标准的转向就是由经济人向好撒马利亚人的转向。即把传统的个人对他人生命、健康保持的不作为义

---

① 参见徐国栋:《市民社会与市民法——民法的调整对象研究》,载《法学研究》1994年第4期。这一观点在收入2007年出版的《民法典与民法哲学》中,有了新的论证,尤其是就市民社会与政治国家的几种模式。但观点仍保持原样。参见徐国栋:《民法典与民法哲学》,中国人民大学出版社2007年版,第274~288页。

② 参见徐国栋:《论市民法中的市民》,载《天津社会科学》1994年第6期。

③ 参见徐国栋:《论市民——兼论公民》,载《政治与法律》2002年第4期。

④ 徐国栋教授认为,行为经济学与其说是一种经济理论,不如说是一种哲学理论。它对传统民法理论的变革,徐教授认为,由三个有限取代了三个无限:以有限理性取代了理性;以有限意志力取代实践理性;以有限自利取代完全自私自利。参见徐国栋:《人性论与市民法》,法律出版社2006年版,第100~102页。

务改为作为义务,提倡个人对社会承担的责任。[①] 这个转向可以被称为性善论转向,即经济人开始在某些方面让渡给为他人谋利的“善良人”。无论是性恶论范围内的修正还是性善论的取代,徐国栋教授认为,都只是从主观方面考察,人性论还应当表现在客观方面。基于此,徐国栋教授提出了自己的主客观相结合的人性论——性命境论。他认为,在资源供给充裕时,“恶端”萎缩,“善端”张扬。在相反的情形下,则反之。因此,“人无常性,性随境移。入善境则善扬,入恶境则恶张”。[②] 可见,徐国栋教授对民法中人的研究,可以进行这样的概括:在他的词典里,只有市民与公民的对立,而市民经过了经济人到行为经济人和好撒马利亚人,最终定位在兼具生物性和社会性的人,即具有交换型道德的人。市民之所以是私法中的人,即市民之所以具有“私”性,按照他的说法是“基于人的生物性以及人与资源的紧张关系,首先应承认‘我’与‘私’的地位,承认本能并解决上述资源紧张关系”,[③]换言之,市民之自然性或者私性,是基于其本能即其生物性而决定。终于我们追溯出了徐国栋教授的自然人之本性,那实际上就是人的自然,即人的本能。

四、结论:自然人观念的回归及其人格意识的树立

从这三个特点可以看出,我们在探讨自然人时,总是忙于急匆匆地下定义。无论是第二个特点还是第三个特点中对自然人的看法,尽管第三个特点确实有长足的进步,但是仍然摆脱不了落入自然人仅是生物式的人的窠臼。那么,我们在接受自然人这个概念时到底缺少哪个维度呢?

从笔者所掌握的资料来看,对自然人的本性以及自然人如何向市民转化几乎惜墨如金。根据我们前面的追根溯源,自然状况下的人并不是指根据自然规律活动的人,而是自由人。如霍布斯认为,自然状况下的人不能享有任何实定法

---

① 根据他的研究内容,可以用“见义勇为”四个字来概括好撒马利亚法的取向。参见徐国栋:《人性论与市民法》,法律出版社2006年版,第100~102页。

② 何为性命境论呢?徐国栋教授认为,主观方面由两部分组成。一为所性,即人能施加干预的主观方面,也即善端;二为命,即人由其生物性决定的欲望,或可称之为恶端。人性的客观方面称为“境”,即被考察主体所处的物质和社会环境,尤其指资源供给情况。参见徐国栋:《人性论与市民法》,法律出版社2006年版,第151~155页。

③ 徐国栋:《人性论与市民法》,法律出版社2006年版,第158页。

的保障,他只享有由理性所发现的自然律,依据这个自然律而享有自然权利。而他的自然权利就是每一个人按照自己所愿意的方式运用自己的力量保全自己的天性——也就是保全自己的生命——的自由。[①] 按照洛克的说法,“自然状态有一种为人人所应遵守的自然法对它起着支配作用;而理性,也就是自然法,教导着有意遵从理性的全人类:人们既然都是平等和独立的,任何人就不得侵害他人的生命、健康、自由或财产”。[②] 卢梭更是认为,“因此,在一切动物之中,区别人的主要特点的,与其说是人的悟性,不如说是人的自由主动者的资格。自然支配着一切动物,禽兽总是服从;人虽然也受到同样的支配,却认为自己有服从或反抗的自由。而人特别是因为他能意识到这种自由,因而才显示出他的精神的灵性”。[③] 从这些自然法学者的探讨来看,自然状况下的人,不是一个纯粹受制于自然规律的动物,而是一个有理性、遵循自然法的人,是一个自由的主动者。其区分仅在于自然状况下是否存在社会,如果存在,存在一个什么样的社会而已。正是基于此,《拿破仑法典》第 7 条规定:民事权利的行使不以按照宪法取得并保持的公民资格为条件。[④] 虽然自然法学者认为的自然状况下的人,正是一个自由的人,但是对于什么是自由,却并没有在理论上加以明确。作为法国大革命的总结者,康德认为,自然法是私法。自然法之所以是私法,是因为自然法以先验自由为根据。显然,这里的自然法不是以自然规律为根据,而是经由先验理性而来的自然法。所以他说,法律是作为约束他人的一种道德力量(moralischer VermÖgen),也就是对他人来讲是一个设定的根据(gesetzlichen grund)。可见,法律并不是一种自然根据,而是理性意义上的、超越于自然的、出于道德而设定的根据。基于这个视角,他才把法划分为“先验法”和“获得法”。[⑤] 先验法的德文是“das angeborne Recht”,被学界通译为“天赋权利”。“angeborne”一词,在德文里是“先天的、固有的、天生的”意思。由于两种文化的差异,我们对“天生”的理解,总是带着文化深深的烙印。

清末以来,对自然人的理解,中国文化一开始是在西方文化的表层理解的,

① 参见[英]霍布斯:《利维坦》,黎思复、黎廷弼译,杨昌裕校,商务印书馆 1985 年版,第 97 页。

② [英]洛克:《政府论》(下篇),叶启芳、瞿菊农译,商务印书馆 1964 年版,第 6 页。

③ [法]卢梭:《论人类不平等的起源和基础》,李常山译,东林校,商务印书馆 1962 年版,第 83 页。

④ 参见《法国民法典》,罗结珍译,中国法制出版社 1999 年版,第 3 页。

⑤ Siehe Kant, *Kants Werke*[*Band* Ⅵ], Walter de Gruyter & Co. Berlin 1968, S, 237.

即把它理解为天生之人。但是这个天生之人,很快就被解读为身体自由之人,进而被解释为基于自然规律出生的人,从而天生性就被化解为生物性、自然属性。其实,"先天的、固有的、天生的""angeborne"一词,就是我们理解人的自然性,即人的本性。那么,其自然性或者本性是什么呢?康德说到,"先验法"乃是独立于一切法律法规,而使每个人仅依据其本性(Natur)就可获得(zukommt)的法。也就是说,"先验法"是只适用于每个人本性的法,它只植根于每个人的本性中。所以这种"先验的法"具有纯粹的内在性(innere)。于是,康德果断地说,"先验法只具有唯一性",即先验法只能是单个的自由意志。① 可见,康德就较为清晰地道出了前述自然法学者的"自然意义",即人的本性之所以是自由性,其落脚点在于"单个的自由意志"。"单个的自由意志"又是什么意思呢?费希特沿着这条道路,更加详尽地阐述了它。费希特全部自然法的基础由五大定理组成,占据第一定理的就是这个"单个的自由意志",即"一个有限理性存在者不认为自身有一种自由的效用性,就不能设定自身"。② 也就是说,作为整个法律基础的自由,不是别的,就是"单个的意志",即"自我设定自我"。黑格尔法权哲学的基础,或者说整个法律的起点,源于处于抽象概念中的自在自为的自由的意志。即抽象法是整个法的起源。当自由意志还是抽象概念时,"它只不过是否定的实在性,只是抽象的自我相关的现实性——主体在自身中所具有的单个意志"。③ 这个单一的意志就是人格(Person)。④ 因此,理解自然人就应当从自由这个角度进行,否则将南辕北辙。

可见,自然人的自然,并不是人作为生物所具有的本能性的自然属性,而是自然在向人生成时,人已经能脱离自然规律的控制而能自由决定的人格性。即自然在生成人时,同时也生成了人的人格性,从而使人不再只是动物,而是能够高贵地自我意识的人格。所以,《德国民法典》第一编第一章就是"人格",第一节是"自然人格"。人格这个自由意志才是整个法律的基础。我们在理解自然人时,缺少的正好是它最核心的要素,即自由意志。就中国文化而言,为了能更方

---

① 参见[德]康德:《法的形而上学原理——权利的科学》,沈叔平译,林荣远校,商务印书馆1991年版,第50页。

② 参见[德]费希特:《自然法权基础》,谢地坤、程志民译,梁志学校,商务印书馆2004年版,"目录"第ⅰ~ⅱ页。

③ 参见[德]黑格尔:《法哲学原理》,范扬、张企泰译,商务印书馆1961年版,第44页。

④ [德]黑格尔:《法哲学原理》,范扬、张企泰译,商务印书馆1961年版,第45页。

使地使用这个词，不要使用“自然人”这个概念，应当使用“自然人格”这个词。“自然人格”应当取代“自然人”这个用法。①

① 也许有人会反问，毕竟我们现在不处于自然状态下，那么采用自然人格还有什么意义。确然。但是，社会里的人，都是通过社会契约转化而来的，进入社会，其自由并未有任何变化，只不过多了一个分配正义的法律状态而已。

人格技术:史与实*

有学者指出,近年来,学界多从理念和制度层面研究民法典,至于有关民法典制定中的技术层面却较少涉及。[①] 诚如他所说,在法典编纂上技术同样重要,缺少技术支持,民法典编纂几乎不可能。在整个法典编纂技术上,首当其冲者乃人格技术。因为谁可成为民事主体,是否所有民事主体皆由民法典一视同仁地对待,如何把秉性各异的民事主体统一进民法典,这些都需要人格技术提供方案。然而,人格技术究竟为何却未见探讨。众所周知,在民法人格理论上,星野英一教授著名的文章《私法中的人》对我们的研究产生了极大影响。星野教授认为,德国民法在创制团体人格的同时,避开了"人格"这一古老概念所涵盖的伦理属性,以"权利能力"这一仅具"私法主体资格"含义的概念取而代之,使"法律人格即权利能力明确地从伦理人格中解放出来"。[②] 尹田教授基于此总结道,尽管在伦理处理上备受责难,"但其毕竟

---

* 本文原载于梁慧星主编:《民商法论丛》第 52 卷,法律出版社 2013 年版,第 215 ~ 241 页。原文标题为《权利能力抑或拟制:人格技术的真相论辩》。

① 参见张新宝:《民法典制定的若干技术层面问题》,载《法学杂志》2004 年第 2 期。

② [日]星野英一:《私法中的人——以民法财产法为中心》,王闯译,载梁慧星主编:《民商法论丛》第 8 卷,法律出版社 1997 年版,第 162 页。

从技术上解决了自然人和法人在同一民事主体制度框架下的共存,满足了德国民法典形式结构的需要"。[①] 此时,权利能力抽离了具体的伦理内容而只剩下一个资格空壳,[②]这样统一自然人与法人的权利能力成了纯粹的技术性规定,[③]它除具有历史意义和逻辑自足意义外并无多大价值。[④] 从实质意义上来看,《德国民法典》权利能力的规定实在可笑而无法理解。[⑤] 当运用权利能力法律技术产生法人时,这门人格技术已被德国立法者错误地运用了。[⑥] 显然,我们早已将人格技术等同于权利能力,而权利能力反过来又成为可以进行技术性规定的法律人格。

如今,这一理论已是毋庸置疑的通说。但是,这一通说背后却疑问重重。权利能力即为法律人格,倘若权利能力等于人格技术,那人格岂不就是人格技术?假如权利能力只是技术性规定,是否可以随意取消民事主体的权利能力?为什么原《民法通则》仅仅规定公民的权利能力一律平等,而在法人权利能力上却未作如此规定,更遑论公民与法人权利能力之平等?为什么2002年提交的《民法(草案)》第四编"人格权法"的规定,只是因其平等地对待自然人与法人而频遭诘难?[⑦] 为什么德国理论大都认定权利能力具有无可置疑的伦理性(后文有述,在此不赘述)?可见,将人格技术等同于权利能力,从而认定权利能力丧失了伦理性是一个值得商榷的结论。[⑧] 如果我们不能将人格技术等同于权利能力,那么人格技术究竟是什么?出于民法典编纂的技术考虑,笔者认为有必要对人格技

① 参见尹田:《论法人人格权》,载《法学研究》2004年第4期。

② 参见马俊驹:《人与人格分离技术的形成、发展与变迁——兼论德国民法中的权利能力》,载《现代法学》2006年第4期。

③ 参见李永军:《论权利能力的本质》,载《比较法研究》2005年第2期。

④ 参见付翠英:《人格・权利能力・民事主体辨思——我国民法典的选择》,载《法学》2006年第8期。

⑤ 参见曾世雄:《民法总则之现状与未来》,中国政法大学出版社2001年版,第76~83页。

⑥ 参见付翠英:《人格・权利能力・民事主体辨思——我国民法典的选择》,载《法学》2006年第8期。

⑦ 《民法典(草案)》第四编"人格权编"第1条第1款规定:自然人、法人享有人格权。第2条规定:自然人、法人的人格尊严和人身自由不受侵犯。第3条规定:自然人、法人的人格权与该自然人、法人不可分离,人格权不得转让、继承,但法律另有规定的除外。第5条规定:侵害自然人、法人人格权的,应当承担停止侵害、恢复名誉、消除影响、赔礼道歉、赔偿损失、支付精神损害赔偿金等民事责任。如今的《民法典》总则编第110条也沿袭了这一立法模式。

⑧ 对此,拙文已有专论。参见周清林:《权利能力的形式化误解及其真正局限》,载肖厚国主编:《民法哲学研究》第3辑,法律出版社2011年版。

术展开探讨。

一、我国学人对人格技术的通常理解及其逻辑

我国学者对人格技术的思考并无专论,仅零散地见于论述法律人格抑或权利能力的文章中。要想真正了解人格技术,有必要概括我们对人格技术的通常理解及其逻辑。

在民法研究上,我们总是不住地回头,一直回溯至古老的罗马法;对人格技术的探讨亦不例外。徐国栋教授认为,由身份所叠加而成的人格乃组织市民社会的工具。法律之所以仰仗身份对社会进行构造,是因为"任何身份安排的目的都在于区别对待,都意味着赋予特权或课加受歧视状态,这样做的目的在于对社会进行组织……使社会能够按一定的目的存在下去"。[①] 那时,人格全由身份要素构成。具体来说,要想成为罗马市民法上的主体,必须具有家长、市民和自由人三种身份。不具备这三种身份或不完全具备这三种身份者,便不被视为享有完全人格而成为法律关系的主体,或者其人格就被认为不完全。基于此,尹田教授总结道:"始于罗马法的人格理论,其最重要的特点就在于人与人格的分离。"[②]换言之,罗马法通过人格这一区分工具将生物人与法律人进行分离,从而表明并非所有的生物人都是法律人。尽管当时并未涉及团体是否可成为人格的问题,但人格理论等同分离技术这一观念却被完全继受下来。在马俊驹教授看来:"罗马法上'人格'是人类运用法技术的一大发明,其成熟的技术和逻辑,使之成为人类法律文明的一项传统,并对后世产生了深刻影响。"[③]可见,学者们在总结罗马法人格理论时皆认定,人格理论只是一种分离技术,因而人格理论就是人格技术理论。至于人格理论是否具有超越工具的价值以及人格理论与社会现实的调适关系,一直未见讨论。通过将罗马法上人格理论等同于分离的人格技术,一方面无可辩驳地把人格技术定位为分离,另一方面也排除了对其从价值层面进行探讨的可能。

---

① 参见徐国栋:《"人身关系"流变考(上)》,载《法学》2002 年第 2 期。

② 参见尹田:《论自然人的法律人格与权利能力》,载《法制与社会发展》2002 年第 1 期。

③ 参见马俊驹:《人与人格分离技术的形成、发展与变迁——兼论德国民法中的权利能力》,载《现代法学》2006 年第 4 期。

然而,学者们对罗马法人格理论所作出的这一定见在面对1804年《拿破仑法典》时便显得有些力不从心。该法典第7条和第8条的规定,①完全终结了罗马法人格理论的逻辑。在强调人人平等的法国社会,再运用分离的人格理论恐怕不合于新的社会条件。尹田教授指出:“作为身份区分工具的‘法律人格’在人人平等的社会中,应当毫无使用价值。这正是迄今为止,没有一个近代或者现代国家的宪法或者民法曾将所谓‘人格’明文赋予其国民的根本原因。”②照他说来,在罗马社会,法律人格全由法律所赋予,而法律之所以需要赋予人以法律人格乃人人不平等的社会现实使然。在人人平等的社会中,法律不需要这一人格技术,因为无须对人群分而治之。同时,也因为当时团体无法与自然人争夺法律主体地位,所以法国民法完全没有必要以人格理论来规制民事主体。③ 综观各家讨论,学者们对法国民法与人格理论的论述简直惜墨如金,但大都认为法国民法中断了罗马法的人格分离技术传统。至于法国民法是否奠定在一种截然不同的人格理论上,几乎未予涉及。

既然法国民法出现了断层,那罗马法的人格理论要“传至”德国民法,就需要一次考古式的跳跃。果然,有学者指出:“从古罗马的故纸堆里发掘其人格理论,并将其作为法技术手段有条件地重新利用的工作,是由德国人来完成的。”从历史延续这个视角,德国民法越过了法国民法而直接溯流而上抵达源头。问题是,为何德国人未承续最近的法国民法。该学者继续指出:“德国人让古老的人格理论死灰复燃的目的,当然不是为了给相互平等的自然人重新带上身份区分的面具,而是为了将这一经过改造的面具戴到某些‘适于成为交易主体’的团体的脸上,使之与其他团体相区别……”④原来,德国民法对罗马法人格理论的采纳,并

---

① 《拿破仑法典》第7条规定:民事权利的行使不以按照宪法取得并保持的公民资格为条件。第8条规定:所有法国人都享有民事权利。参见《拿破仑法典》,李浩培等译,商务印书馆1979年版,第152页。

② 参见尹田:《论法人人格权》,载《法学研究》2004年第4期。

③ 但是,马俊驹教授有不同的看法。他认为,法国民法仍然沿袭了罗马法关于生物人与法律人相分离的立法技术,只是生物人之所以能够成为法律人的条件发生了变化。此时,这一条件,即《适格判断》的标准,已经不是人的某种特定的身份,而是由人的理性所决定的人的伦理价值——它不是由人的外在地位所决定的,而是由人的内在价值所决定。笔者以为,理性为每个人所具有,理性并非科学意义上的可认识的对象。就每个人本质的理性而言,是不可认识的,是先天具有的。因而以理性作为标准,针对自然人而言,相当于承认了只要是人就可以成为法律人格。参见马俊驹:《人与人格分离技术的形成、发展与变迁——兼论德国民法中的权利能力》,载《现代法学》2006年第4期。

④ 参见尹田:《论法人人格权》,载《法学研究》2004年第4期。

非完全照搬,而是有所抉择。首先,人格理论的继受不是为了区分各自然人,而是以自然人平等作为前提。由此看来,德国民法沿袭了法国民法的理念;其次,德国法之所以接受罗马法的人格理论,是因为德国民法需要认真对待在罗马法和法国法上没有出现过的团体。那人格理论又如何适用于团体?对此的思考逻辑是,人格理论是一种分离技术。根据这种具有分离功能的人格技术,生物人与法律人并非一致。因而,在罗马法上生物人不一定是法律人,那法律人也并非必定是生物人。马俊驹教授认为,“人格”既然与“生物人”能够分离,那么“人格”这种面具就不见得一定戴在“生物人”头上,它还可以根据社会需要戴在某些团体或财产之上。① 尹田教授阐释道:“既然生物意义上的人不一定是法律意义上的人,那么,法律意义上的人也就有可能不是生物意义上的人。当法律人格的赋予纯粹成为法律技术运用的产物的时候,其与法律主体是否同为生命现象并无必然联系……1900 年《德国民法典》正是利用了前述理论,解决了创设团体人格及法人制度所必须解决的法律技术问题。”②可见,通过罗马法上分离技术的现时代想象,我们的认识就从“生物人不一定是法律人”跃至“法律人不一定是生物人”。既然法律人范围超越了生物人,团体作为法律人格也就顺理成章。不过,至少从《德国民法典》表面看来,该法典并没有运用如同罗马法人格分离技术的身份要素,通过身份的数学运算来确定人格的边界。相反,在《德国民法典》上有的只是统一,即在权利能力下将自然人与法人统一纳入民事主体领域。那么,这里的统一又是如何与罗马法上的人格分离技术相关联?统一的权利能力怎样体现了分离?对于本应逻辑一致的问题,学者们并没有予以回答,而是将目光转向另一个方面。有学者指出,为了能够在私法领域解决团体的主体地位,“因此,必须构造出一个仅仅在私法上享有如同自然人那样能够取得财产权利并承担财产性义务的主体性资格。正是基于这样的目的,人们创造出‘权利能力’这一概念”。③ 换言之,《德国民法典》的统一只是形式上的统一,在实质内容上并没有掩盖自然人与法人之间的人格分野。团体的法律人格不可能具有社会政治性,

---

① 参见马俊驹:《人与人格分离技术的形成、发展与变迁——兼论德国民法中的权利能力》,载《现代法学》2006 年第 4 期。

② 参见尹田:《论法人的权利能力》,载《法制与社会发展》2003 年第 1 期。

③ 参见李永军:《论权利能力的本质》,载《比较法研究》2005 年第 2 期。

自不能与自然人格相等同。[1] 于是,权利能力成了毫无伦理内容的技术性规定,仅仅是一种享有权利和承担义务的主体性资格,要想由此挖掘出更多的含义可能是徒劳。

纵览上述观点,我国学者对人格技术的理解大致如下:罗马法的人格理论使自然人与法律人格之间发生分离,从而自然人不一定是法律人。这种通过身份要素进行区分的人格理论只是一种法技术,因而当时的人格理论等同于人格技术,分离正是这种人格技术的本质。《法国民法典》制定的前提是人人平等理念的普及,这样罗马法分离的人格理论便无法适用,所以法国民法没有人格技术。《德国民法典》继受了人人平等的价值观,但考虑团体的法律地位,由此再度使用罗马法上的人格技术将自然人与法人分离,从而给法人创设主体地位。不过,出于法典编纂的需要,《德国民法典》却以权利能力统一了性质迥异的自然人与团体,因而完全形式化的权利能力成了人格技术。这就是我们学界对人格技术的主要理解。但这样的理解会导致如下困难:为什么人格理论这一负载价值观的理念在罗马法上却等同于毫无价值内容的人格技术?是否罗马法对人格的赋予完全取决于立法者的主观意愿?法国民法为何忽视社会现实中的团体存在的事实而一意孤行地只承认自然人的主体地位?为何《德国民法典》的人格技术是对罗马法的继受而不是主要来自法国民法?罗马法上生物人不一定是法律人这一分离逻辑何以能顺理成章地推导出法律人不一定是生物人,从而赋予团体以主体地位?尤为重要的是,被界定为德国民法上人格技术的权利能力,明明是统一各主体的形式人格,为何又成了具有分离本质的人格技术的延续?认为人格技术等同于权利能力而权利能力又是形式化主体的资格的做法必然会引发两个困惑:或者以自然人属性解读法人,从而赋予法人以伦理属性;或者将法人属性强加自然人,从而否定自然人具有超越实证法基础的伦理属性而仅从法律技术的视角理解自然人的主体资格。可见,欲揭开人格技术的真实面目,我们的讨论必须从头开始。

二、人格技术的历史沉思

既然我们对人格技术的探讨从罗马法开始,就必须先对罗马法的人格理论

① 参见尹田:《论法人人格权》,载《法学研究》2004 年第 4 期。

予以解释,毕竟人格技术只是对人格理论的运用。而要论述罗马法上的人格理论,首先需要解明罗马社会的构造。著名的罗马史家蒙森认为,罗马国家由罗马家庭而来的氏族所组成。据其考证,罗马国家的前身乃源于罗米利氏、沃尔提尼氏和法比氏等古氏族的联合体。① 家庭是社会的基本单元,因而其对罗马法的形成具有决定作用。从当时的家庭来看,父亲是一家之主,具有绝对的权威。同时,从罗马社会的历史来看,罗马城邦是在贵族和平民两个阶层的二元状态中得以发展的。② 起初,只有贵族才有市民权,直到公元前 494 年的平民脱离运动后,平民才逐渐被城邦接纳为合法成员,取得了罗马法意义上的市民权。此时,作为罗马城邦的人的范围扩展到平民。通过无止境的征战,罗马俘获了大量的外国人作为奴隶。由此奴隶也在罗马城邦生根发芽。③ 可见,在罗马社会里至少存在三组权利迥异的群体:家父与家子、市民与外国人以及自由人与奴隶。基于此,罗马法立法者从"caput、persona 和 homo"三个词语中选择"caput"一词,用它来表达罗马法上的权利义务主体,因为当时只有家长才有权利能力,④同时又将家长限定在市民和自由人两个身份之下。确然,罗马法在自然人中进行了区分。但这种分离并非立法者任意妄为,以至于将人格当作毫无价值的技术、凭自己的好恶予以适用。实际上,罗马法之所以抽取这三种身份,完全体现了当时对人(persona)的理解。斯宾格勒认为,"人"(persona)是一个特有的古典概念,只在古典文化中有意义和价值。在古典的世界里,法律是由公民且为了公民而制定。它通过预先假定国家的形式即城邦而设定了"人"的形象,即能成为这个城邦实体的个人的三种身份。⑤ 如果我们任意地猜测罗马立法者能动地适用法律理念在干预私法,那可能就背离了当时的法律环境。根据古郎士的研究,"私法在邦成立前已经存在。在城邦制定法律时,私法已经深入人心,为全民所赞同。城邦

---

① 参见[德]特奥多尔·蒙森:《罗马史》(第1卷),李稼年译,李澍泖校,商务印书馆 1994 年版,第 58～59 页。

② 关于平民产生的原因,参见[意]朱塞佩·格罗索:《罗马法史》,黄风译,中国政法大学出版社 1994 年版,第 65～66 页。

③ 产生奴隶的方式应当有两种。根据优士丁尼《法学阶梯》第1卷第3题"人法"Ⅰ.1.3.4.规定:而奴隶要么是生来如此;要么是变得如此。但其源头应当是来自战争。参见[罗马]优士丁尼:《法学总论:法学阶梯》,徐国栋译,中国政法大学出版社 1999 年版,第 23 页。

④ 参见周枏:《罗马法原论》(上),商务印书馆 1994 年版,第 106 页。

⑤ 关于当时"人"的特有含义,参见[德]奥斯瓦尔德·斯宾格勒:《西方的没落》(第2卷),吴琼译,上海三联书店 2006 年版,第 50～52 页。

亦没有旁的办法,只有承认。后来渐渐地才有改变。古代法律不是一个立法家所草成,而是强迫立法家承认的”。[1] 公元前494年的那场“脱离运动”使平民与贵族一样取得了完全的罗马法主体地位;必须看到,这诸多改变也只是对社会现实的承认,而非立法者根据某种理念进行的创制。在格罗索教授看来,这个具有里程碑式的立法——《十二表法》也仅仅是由于贵族与平民有这么一段插曲而显得意义重大。实际上,《十二表法》只不过使原来的规范变得确定罢了,若考究那些构成传说中《十二表法》的内容,那只是在重申早期法律那些野蛮而残酷的内容而已。[2] 至于自由人与奴隶的分野,则更是常年战争现实的真实写照。梅因爵士一针见血地指出:“‘罗马法典’只是把罗马人的现存习惯表述于文字中。”[3]这些说法足以表明,罗马法与现实的关系即真实地反映与适应现实,这在人格理论上表现得淋漓尽致。当我们以分离界定人格理论时,人格理论似乎成了毫无内容的人格技术。甚至有学者言之凿凿地认为,罗马法已经将分离提炼为一种有意识的人格技术。[4] 其实,分离背后隐藏的不是罗马立法者有意识地制造不平等,而是人格理论对社会现实的折射。罗马法的立法者只不过将现实中人的形象移到了法律舞台上。如果说罗马法有人格技术,那一定是从现实生活中抽象人格的技术,而非在法典编纂上依据已经拟定好的人格理论适用该理论的技术。因为罗马法没有超越社会现实的人格理论,当然就谈不上如何用人格技术对这一理论进行适用。根据我们的通常理解,所谓人格技术应当是将一定的人格理论付诸实践的技术。由此理解,罗马法并不存在人格技术。概言之,罗马法由于没有发展出超越现实的人格理念,因而它的人格理念也就不存在和社会现实的调适问题,也就不可能产生如何在现实中实现人格价值的人格技术。

尽管艾伦·沃森教授宣称,1804年《法国民法典》主要是罗马法积淀的硕果,[5]然而启蒙思想的如涌而至也正在改变着传统的轨迹。在人格理论上,卢梭

---

① 参见[法]古郎士:《希腊罗马古代社会研究》,李玄伯译,中国政法大学出版社2005年版,第64页。

② 参见[意]朱塞佩·格罗索:《罗马法史》,黄风译,中国政法大学出版社1994年版,第80~83页。

③ 参见[英]梅因:《古代法》,沈景一译,商务印书馆1959年版,第11页。

④ 参见马俊驹:《人与人格分离技术的形成、发展与变迁——兼论德国民法中的权利能力》,载《现代法学》2006年第4期。

⑤ 参见[美]艾伦·沃森:《民法法系的演变及形成》,李静冰、姚新华译,中国政法大学出版社1992年版,第168~169页。

思想的深刻影响和法国大革命的洗礼决定了法国民法必然有与罗马法截然不同的考虑。在崇尚自由的法国自然法思想中，自然人之间人人平等成了不可违抗的神圣命令。《拿破仑法典》第 7 条规定：民事权利的行使不以按照宪法取得并保持的公民资格为条件。基于此，民事权利便和政治架构脱离，这样《拿破仑法典》就可以在第 8 条规定："所有法国人都享有民事权利。"这条足以证明，《法国民法典》将人格等同于自然人，尽管有国籍的限定。从此，法国法明文规定所有法国人都有资格获得权利，不再区分贵族、教士和第三等级。法国社会的等级结构被夷平为一个平等的公民社会。显然，这是在自然法思想的指引下法国大革命取得的伟大成就。让每一个自然人都享有法律人格，并非对现实存在的反映，而是对自然法思想的呼应。从此，"人人都享有法律上的人格"便成为自然法的训条，任何实证法都不可以更改。人道主义思想通过民法典向世人宣告了新纪元的开始。较之于罗马法，《法国民法典》正是以现实中的不存在来作为人格理论之目的。西耶斯在他那篇充满了火药味的《论特权》一文中激情地说道："由于长期的精神奴役，种种最可悲的偏见得以乘虚而入。人民几乎真诚地相信，他们只有做法律明文规定的事。他们好像完全不知道，自由先于一切社会，先于所有立法者而存在……"①正是这些在认识论上荒谬乖张的自然法思想，使《法国民法典》的人格理论从罗马法脱离出来，不再被动地适用现实社会，而是以人类心中的理念来改造社会现实。其次，基于政治哲学的考虑，团体不被认可为法律人格。从《法国民法典》所处的社会情形来看，团体作为人格早就存在于现实中。根据伯尔曼教授的考察，自 11 世纪晚期，一种类似于现在股份公司的康美达即已出现在欧洲。② 在教会法上，自 1122 年"沃姆斯协约"以来，教会独立的法律地位得到承认，很多教会被界定为独立于其成员的财团。③ 17 世纪法国著名的法学家让·多马先生更是明确地指出，贸易公司被认可为人格，有自己的财产、权

---

① [法]西耶斯：《论特权；第三等级是什么？》，冯棠译，张芝联校，商务印书馆 1990 年版，第 2 页。

② 根据伯尔曼教授的考察，康美达最早的前身可能是穆斯林的一种商业惯例，这种惯例在 8～10 世纪传播到拜占庭。这种模式于 11 世纪晚期在意大利、英格兰和欧洲的其他地方逐渐获得使用。它开始是作为一种借贷契约，后来很快就发展为合伙协议。这种合伙主要是针对海上航行，因而主要是海上合伙。其极大的便利就是合伙人的责任被限定于他们最初投资的数额上。但是，康美达一般是一种短暂联营，在完成了它为此建立的特定航行后就解除了。参见[美]哈罗德·J. 伯尔曼：《法律与革命——西方法律传统的形成》，高鸿钧等译，中国大百科全书出版社 1993 年版，第 429～430 页。

③ 参见彭小瑜：《教会法研究》，商务印书馆 2003 年版，第 199～200 页、第 204 页。

利和特权。[①] 这些情形表明,团体作为独立体乃现实地存在于法国社会中。那为何《拿破仑法典》对它们却视而不见? 这个问题把我们带到了指引法国大革命的卢梭思想上。朱学勤教授比较了卢梭与西耶斯四个异常关键的观点后,认为在主要思想上西耶斯完全是卢梭思想的忠实阐述者。其中第三点便是"以公共利益取消社团党派的存在"。[②] 这些都是卢梭个人意志、众意和公意理论的翻版。法国大革命和《拿破仑法典》仅仅是将这一思想实践出来。可见,法国民法依据的人的形象,是启蒙哲学家所设想的超越现实的自由人。法国大革命正是按照这一理念试图改造法国社会。相较罗马法,法国民法有了自己的人格理论,树立了自由而平等的人像。正是对这一理想的人的形象的强调和关注,《拿破仑法典》才漠视现实存在的团体,及至为了贯彻这一理念不惜排斥行会等组织。如雅克・盖斯旦等说:"民法典忽视了法人、协会、团体甚至家庭自身。"[③]从人格技术角度,法国民法只关注人格理论在现实中的实施,并没有从技术层面考虑人格理论与社会现实的协调。可以说,法国民法发明了近代人格理论,但并没有对人格理论如何妥当适用进行研究,即只是一以贯之地实施人格理论而不顾社会现实,因而缺少人格技术。

面对罗马法与法国民法展示出来的两种不同人的形象,《德国民法典》的编纂者及其前辈究竟进行了怎样的选择? 其实,只要我们深究《德国民法典》制定背后的人格理论根基,便能获得答案。根据拉伦茨教授和维亚克尔教授的考证,康德的学说尤其是康德创立的伦理人格主义哲学,对《德国民法典》制定者的精神世界产生了深刻的影响,其程度类似于18世纪的自然法学说对《普鲁士普通邦法》以及《奥地利普通民法典》的制定者们所产生的影响。[④] 而卢梭作为探讨

---

① See Jean Domat, *The Civil Law in its natural order*(Volume Ⅰ), translated by Willeam Strahan, Fred B. Rothman & Co. Littleton Colorado, 1980, p. 148.

② 参见朱学勤:《道德理想国的覆灭——从卢梭到罗伯斯庇尔》,上海三联书店出版社1994年版,第188~190页。

③ [法]雅克・盖斯旦、吉勒・古博等:《法国民法总论》,陈鹏等译,法律出版社2004年版,第100页。

④ 参见[德]卡尔・拉伦茨:《德国民法通论》(上),王晓晔、邵建东等译,法律出版社2003年版,第45~46页;[德]弗朗茨・维亚克尔:《近代私法史:以德意志的发展为观察重点》(上),陈爱娥、黄建辉译,上海三联书店出版社2006年版,第349~365页。

人性的先驱,无疑开启了康德对人格理论探索的新途径。[①] 康德在《实践理性批判》一书中说道:"……因而个人作为属于感官世界的个人,就他同时又属于理知世界而言,则服从于他自己的人格……"[②]显然,伦理意义上的人格仅仅属于自然意义上的个人。这一点在法律上亦无二致。在《法的形而上学原理》里,他认定作为一切法根据的"先验法(天赋权利)"即具有自由意志的个人,即自然人。[③] 基本上承袭康德人格理论的萨维尼同样认定:"人格或者法律主体最原始的概念必须和人(Menschen)的概念完全一致,这两个概念原始的同一性可采用这样的表达式:每一个个人,并且只有这个个人,才具有权利能力。"[④]温德沙伊德在《潘德克吞教科书》里也首先指出,个体所具有的自我意识和意志能力叫作人格(Person),法人正好与之相对(Gegensaze des Mensch)。[⑤] 这些足以判断,德国民法学理上的法律人格与权利能力完全一致,专属自然人而仅具伦理性。为此,《德国民法典》第1条规定的"人的权利能力始于出生的完成"确立了人人平等的人格理念。这与法国民法规定的人的形象一脉相承,而与罗马法却截然不同。周枏先生说:"罗马法上人格的含义不完全等同于现代法中的权利能力。"[⑥]更确切地说,罗马法上的人格理念和现代的权利能力具有天壤之别。因此,德国民法

---

① 康德说道:"一度认为,这一切足以给人类带来荣光,由此我鄙夷那班一无所知的芸芸众生。是卢梭纠正了我。盲目的偏见消失了,我学会了尊重人性,而且假如我不是相信这种见解能够有助于所有其他人去确立人权的话,我便应把自己看得比普通劳工还不如。"参见[德]卡西尔:《卢梭·康德·哥德》,刘东译,北京三联书店2002年版,第2页。同时杨祖陶、邓晓芒两教授就卢梭对康德的影响进行了思想上的详细描述,参见杨祖陶、邓晓芒:《康德〈纯粹理性批判〉指要》,人民出版社2001年版,第5~6页。

② 康德:《实践理性批判》,邓晓芒译,杨祖陶校,人民出版社2003年版,第118~119页。

③ 参见康德:《法的形而上学原理——权利的科学》,沈叔平译,林荣远校,商务印书馆1991年版,第49~50页。

④ Siehe Savigny, System des heutigen Roemischen Rechts, Bd. 2. Berlin bei Deil und Comp. 1840, S. 1 – 3.

⑤ Siehe Windscheid, Lehrbuch des Pandektenrcht*s*, Bd. 1. 1900. 8. Auf. Frankfurt, S. 191 – 192.

⑥ 参见周枏:《罗马法原论》(上),商务印书馆1994年版,第107页。当然,还有很多方面可以证明古罗马的人格概念和现代的权利能力概念是完全不同的,如奴隶没有人格等,足以说明它们之间的差别。若从哲学上讲,当时古罗马还处于古希腊哲学的影响力中。作为当时主导哲学的斯多葛哲学不可能发展出主体哲学来。

在人格理论上没有沿袭罗马法，而是遵循了法国民法。[①] 不过，虽然德国学者采用了法国法的人格理论，但在对待团体上却与法国民法大相径庭。康德认为，当孤独的自然人欲摆脱落寞的自然状况而进入社会时，市民团体便开始存在。但按照康德的观点，这样的市民团体并非市民社会里的团体，因为这样的"市民团体不可能被命名为社会，因为命令发布者和受命者之间并非平等的关系，而是相互隶属的。因此，这些团体只是在形成一个社会而已。"用法学术语表达，一个脱离自然状况但还没有进入市民社会的团体，既不属于自然人而具有私法意义上的人格，[②]也不属于政治团体而具有公法人格。因为市民团体不再是自然法规制下的个人也没有完全形成一个社会，它处于私法和公法之间无法定性的状态。自然康德的定论就是，团体既不能见容于私法也无法被公法接纳。但无论如何，团体的现实存在是毋庸置疑的事实。萨维尼在此基础上推进了康德的论述。他明确地说到，像国家、城镇等团体不但自古以来现实地存在于社会，而且都被当作法律上的存在而享有权利和负担义务。这样的存在萨维尼称之为自然的或必然的存在，具有公法人资格。一旦团体具有了公法人资格，当然可以作为人格者参与私法关系，国家乃最显著的例子。但是，对于一些事实上存在却不可能具有公共意志性质的集合体，由于它们仅代表某个集团而非全体人民的利益，如果也认可它们享有人格则不合乎社会契约论的思想。为了一以贯之卢梭以来的契约论传统，萨维尼首先排除了这些团体的公法人资格，因为它们仅仅代表着众意。易言之，在政治领域的公法层面，市民团体既不可能在现实上也不可能在价值上得以存在。可市民团体却现实地存在于社会中，如何在法律上应对成了作为法学家的萨维尼面临的难题。根据当时私法和公法的二分法，既然市民团体不可能出现在公法领域，对其回应也只可能从私法角度进行。所以，萨维尼说道："首先，我们主要是在私法领域，也就是说，仅仅在私法的关系里才需要涉及法人的技术能力。"然而，私法领域唯有自然人方具人格，如何让团体也能有容身之地，

---

① 那是否可以认为德国民法典编纂者在人格技术上完全继受了罗马法的分离技术，但在人格理论上却沿袭了法国民法？这一观点深值商榷。顾名思义，人格技术必定是从技术上解决人格理论在现实中的适用问题，以人格理论的存在作为逻辑前提。倘若人格理论大相径庭，对于适用这一人格理论的技术不可能具有普适性。况且，学者们认定人格理论就是人格技术。如果两者完全一致，那么在继受上不可能分离进行。

② 根据康德的看法，适用于自然状况的自然法即私法。Siehe Kant, Kants Werke [Band Ⅵ], Walter de Gruyter & Co. Berlin 1968, S. 306 – 307.

是一件异常棘手的事情。正是基于此,德国民法才发展出人格技术。

可见,人格技术的出现具有一定的历史条件,它必须以人格理论与社会现实的不可调和为前提,同时又认定社会现实具有一定的合理性。由于人格理论与团体这一现实存在具有根本冲突,团体要想冲破人格理论的伦理封锁实无可能;同时,团体的存在又是无可置疑的社会现实,否认它的存在与现实不合。此时,德国民法需要学者们运用一种技术,既不伤害人格理论的伦理根基,又能化解社会存在的现实矛盾。一言以蔽之,人格技术的出现只有在伦理实在与社会实在之间出现严重分歧时才可能出现。因此,相较于罗马法和法国法,只有德国法才可能出现人格技术,因为罗马法人格理论与社会现实并无冲突,而法国法却不承认社会现实的合理性。

三、人格技术的真相

那究竟何为人格技术?人格技术是否如学界通说所认为的那样乃所谓的"权利能力"?要回答这个问题,让我们考察一下当时学者们是如何调适伦理实在与社会实在的。

萨维尼认为:"所有法律皆为道德意义上之存在,即存在于每个人内在的自由意志当中。人格或者法律主体最原始的概念必须和人的概念完全一致……"①在萨维尼看来,法律上本真的人必定是且只能是自然人。在"法人的概念"的讨论中,他特别指明上述意思即权利能力与自然人乃同一表达。② 既然法律上原初的承担者只能是自然人这一伦理实体,团体不具备道德性,当然就不能成为法律主体。可团体作为社会实在一直存在于社会中,法律该如何应对?作为法学家的萨维尼显然没有固执一端而否认社会存在的合理性,相反,他觉得伦理实在和社会实在各具合理性,都有存在的价值。可是,这两种价值却相互冲突,为了调和这一两难的矛盾,萨维尼便使出奇招:拟制(Fiction)。所谓拟制,即虚构、想象和假定。萨维尼在法人的定义里说得非常清楚:"法人,是我们对照个人而进行

① 上述对萨维尼观点的引用,Siehe Savigny,*System des heutigen Roemischen Rechts*,Bd. 2. Berlin bei Deil und Comp. 1840,S. 3245,237。

② Siehe Savigny,*System des heutigen Roemischen Rechts*,Bd. 2. Berlin bei Deil und Comp. 1840,S. 236.

技术上扩充得到的纯粹拟制(Fiction)主体。这种主体我们即叫作法人,即纯粹为法律目的而采用的人格。"[1]温德沙伊德更是直截了当地指出,若撇开法典编纂的纯粹形式层面,法人只是非人格(Nichtpersonen)意义上的拟制人格。[2] 众所周知,《德国民法典》在对待自然人与法人时,虽然它们都分享"权利能力"一词,但法人只是拟制的人格,认为它可以成为法律关系的主体,在这里法人模仿了自然人这一主体。由此我们明白,真正地作为人格技术的乃"拟制",是一种创制或模仿技术。

然而,拟制的含义却极复杂。从字面意义而言仅为"假定或模仿",但对应于伦理实在与社会实在这一冲突,拟制便会跃出两层意思。首先,针对事实上之不存在者进行模仿地创制。从事实上之不存在者出发进行的拟制会有两个结果:或拟制为事实上的存在,或拟制为法律上的存在。"将事实上不存在者拟制为事实上之存在者"没有意义,因为拟制要解决的是这一存在者是否具有法律主体的问题。至于将"事实上不存在者拟制为法律上之存在者"也意义不大。倘若团体不具有现存的合理性,法学家们自然没有必要对此枉费心机。其次,将社会实在拟制为法律上存在,即将事实上存在的团体拟制为法律上存在的主体。鉴于讨论的背景,拟制只能指向这一点。若笼统地认定拟制仅适用这一情形,必将与真相擦肩而过。因为把社会存在拟制为法律存在又可分为两种不同的情况:第一,将社会实在拟制为法律上真正的存在,让其与原初的主体一样享有权利和负担义务;第二,仅将社会实在拟制为法律上不真正的主体。真正的"拟制"究竟对应哪一种? 作为"拟制"鼻祖的萨维尼说道:"仅仅在私法的关系里才需要涉及法人的技术能力"。[3] 从用词可见,法人享有的只是"技术能力"而非"权利能力",显然萨维尼在故意回避法人本身的道德性。因此,"技术能力"这一表达说明了法人作为法律上的主体不可能具有道德性,仅仅是从技术上让其享有能力,从而可以成为法律主体。既然法人被排除了成为道德主体的可能,在法律领域团体作为法律上的人格只能是财产方面的人格。由此,萨维尼才说:"我们可以尽可能

① A. a. o.《德国民法典》基本上采用了萨维尼关于法人的论述。众所周知,《德国民法典》上的法人虽然具有权利能力,但并不具有行为能力,其行为需要法人机关进行代理。如《德国民法典》第26条第2项规定:"董事会在诉讼上和诉讼外代表社团;其具有法定代理人的地位"。参见《德国民法典》,杜景林、卢谌译,中国政法大学出版社1999年版,第5页。

② Siehe Windscheid, *Lehrbuch des Pandektenrchts*, Bd. 1. 1900. 8. Auf. Frankfurt, S. 191 – 192.

③ Siehe Savigny, *System des heutigen Roemischen Rechts*, Bd. 2. S. 236.

地把法人概念确定为:它是一个财产能力的技术主体。在私法当中法人独有的本质就是财产能力的身份。"[①]可见,真正的拟制乃将现实地存在于社会中的团体拟制为法律上的不真正主体,只让其具有财产方面的能力。

既然"拟制"乃"人格技术"这一事实是如此明显,为何我们总是将"人格技术"归之于"权利能力"?个中缘由我们不得不察。笔者认为,造成这一误解的原因有两点:

第一,不正视拟制,只是在法人拟制说中才附带地予以讨论。在笔者收集的资料范围内,我们可以发现,我国学者对拟制的探讨仅在法人拟制学说中才有所涉及。而当他们思考法人拟制论时,又总是匆匆地卷入对法人本质的探讨。在法人本质的探讨里,也只是对各家学说进行介绍和比较,并没有深入探讨为何拟制、为何实在、为何否认等问题。如今,学者们对"拟制论"和"实在说"的争论已经厌烦,拉伦茨教授声称"这个争论已经消失了"。[②] 梅迪库斯教授更是宣称,这一争论已毫无意义。[③] 只有依靠法人本质学说才能得以有所涉及的探讨里,"拟制"已被盖棺论定、无须顾及。即使对法人本质学说有些许兴趣的学者也一致认定,"拟制说"把法人人格仅看作纯粹技术的产物,不是对本质的探讨。[④] 更有学者认为,"否认说"、"拟制说"和"实在说"之间的分歧只是法人人格的有无,实际上没有一种观点在探讨法人的本质。[⑤] 在这两种观点的夹击下,"拟制"确实无处容身。如果说这仅是一种学说走向,尚不足以说明"拟制"被有意忽视的原因,那么我们对法人概念的翻译及其历史也许更有说服力。根据李贵连教授的考证,对这个新词的诠解经历了两个阶段:翻译过程中的夹注式解说和在整理出版日本专家讲义中在书后对讲义中的名词进行集中解说。在第一阶段,法人被解释为:"法人者,法律所承认为有人之资格者也,如团体等类皆有法人之性质者也。"到了第二阶段,解释也就更加详尽化:"法人:具法律上之人格者。按法人实

---

① A. a. o. S. 239 – 240.

② 参见[德]卡尔·拉伦茨:《德国民法通论》(上),王晓晔、邵建东等译,法律出版社2003年版,第180页。

③ 参见[德]梅迪库斯:《德国民法总论》,邵建东译,法律出版社2000年版,第823页。

④ 参见马俊驹:《人与人格分离技术的形成、发展与变迁——兼论德国民法中的权利能力》,载《现代法学》2006年第4期。

⑤ 参见李锡鹤:《论法人的本质》,载《法学》1997年第2期。

无其人，仅由法律上，定其行事，得视为与人相等。”①史尚宽先生认为：“惟以自然人应为权利主体，法人为权利之主体，系由法律之拟制。”②胡长清先生认为：“权利能力，惟自然人有之，但惟自然人有权利能力，实际上甚为不便，故法律对于法人亦予以权利能力，不过法人之有权利能力，乃由于法律之所拟制，故谓之拟制人。”③如今，梁慧星先生同样认为：“质言之，所谓法人，即法律所拟制之人。”④张俊浩教授认定：“萨氏认为，法人之为人，乃法律之拟制，系为使团体得享有权利之法律技术的产物，法人不过为想象中的人格而已。”⑤从这些一脉相承的观点可以看出，法人实无其人而为拟制者即想象中的人的认识得到了延续。按照这种理解，只有自然人是社会中的实体，法人只不过是一个“观念上的整体”而已，不是社会中现实存在的实体。它之所以能充当法律上的主体，完全是法律为了某种目的将个人组合或财产组合视为具有整体性的一个实体罢了。⑥ 可见，我们在理解法人拟制论时，基本上只从字面意思理解“拟制”，并未意识到人格理论追求的价值与社会现实之间的冲突。基于这一理解，“法人实无其人”被认定为法人在现实上和法律上皆不存在，法律为了方便起见假定团体可为法律上之存在。即对于“拟制”的理解，我们认定其事实上不存在且法律上也不存在，为了适用的方便，假定它在法律上存在。至于事实上不存在为何还要拟制以及将它拟制为法律上何种人却未见讨论。正是由于我们仅从“团体在事实上或法律上有无存在”出发进行思考，所以我们的讨论就未触及“拟制”的根本。这样，我们对“拟制说”的理解是想象的，同时，也因为团体作为法律主体已存在于实证法中的事实，史公尚宽先生才指责道：“此说的弱点，在于以为自然人以外不得有权利主体之独断的谬误，自法律之目的及权利之见底言之，俱无以权利主体限于自然人之理由。”⑦由此看来，“拟制”定无还魂之术，断无重拾的必要。

第二，权利能力的形式化误解，使我们误以为权利能力就是人格技术。由于对拟制的忽视，我们将目光投向了一统自然人与法人的权利能力。学者们都承

---

① 李贵连：《二十世纪初期的中国法学（续）》，载《中外法学》1997 年第 5 期。
② 史尚宽：《民法总论》，中国政法大学出版社 2000 年版，第 139 页。
③ 胡长清：《中国民法总论》，中国政法大学出版社 1997 年版，第 97 页。
④ 梁慧星：《民法总论》，法律出版社 2001 年版，第 141 页。
⑤ 张俊浩：《民法学原理》（上册），中国政法大学出版社 2000 年版，第 175 页。
⑥ 龙卫球：《民法总论》，中国法制出版社 2001 年版，第 352 ~ 353 页。
⑦ 参见史尚宽：《民法总论》，中国政法大学出版社 2000 年版，第 139 页。

认,自然人与法人秉性各异。众所周知,罗马法和法国法在市民法领域都没有法人制度,同时“权力能力”这一概念也没有出现在罗马法和法国法中,由于“权利能力”统辖了自然人与法人,因此,我们便以为德国法创造了“权利能力”,从而技术性地容纳了法人。“权利能力”,因其形式化和技术化,便等同于“人格技术”。可见,将“权利能力”误解为“人格技术”的根源乃“权利能力的形式化”。所谓“权利能力的形式化”包含两点内容:权利能力丧失了法律人格本应有的伦理性,于是成了主体空壳式的自然人与法人的上位概念。其实,对权利能力形式化的指控是不存在的。就第一点而言,权利能力并未失去伦理基础。萨维尼和温德沙伊德就一直坚持,权利能力与自然人概念完全一致仅具伦理性。这一观念成了德国民法典立法者的不二法门。《德国民法典》第一草案说明书早就说过:“不论现实中的人的个体性和其意志,承认其权利能力是理性和伦理的一个戒律。”①拉伦茨教授也指出:“每个人都具有权利能力,因为他在本质上是一个伦理意义上的人。”②施瓦布教授说道:“权利能力就其本意而言只有自然人才享有。”③另外,根据《德国民法典》的规定,自然人权利能力始于出生,而法人权利能力始于国家授权。由此我们可以判断,自然人与法人享有的权利能力具有本质上的不同。④ 既然权利能力并未形式化仍然只由自然人专享而具伦理性,为何法人亦可以享有?这涉及对自然人与法人共享“权利能力”的理解。从形式上看,自然人与法人都具有权利能力,似乎权利能力成了毫无内容的形式技术而可由立法者随意赋予。基于此,“权利能力”被理解为自然人与法人的上位概念而成了权利义务的主体资格。根据《德国民法典》释义书的说法:“作为上位概念的人格,不能在法律伦理意义上去理解,而应当在法律技术意义上理解为:人格,就是权利义务的主体。就《德国民法典》的人格概念而言,其决定性标志就是权利能力,即享有权利和承担义务的能力。”若只根据该段言辞,权利能力似乎就是纯形式化

---

① 《帝国民法典第一草案说明书》(第 1 卷)。转引自[德]罗尔夫·克尼佩尔:《法律与历史——论〈德国民法典〉的形成与变迁》,朱岩译,法律出版社 2003 年版,第 58 页。

② [德]卡尔·拉伦茨:《德国民法通论》(上),王晓晔、邵建东等译,法律出版社 2003 年版,第 120 页。

③ [德]迪特尔·施瓦布:《民法导论》,郑冲译,法律出版社 2006 年版,第 101 页。

④ 《德国民法典》第 1 条规定:人的权利能力始于出生的完成。《德国民法典》第 22 条规定:社团以经济上的营利为目的的,如帝国法律无特别规定,因国家授予而取得权利能力。第 26 条第 2 项规定:董事会在诉讼上和诉讼外代表社团;其具有法定代理人的地位。参见《德国民法典》,杜景林、卢谌译,中国政法大学出版社 1999 年版,第 5 页。

的人格技术。但继续阅读发现,该释义书的陈述马上进行了转折:“在《德国民法典》里,就自然人格来说,不言自明的是,每个人,无论其社会地位、性别或国籍,都具有权利能力。在此正确的表达是,人的权利能力并非来自立法者的赋予,它先于法律而存在。”①看来,将“权利能力”理解为纯形式的上位概念是欠缺考虑的。倘若“权利能力”被形式化,为何自然人可以享有精神性人格权而法人不能?如果具体人格的享有由自然人与法人各自的秉性予以决定,那权利能力的存在又有何意义?为何团体可以享有人格以及团体为何享有不同人格?这些都无法回答。由于我们把权利能力形式化而将其误读为人格技术,使我们无法区分自然人与法人的人格,由此,严重混淆了我们对自然人与法人不同秉性的理解。这一切都来自我们对“权利能力”的错误认识,认为它是上位概念并已形式化。其实,“权利能力”并未成为自然人与法人的上位概念。作为上位概念必须内涵小而外延大,能从中演绎出下位概念。如果认为“权利能力”是上位概念,那就意味着“权利能力”必须具有伦理性,因为自然人人格具有伦理性,但当我们理解“权利能力”的上位概念性时实际上是将之作为形式化的主体资格使用的,不可能具有伦理性。因而,“权利能力”若作为上位概念不可能囊括自然人与法人。另外,若仅仅是将“权利能力”当作形式上的上位概念而认其为人格技术,在逻辑上也不能自洽。首先,“权利能力”形式化即成为法律关系的主体资格意味着,一个人或组织可以进入法律关系、享有权利和承担义务。现实清楚地表明,法人只具有财产方面的能力,只能在财产关系中享有权利和负担义务。这意味着,法人自始至终都没有资格进入人身关系领域而承受权利并承担义务。因此,我们在一般意义上将其理解为“主体资格”的“权利能力”只能适用于自然人,而不能适用于法人。若“权利能力”是人格技术,那作为人格技术适用前提的人格理论有待发掘,因为自然人与团体具有完全不同的人的形象,为什么能通过“权利能力”这个人格技术将这两个完全不同的人的形象予以统一地界定。如果我们未解明人格理论,那又何谈人格技术的适用?这对于一部民法典的编纂而言简直不可想象。如果我们丢掉这些理论成见,便可以明白,自然人具有完全的权利能力,而法人只具有财产权利能力。真正统一自然人与法人的并非权利能力,而是拟制。

不难明白,只有深入理解“拟制”的结构,才能化解这一切矛盾。由于“拟

① Siehe. Palandt, Bürgerliches Gesetzbuch, Bd1. verlag C. H. Beck München 2005, S. 9.

制"乃将社会上实在的团体拟定为法律上不真正主体,因而整个"拟制"的结构可作如下概括:团体在社会上现实地存在,但作为法律实在之主体只能是自然人这一伦理主体。为了兼顾社会实在和伦理实在,法律便运用拟制这一人格技术。通过拟制,团体从社会实在一跃而为法律主体,但并非法律上本原的伦理主体,只是技术主体,仅具有财产方面的能力。可见,拟制这一人格技术展示了它对人格理论的运用,同时也调和了社会现实。经由拟制,团体可以进入法律主体领域而具有财产主体资格。之所以自然人与法人都可以统一到权利能力下,不是因为创设了权利能力这一纯形式的上位概念,而是经过拟制使得团体也具有了财产权利能力。此时,通过《德国民法典》编纂上最常见的提取公因式方式,将它们共享的财产权利能力提取出来,则自然人与法人就都享有了权利能力,但仅仅是财产权利能力。因此,权利能力并不是主体资格,而是只属于自然人享有且只具有伦理性。法人享有的只是财产性主体资格,且这一主体资格都是法律经过拟制而来的,乃拟制的主体而非伦理主体。

四、人格技术的延伸理解

既然拟制是一项人格技术,而权利能力并未形式化而成为单纯的主体资格,那么我国学界的理解与西方的主流理论就截然有别。基于此,有必要对相关理论予以澄清。

首先,人格技术的真正本质及其衍生问题。以尹田教授为代表的传统主流观点认为,人格技术来自罗马法,其本质为分离,因而并非所有的生物人都可以成为法律人。① 正是把人格技术的本质理解为分离,因而我国民法学者对"德国民法规定法人"的做法就有了这样的认识:罗马法上生物人可以与法律人分离,所以德国民法上法律人可以与生物人分离。可是,如果我们把拟制理解为人格技术,那么对德国民法典相关的规定的认识就会大相径庭。人格技术必定是适用人格理论的技术,并且,人格理论的适用与社会现实存在冲突,所以才需要技术性地适用人格理论。罗马法的人格理论与社会现实完全一致,或者说本来就来自于对社会现实的总结,因此人格理论就是社会现实,所以无须技术性地对人

① 参见尹田:《论自然人的法律人格与权利能力》,载《法制与社会发展》2002 年第 1 期。

格理论的适用进行支持。罗马法之人格理论由于是对不平等社会现实的反映,当然对生物人进行分离认定就是其本质。然而,近代以来人人平等的理念成了普适的价值,其分离不可能再出现在自然人领域,唯有在自然人与团体之间才有可能。若在此认定德国学者运用了分离的人格技术,必须能证明一开始并不存在分离,即自然人与团体没有不同。也许深受罗马法的影响,因为在罗马法上,生物人在生物事实上完全一样毫无差异,但法律人格却迥然有别。以此逻辑,自然人与团体完全一样才是分离的前提。显然,自然人与团体不具备可比性,不像罗马法的生物人那样具有同一的生物事实基础。自然人个人为主体,并不必然推导出作为自然人集合的团体就是主体的结论,否则就不会出现诸多的法人否认说而只认定它们为目的财产之组合。关于自然人和团体的主体资格问题,我们只能从价值理念的角度进行认识和判断。根据当时的伦理价值观念,团体不可能被视为法律主体,只有自然人才有资格充当法律主体。于是,从伦理价值出发,自然人与团体完全不同,这种差异也体现在法律主体资格上。可见,自然人与团体的分离是人格技术的运用前提,而非立法者运用人格技术制造分离而产生了不平等。通过拟制,人格理论这一伦理理念与社会实在达成了和解,团体被赋予本不能由它享有的主体资格。因此,拟制这一人格技术并非导致了分离,相反,其本质是统一。经由拟制,团体这一未具主体人格的社会实存与自然人一起享受主体地位,不再徘徊于主体之外。这样,简单地认为德国法在人格理论及人格技术上对罗马法进行了继受,从而断定德国法之所以赋予团体以法人地位,在于按照罗马法生物人与法律人分离的事实给予不属于生物人的团体以法律主体这一结论是值得考究的。因为这一被我们学界广泛接受的结论存在一个致命的难题:德国民法与罗马法的人格理论有着迥然不同的时代背景,并且罗马法上根本就不存在团体,所以,从罗马法的人格理论推导出德国民法相关理论断不可能。基于此,我们以为作为拟制的人格技术,其本质不是分离,而是统一。法律赋予团体以法人地位,并非源于罗马法的分离,亦非立法者有意识地制造差异,而是立于伦理实在与社会实在根本分野这一事实,通过拟制统合自然人与团体,从而弥合伦理和事实之间的鸿沟。

既然作为人格技术的拟制其本质不是分离而是统一,那拟制是否会导致自然人人格与法人人格之间的混淆?正如学者在阐释统一自然人与法人的权利能力所担忧的,由于自然人与法人都采用了人格或权利能力的表达式,因此,用语上的相似必然导致自然人人格与法人人格的进一步混同,从而引发理解上的两个误区,即以自然人属性解读法人,反过来又以法人属性解读自然人。① 诚然,如果不能正确地适用拟制这一结构,必定导致混淆;或者即使知道不应该混淆,也难以解释或者将罪责全数推给权利能力。根据凯尔森的观点,不仅法人是拟制的结果,而且连自然人也是拟制的结果,因为自然人与事实上的生物人明显不同,纯属法律的构造而已。② 暂且不论实证法对人文精神的漠视,如果这样理解拟制,拟制必是造成自然人人格与法人人格混同的罪魁祸首。其实,拟制不可能将自然人与法人混同起来。"拟制"这一概念表明,自然人这一伦理人像是私法的标准人像,且是私法唯一的真正人像。正是为了保障这一根本伦理价值不遭受侵犯,法律才假定事实上存在的团体在法律上有一席之地。如龙卫球等教授所说,法人拟制说具有强调自然人主体所具有的独特伦理价值的意义。为了防止事实存在对伦理存在的僭越,立法者只将团体拟制为不具伦理意义的存在主体。经过拟制,自然人享有的伦理主体和完全主体地位没有任何变化,而团体虽然拥有了法律人格这一名称,但只是名不副实地具有财产方面的技术主体资格。因而,自然人与法人之间的界限仍泾渭分明。自然人人格始终是一切的目的,无论出于什么理由、依据何种法律,自然人人格都不可以被剥夺。就自然人人格的全面意义而言,自然人不但可以进入财产法律关系充当主体,而且还可以作为人身关系领域的主体承受权利义务。至于团体这一法人,由于它并不具备伦理意义上的人格,因而在最终的意义上只是自然人人格的工具。它可以基于自然人的意思而产生,也可以因自然人的意思而消灭;可以因资不抵债经破产宣告后注销;可以因违法而被法院剥夺其人格。即使从主体资格角度来看,法人也只能享有片面的主体能力——财产能力,不能像自然人那样享有结婚、继承等人身权利。正如明策尔教授所说,法人没有人权。③ 这样,是否真如学者所言"人格技术

---

① 参见尹田:《论法人人格权》,载《法学研究》2004 年第 4 期。

② 参见[奥]凯尔森:《法与国家的一般理论》,沈宗灵译,中国大百科全书出版社 1996 年版,第 109 ~ 111 页。

③ 参见[德]弗·明策尔:《中国现行法人制度评论》,陈丽苹译,载《比较法研究》1990 年第 1 期。

人为地制造了不平等”,[1]颇有疑问。从法律结果来看,自然人与法人之间存在差异,这是显而易见的事实。问题是,立法者制造这一不平等是否合理?若笼统地从自然人与法人共享权利能力这一视角出发,认为自然人与法人似乎理应平等而具有完全的法律人格,正是忽视了“拟制”的内在结构的结果,而且它也是对拟制所要彰显的伦理价值的漠视。实际上,原《民法通则》早就给我们指明了道路。原《民法通则》第10条规定:公民的民事权利能力一律平等。但在规定法人权利能力的第36条却没有进一步阐明法人之间权利能力平等,更遑论自然人与法人之间权利能力的平等了。可见,在《民法通则》时代我们也许已经洞悉到了自然人与法人之间主体地位的不平等,但由于原《民法通则》并没有明确民事主体的内部结构,因而也埋下了民事主体混乱的隐患。提交讨论的民法典草案在民事主体里就规定了法人享有人格权,从而将自然人与法人等同起来。实际上,人人平等这一近代以来的法律原则具有特定的适用对象,只适用于自然人。而团体作为社会事实本来不具备法律人格,为了适用的方便才赋予它以拟制人格,所以从法律上来说自然人与团体本不存在可比性,自然就谈不上平等。因此,自然人人格与法人人格不平等是伦理价值的体现,是人文主义高扬的结果,是将自然人人格作为终极目的所应有的制度架构。这一不平等是合理的,若认定它们之间平等反而会丧失合理性。

通过拟制,自然人与法人被统一在权利能力这一权利主体的范畴下,是否会产生法律主体纯由立法者拟定从而遮蔽民法人文精神的表达,以至于导致国家对自然人的压迫,从而人格有不保之虞?这确实是一个不可忽视的问题。徐国栋教授指出,在德国民法典编纂体例上,“人”被“权利主体”所取代,“人”由编的层次下降为章,这一现象强烈地说明了“人”的减等。自从权利主体这一概念被创设后,随着国家主义的兴起,自然人与法人都成了国家赋予的资格,从而致使自然人在国家面前不再是主体反而成了任由宰割的客体。[2] 若从纯粹的实证主义观点来看,徐国栋教授的担忧不无道理。倘使认真分析拟制的结构,这一担忧理应不存在。作为一统自然人与法人的权利能力并未丧失伦理性,这一点在此

---

① 该学者认为,经由权利能力统一自然人与法人,在民事主体领域产生了三类不平等:自然人与法人、法人之间、法人与非法人团体之间。参见付翠英:《人格·权利能力·民事主体辨思——我国民法典的选择》,载《法学》2006年第8期。

② 参见徐国栋:《中国民法典起草思路论战》,中国政法大学出版社2001年版,第70~71页。

不赘述。权利能力只有自然人才能享有,法律人格的原初概念与自然人完全一致。团体之所以被赋予法人资格,全是依照自然人拟制出来的结果。因此,尽管团体同样归同于权利能力的范畴,可享有的只是拟制的财产权利能力。尽管立法者以提取公因式的方式将自然人与法人共享的权利能力提取出来,但团体具有的权利能力并非伦理意义上的全面的能力,而只是技术性的财产能力。我们可以说团体享有法律人格的原因在于国家的赋予,因为它正是依据自然人而进行的拟制,自然人是其原型,但绝不能由此得出结论说,因为用权利能力统一了自然人与法人而认定自然人也由国家赐予主体资格。恰如德国学者里特纳所说:“法律上的人是依据根本的,即法律本体论和法律伦理学方面的基础产生的,无论是立法者还是法律科学都不能任意处分这些基础。”①即使连认定权利能力为自然人与法人上位概念的德国民法释义书也坦言,自然人的权利能力是无条件的,它先于一切法律而存在。② 由此观之,任何力量都不可撼动自然人的权利能力,实证法对它唯有遵循,否则实证法将不具有合法性。基于此,如果立于拟制来分析权利能力的结构,虽然名义上自然人与法人共同享有法律人格,但实质上法人享有的却只是拟制的人格。法律主体的本真形象并没有因拟制发生任何改变;拟制并非制造分离和差异,毋宁说,它填补伦理实在与事实存在之间的鸿沟,从而将它们统一起来。

五、结　　论

综上所述可知,人格技术总是和人格理论紧密相连。人格技术是人格理论与社会现实之间的冲突而产生的结果,它技术性地把人格理论适用于社会现实,从而巧妙地化解理念与社会现实的矛盾。我们长期以来将人格技术等同于权利能力,使权利能力经受了太多的误解,其原因在于我们未能真正理解拟制的意义。权利能力只具有伦理意义而从未被技术化,真正的人格技术实乃拟制。通过拟制,自然人的伦理意义未受触动;通过拟制,团体具有了法律主体资格,但只

---

① [德]里特纳:《法律上的人和法人》,载《法律中的自由与责任:迈耶尔哈耶兹诞辰庆贺文集》。转引自[德]卡尔·拉伦茨:《德国民法通论》(上),王晓晔、邵建东等译,法律出版社2003年版,第57页。

② Siehe. Palandt. Bürgerliches Gesetzbuch, Bd1. verlag C. H. Beck München 2005, S. 9.

具有技术性的财产方面的主体资格。因此,经过拟制,自然人与法人不会被混淆,主体资格不可能按照立法者的意志来授予。拟制由于统一了本不可统一的自然人与团体,其本质不是分离而恰是统合。